2019年广东公路政研论文集

广东省公路职工思想政治工作研究会 编

科学技术文献出版社
·北京·

图书在版编目（CIP）数据

2019年广东公路政研论文集/广东省公路职工思想政治工作研究会编. —北京：科学技术文献出版社，2019.9
 ISBN 978-7-5189-6100-9

Ⅰ.①2… Ⅱ.①广… Ⅲ.①公路运输企业—思想政治教育—广东—文集　Ⅳ.①D64-53

中国版本图书馆CIP数据核字（2019）第198901号

2019年广东公路政研论文集

| 策划编辑：周国臻　　责任编辑：宋红梅　张永霞　　责任校对：文　浩　　责任出版：张志平 |

出 版 者	科学技术文献出版社
地　　址	北京市复兴路15号　邮编　100038
编 务 部	（010）58882938，58882087（传真）
发 行 部	（010）58882868，58882870（传真）
邮 购 部	（010）58882873
网　　址	www.stdp.com.cn
发 行 者	科学技术文献出版社发行　全国各地新华书店经销
印 刷 者	北京虎彩文化传播有限公司
版　　次	2019年9月第1版　2019年9月第1次印刷
开　　本	787×1092　1/16
字　　数	251千
印　　张	11.25
书　　号	ISBN 978-7-5189-6100-9
定　　价	58.00元

编 辑 部	《2019年广东公路政研论文集》编辑部
地　　址	北京市朝阳区亚运村汇欣大厦A座五层
邮　　编	100101
电　　话	（010）84990501
编　　辑	张　波　赵晓夏
封面摄影	刘志诚
美术设计	王德本

版权所有　违法必究

购买本社图书，凡字迹不清、缺页、倒页、脱页者，本社发行部负责调换

序 PREFACE

广东省公路职工思想政治工作研究会第十五届年会以来，在全省公路体制改革发展的关键时期，全省公路系统各级思想政治工作研究会以习近平新时代中国特色社会主义思想为指导，结合开展"不忘初心、牢记使命"主题教育，坚持围绕中心、服务大局，紧密结合公路行业的重点、热点和难点问题，开展调查研究，运用鲜活事例，深入分析论证，提出建设性的对策和措施，撰写了一批优秀政研论文。这些研究成果，有行业特色、观点鲜明、旁征博引，从理论到实践，从继承到创新，接地气，摸实情，有高度，解疑难，为行业发展提供了较高的借鉴价值。

经过各单位推荐、重复率检查、专家评选，广东省公路职工思想政治工作研究会第十六届年会共评出优秀论文一等奖5篇、二等奖10篇、三等奖20篇。为表彰先进，方便交流，推广应用，现将获奖论文编辑成册，供学习参考。

希望全省公路系统思想政治工作者，按照第十六届年会的部署，开拓创新，真抓实干，为进一步推进公路行业高质量发展做出更大的贡献。

由于编者水平有限，不当之处在所难免，敬请读者批评指正。

广东省公路职工思想政治工作研究会

2019年9月

目录 CONTENTS

一等奖

- 珠海市公共道路管理体制研究 ······ 2
- 科教中心转企改制前夕干部职工队伍建设的对策思考 ······ 13
- 关于公路行业基层纪检工作的思考 ······ 18
- 以加强党的建设引领公路队伍建设的思考 ······ 24
- 关于推动公路系统党支部高质量发展的思考 ······ 29

二等奖

- 浅谈高速公路行业员工教育培训的现状及对策
  - ——基于广东省高速公路行业员工教育培训实践与调研 ······ 36
- 新时期党建工作如何在基层公路养护管理工作中发挥作用 ······ 40
- 基于4P模型建设公路队伍安全生产文化的研究
  - ——以养护中心为例 ······ 47
- 改革环境下加强内部管理的策略探讨 ······ 54
- 不忘初心谋发展，砥砺前行赢未来 ······ 57
- 破解高速公路营运单位党建与业务工作"两张皮"问题的对策研究 ······ 65
- 论公路系统专业应急抢险队伍的重要作用 ······ 71
- 平安农村路治理措施研究 ······ 76
- 接转PPP建设道路养护权的对策与思考 ······ 82
- 浅议公路文化建设在行业文明创建中的作用 ······ 87

三等奖

- 公路行业职教工作创新性探析 ······ 94
- 浅析如何有效破解党建与业务工作"两张皮"问题的研究 ······ 99

浅谈新时代下基层党务工作者的"初心"和"使命" …………………………………………… 103
思想政治工作在公路系统基层养护队伍建设中的作用 ………………………………………… 108
以直属分局党建工作为例，浅谈新时代如何加强基层党建工作 ……………………………… 112
主动融入大湾区　构建公路新格局 …………………………………………………………… 115
持续推进公路系统意识形态工作的研究 ………………………………………………………… 119
做好思想政治工作　助力单位转型发展
　　——浅谈党的十九大以来省公路管理局科技教育中心在推进思想政治工作方面的经验 …… 124
基层党组织深化党员志愿服务活动的几项手段 ………………………………………………… 128
关于做好新形势下公路宣传工作的思考 ………………………………………………………… 133
不忘初心牢记使命指导公路品牌文化建设 ……………………………………………………… 137
浅谈如何做好公路行业先进典型的选树 ………………………………………………………… 140
浅谈新形势下如何创建新时代公路行业文化品牌 ……………………………………………… 144
发展绿色公路　建设美丽中国 ………………………………………………………………… 148
浅谈规范编外人员管理的建议 …………………………………………………………………… 153
论如何建设公路行业高素质年轻干部队伍 ……………………………………………………… 156
解放思想，破解难题，在改革发展的新征程中破浪前行 ……………………………………… 159
公路行业选树先进典型发挥榜样引领作用研究 ………………………………………………… 164
新形势下如何开展公路职工教育培训工作 ……………………………………………………… 169
不忘初心　牢记使命
　　——加强公路养护管理与应急保障能力，营造"畅安舒美绿"公路 ……………………… 172

2019 年广东公路政研论文集

一等奖

珠海市公共道路管理体制研究

（珠海市公路局 马沛臻）

摘　要　本文对珠海市的公共道路管理体制的变革进行分析研究，归纳和总结当前珠海市公共道路管理体制的现状，发现其在城市化进程中存在的问题，并分析了问题产生的原因，结合珠海市情，提出完善珠海市公共道路管理体制的改革建议：一是建立健全地方公共道路法规，制定《珠海经济特区公共道路条例》；二是准确定位公共道路管理主体，设立珠海市公共道路管理局统筹全市公共道路管理；三是根据不同层级公共道路的作用，合理分配公共道路事权；四是在公共道路管理局与交通运输、市政、公安交警部门之间合理划分职责；五是根据公共道路管理工作的特点设置公共道路管理机构；六是完善事业单位分类改革、人事管理制度及养护市场化改革等配套措施。

关键词　公共道路；管理体制；珠海

公共道路是交通运输体系的重要组成部分，是社会生产和人民生活的先行基础性条件，与其他交通运输方式相比，公共道路覆盖范围最广、与公众出行联系最为密切，是最普遍、最具基础性的出行方式。

但随着近年来各地城市化进程的不断加速，社会生产与公众生活对公共道路的管理与服务水平提出了越来越高的要求。而这种旧的"二元化多头管理"模式，给我国公共道路带来了层次不清、功能模糊、衔接不畅等问题，在机动车保有量和交通流量飞速增长的今天，城乡之间道路交通出现越来越严重的衔接问题，人为地制造了城乡公共道路之间的交通瓶颈，制约了城乡交通的有序、顺畅运行，也在一定程度上给城市化进程带来了阻力。

近几年，珠海市正处于交通建设的高峰期，其中公共道路建设是重中之重。由于旧的公共道路管理体制存在职能分散、条块分割、协调难度大等不足，无法满足城市化与社会经济快速发展对公共道路网的要求。本文旨在探讨珠海市公共道路网在建设、管理、养护体制上的一体化改革。

一、珠海市公共道路管理体制的现状分析

（一）珠海市公共道路管理体制的现状

珠海毗邻澳门，近代意义的公路和城市道路形成较早。早在1927年，即发起成立广东省最大的民营筑路、行车公司岐关车路公司，并通过募股的方法筹集资金，先后修筑了岐（中山石岐）关（澳门关闸）公路、南屏至湾仔公路、三灶至海澄公路等多条公路。珠海的城市道路，则是20世纪30年代随着香洲开埠形成较为繁华的香洲埠出现的，至今珠海市中心城区仍在香洲区。1979年珠海建市以来，随着经济的发展，香洲中心城区迅速对外扩展，同时逐步开辟了横琴、斗门、金湾、高栏港、高新区等新城区，建设了大量的公路和城市道路，

目前全市已有约 1450 km 的公路和约 2100 km 的城市道路[①]。

珠海市的公共道路与国内大部分地区一样，一直以来都是分别以公路部门和市政建设部门为管理主体的。1981年成立的珠海市公路局，原为管理国省道的省属单位，1989年随着全省公路体制改革下放地方，1993年，珠海市将管理全市县、乡道的地方道路管理处划归公路局管理，之后珠海全市公路的建设、养护和路政管理，基本都由珠海市公路局统筹管理（高速公路除外）。珠海的城市道路，市所驻的香洲区在建市伊始由市承担城市道路建设和管理的职能，香洲区仅负责7 m以下街巷的建设；1999年，珠海实施城市街道管理体制改革，将中心城区城市道路的养护和路政管理职能下放到香洲区，之后珠海主城区香洲区的城市道路基本按照"市建区养"的模式进行管理，市层面对城市道路的管理主体为建设部门，2008年，成立市政和园林局后则划归市政部门；其他区的城市道路则一直由所在区或镇自行建设和管理。

（二）珠海市当前公共道路管理机构的设置情况

2013年对交通运输和城市管理体制及其后一系列改革中，珠海市在改革中对公路和城市道路建设、养护、路政管理职能进行了重新划分和整合，对公共道路管理机构也进行了调整。在加挂公共道路建设局牌子后，珠海市公路局成为珠海市公共道路管理的最重要机构；同时，珠海市交通运输局、珠海市市政和林业局（原珠海市市政和园林局）也保留了部分公共道路管理职能；各区也根据实际情况对本区公共道路管理机构进行了调整整合。

1. 珠海市公路局职能与机构设置情况

珠海市公路局在改革后的职能包括制定全市公路管理规章制度、推进全市干线公路与城市道路建设、制订全市农村公路建设计划并对区的具体建设进行监管、实施高速公路和大型桥隧的养护、对各区公路养护与路政管理进行监管、对西区国省县道公路实施路政管理。其内部设置了综合科、工程技术科、工程管理科、养护管理科、路政法规科、交通设施科、安全应急科、计划财务科、信息技术科、人事监察科等内设机构。下辖高速公路和地方公路管理处、西部地区公路管理处两个单位，前者的职能是高速公路养护与路政管理、东部地区大型桥梁隧道养护与农村公路建设，后者的职能则是西区的国省县道路政管理与大型桥梁隧道养护。

2. 其他市级部门涉及公共道路管理的职能与机构设置情况

珠海市交通运输局负责包括公共道路在内的交通规划、高速公路建设、公路收费等职能，其内部有交通综合规划科、建设管理科两个涉及公共道路管理的部门，其下属的综合行政执法局则负责涉及公路路政管理中的行政强制与行政处罚，下属的路桥管理处负责路桥通行费征收和部分隧道的养护。

珠海市市政和林业局负责制定全市城市道路管理规章制度、对全市城市道路的养护与路政管理进行监督考核，其下属的城建设施管理中心具体实施上述工作。

[①]《2015年珠海市国民经济和社会发展统计公报》，珠海市统计局。

3. 区级公共道路管理机构设置情况

珠海市除万山区外的各区,基本都由同一个机构履行辖区内的公共道路管理主体的职责,其名称不一,或为城市管理局(香洲区),或为公共建设局(横琴新区、高新区、高栏港区),或为住房和城乡建设局(金湾区),为履行建设工作也都设置了建设管理中心。仅有城市化水平最低、历史包袱最重的斗门区仍由交通运输局、住房和城乡建设局分别承担公路和城市道路的管理主体职责。

(三)珠海市公共道路管理体制存在的主要问题

珠海对公共道路体制进行了改革,初步对公共道路按其功能特征进行了分类,市一级负责具有全市性影响或技术要求较高的高速公路、大桥、特大桥和隧道,区负责具区域性影响或技术要求较低的部分。同时,在市层级对公共道路建设职能进行统合,并对公共道路管养职能进行了整合,向公共道路一体化管养体制迈出了一大步,但珠海市公共道路管理体制在市层面,仍然存在以下问题。

1. 公共道路的管理主体分散割裂

我国的公路网分为高速公路、国省道干线公路与县乡道公路三大相对独立的管理体系,城市道路则以块状的城区为单位进行管理。在一个市的范围内,对公共道路的管理主体,既有省一级下放到市、县两级的国省道干线公路机构,又有市本级和区级的市政管理机构;同时还有县、乡两级负责本级城区内城市道路的市政管理机构,以及负责县道、乡道公路的地方公路管理机构;过境的高速公路一般又有省高速公路管理部门的派出机构,关系极为错综复杂,呈现出典型的碎片化管理特征。

珠海市以在原公路局加挂公共道路建设局牌子的方式,对干线公路和城市主干道建设机构进行了整合,在国、省道公路养护及县、乡、村道建设管理养护事权下放后明确了公路局的监管职能,并将公路局职能扩展到了市属高速公路管理养护,从而具备了对全市公共道路建设、养护、路政管理统筹起来的管理主体雏形。但是其仍然只是一个具备了部分城市道路管理职能的公路管理主体,无法对包括公路和城市道路在内的公共道路进行行业管理。

2. 公共道路的管理职能交叉错位

公共道路网络的特点决定了其管理必须统一,具有不可分割性,而在珠海市市层面的公共道路管理职能上,由于存在交通运输局、公路局、市政和林业局等多个管理主体,从而不可避免地出现了职能重叠、权限交叉、多头管理的现象,导致相关职能相互渗透,给工作的开展带来了严重的协调、衔接问题。

3. 管理机构与其职能匹配不科学

在一系列涉及公共道路管理的改革中,各级公共道路管理机构的职能有了很大的变化,但是却并未完全按照"人随事走"的原则对机构编制和人员进行相应调整,给实际工作的开展带了严重问题,这一点在珠海市公路局的各个机构上表现得尤其明显。

4. 公共道路政事企关系错综复杂

按照法律法规与珠海的政策,珠海市交通运输局、珠海市市政和林业局分别是公路和城市道路行政管理和决策机关，珠海市公路局作为专业管理机构，负责执行和实施公共道路的建设监管、养护监管、路政管理等具体事务性工作。但在实际工作中，各部门之间尤其是交通运输局和公路局的政事关系却极为复杂，两者在机构上时分时合，在公共道路建设、养护和路政管理方面的职能互相重叠，时而互相越位时而双双缺位。交通运输局在承担制定政策法规、标准规范、发展规划、行政决策工作的同时，又插手本应由公路局承担的高速公路建设、农村公路建设、公路养护监管等事务性工作，在机构缩编、人员精简的大环境下，必然难以为继。并且还导致了机构层级繁多、工作开展效率低下的问题，而加上与公共道路建设和养护有关的企业后，关系更是错综复杂。

二、珠海市公共道路管理体制存在问题的原因

（一）缺乏对管理体制的顶层设计

珠海市对公共道路管理体制存在的问题，并非没有下力气去解决，部分体制也走在了改革的前沿。早在20世纪90年代，就将县、乡道公路的相关管理职能赋予了珠海市公路局，而不是像其他地区一样国、省道公路由公路局负责，县、乡道由交通局负责。而2013年由珠海市公路局负责城市道路建设并加挂公共道路建设局牌子，更是打破了公路与城市道路之间的壁垒。

然而，珠海市虽然有一些统一公共道路管理的实际举措，却并未站在全市的角度，根据珠海市的实际情况，按照公共道路网作为有机整体的特性，对公共道路的规划、建设、养护和路政管理进行通盘考虑，进而设计一套符合珠海实际情况的公共道路管理体制。而那些统一公共道路管理的举措，与其说是有意为之，不如说是一种人治的偶合：2013年，将城市道路建设职能整合到珠海市公路局，只是当时交通运输和城市管理体制改革的一部分，而且与公路局"一把手"刚从建设局调来、长期从事城市道路建设工作有着莫大关系；2016年，将西部的斗门、金湾、高栏港区的公路养护职能下放给区统一负责，其实并不符合2013年改革中维持城市化水平较低的西区公共道路管养体制的最初安排，而是作为2015年新任市长将部分市本级事权下放给区的思路的一部分（下放刚完成，新市长又调任他市）。没有对全市公共道路进行通盘考虑，缺乏对管理体制的顶层设计，是珠海市公共道路管理体制存在诸多问题的根本原因。

（二）法律法规体系建设欠缺滞后

我国涉及公共道路的法律法规，一直是分为公路和城市道路两部分的，这是导致公路和城市道路之间、公路内部一系列问题的法律法规根源，而一系列不同的法律法规，随之而来的是公路和城市道路之间界限明显、壁垒森严的标准规范体系，更加剧了公路和城市道路的割裂性与统合的难度。

1. 公路法律法规与城市道路法律法规对公共道路管理主体的分割

我国目前涉及公共道路的法律法规，公路的全国性法律法规是《公路法》和《公路安全

保护条例》，《公路法》第八条明确规定"国务院交通部门主管全国公路工作，县级以上地方人民政府交通主管部门主管本行政区域内的公路工作"，第十四、第二十、第三十五、第四十三、第六十九条及第五章又分别明确了交通（公路）部门在公路规划、建设、养护、路政管理、监督管理方面的职责。城市道路没有全国性的法律，国务院颁布的《城市道路管理条例》第六条规定"国务院建设行政主管部门主管全国城市道路管理工作，省、自治区人民政府城市建设行政主管部门主管本行政区域内的城市道路管理工作，县级以上城市人民政府市政工程行政主管部门主管本行政区域内的城市道路管理工作"，第七、第二十、第二十一条明确了城市道路规划、建设、养护部门为市政工程主管部门。

事实上，《公路法》颁布于1997年，虽先后于1999年、2004年和2009年进行过3次修正，但仅是根据国家政策变化进行的修改，并不涉及公路范围与管理主体的变化；颁布于2011年的《公路安全保护条例》也仅仅是对《公路法》的具体阐释，而《城市道路管理条例》更是自1996年颁布后未进行过任何实质性修正。上述涉及公共道路的根本大法，都是制定于经济尚不发达、城市化水平尚低的时期，因而根据当时的管理体制，确认了交通运输和建设市政两个不同的管理主体，也逐渐形成了两套不同的标准、规范和管理要求。在当前政府部门要求上下对口的行政传统下，国家层面的法律法规不进行彻底修正，公路和城市道路的管理主体、管理体制就很难进行彻底改革。

2. 公路法律法规内部对公路管理主体的矛盾表述

《公路法》和《公路安全保护条例》虽然明确了我国交通和公路部门负责公路工作，但对于交通和公路部门的分工却又有诸多矛盾之处。《公路法》在总则中规定了"县级以上地方人民政府交通主管部门主管本行政区域内的公路工作"，却又紧接着表示"县级以上地方人民政府交通主管部门对国道、省道的管理、监督职责，由省、自治区、直辖市人民政府确定""县级以上地方人民政府交通主管部门可以决定由公路管理机构依照本法规定行使公路行政管理职责"；在其后的条目中更为混乱，规划、建设、路政管理是交通部门的职责，养护又是公路管理机构负责，最后又认为交通部门和公路管理机构共同承担涉及公路的监管职责，全篇忽而交通部门，忽而公路管理机构，无法形成前后一致的管理主体。

《公路安全保护条例》试图对此进行修正，在总则中增加了"公路管理机构依照本条例的规定具体负责公路保护的监督管理工作"的表述，并且在公路养护、路政管理、公路保护的条目中明确了"公路管理机构"的职责。但是并不彻底，仍然是时而交通部门，时而公路管理机构，时而交通部门和公路管理机构共同管理，总体上对管理主体的表述仍不明确。

3. 公路和城市道路两套标准规范体系之间存在技术壁垒

公路作为点与点之间的联系方式，其更注重点与点之间"交"流的连"通"方式的使命，以快速、畅通为目标，功能要求较低；而城市道路则是位于人口密集的城区，需要更多的多样化服务功能。两者服务目标的不同，导致两者的建设标准差异较大：公路一般由机动车道、硬路肩、行道树等组成，利用行道树外侧的边沟进行排水，非机动车道常利用右侧硬路肩及土路肩部分，公路标准中甚至没有人行道；城市道路一般由中央分隔带、机动车道、非机动车道、机非分隔带、人行道组成，一般利用地下管道进行排水，需建设无障碍设施、公交站、交叉口渠化等交通设施，同时还需考虑排水、供水、污水、电力、通信等地下管线，较公路复杂得多。这也是工程设计、施工和监理企业工程公司的资质会分为公路资质和市政资质的根本原因。而我国公路与城市道路按照法律规定，一直由交通系统和建设市政系统分别管理，长期以来为方便本部门工作开展形成了一系列无法完全相容的技术标准、审批流程，形成了一定的技术壁垒。

（三）管理主体存在严重的利益博弈

在理想化的认识中，政府部门、事业单位及国有企业之间的共同目标宗旨是为公众服务，不存在各自独立的利益和矛盾。但是在现实情况中，伴随着政府权力的再分配、制度的再设计及市场经济下各社会主体利益的伸张，原本应该公正的公共管理主体会过度强调自身的事权范围和层级管制，出现部门本位主义和利益分化的现象。由于权力能够带来部门甚至个人利益，交通运输局、市政林业局、公路局及交通集团、城建集团开始滋生出部门利益，形成相对独立的利益主体，珠海市的公共道路发展迅速并且占政府投资的比例一直较高，各利益主体之间围绕公共道路展开博弈，以实现部门利益乃至个人利益的最大化，原本的"公共"道路，成为部门利益互相博弈的载体，各个部门为了维护和增加本部门的利益，尽力扩大对本部门有利的职能，这是公共道路管理职能交叉错位、政事企关系错综复杂的重要原因。目前珠海市公共道路相关的部门中，在交通运输系统与市政系统之间、交通运输系统内部、政府部门事业单位与企业之间，存在着严重的利益博弈。

（四）配套的人事编制体制过于僵化

公共道路管理体制的改革，不仅仅是机构职能、上下隶属关系等的调整，更要充分引入竞争关系，深化人事、市场化等配套改革，才能确保体制改革真正深入下去。在历次改革中，珠海市、区两级政府事权及各个部门职能都有了很大的变化，机构也进行了重组，但是人员和编制未做相应调整，导致机构与职能严重不匹配，根本原因在于当前我国人事与机构编制体制的僵化。

三、改革珠海市公共道路管理体制的对策建议

珠海市辖区面积与深圳相当，但城市化面貌接近广州：城乡并存，乡村地区在快速城市化进程中。因此，既需要打破公路和城市道路"二元"管理体制，实行比较彻底的公共道路统筹管理，又无法像深圳一样采用全面垂直管理，故更适合采用介于广州与深圳之间的公共道路管理体制。

（一）建立健全地方公共道路法规

我国《公路法》和《城市道路管理条例》规定公路和城市道路分别由交通部门和建设市政部门主管，这是我国公路和城市道路"二元"管理体制的法律源头。而这两个公共道路的

根本大法，在我国大部分地区城市化水平仍旧较低的情况下，在短期内没有统合为《公共道路法》的可能。但珠海市位处社会经济发达、城市化水平较高的珠三角地区，完全可以利用自身较大的市立法权和特区立法权的优势，制定地方性法规，对珠海市公共道路进行统一划分，并对公路与城市道路进行衔接。

1. 制定《珠海经济特区公共道路条例》

珠海市范围内建立统一的公共道路管理体制，必须遵循"法治先行"的原则，按照公共道路"政府拥有管辖权、公众享有通行权"两个基本要素，对公共道路进行统一的法律定义，推进拟订《珠海经济特区公共道路条例》的立法工作，并参考《道路交通安全法》对公共道路"公路、城市道路和虽在单位管辖范围但允许社会机动车通行的地方，包括广场、公共停车场等用于公众通行的场所"的定义，重新厘定珠海市范围内公共道路的概念，并重塑公共道路"规划、建设、养护、路政管理、运营、服务"等环节，从法律角度建立对公路和城市道路进行统筹管理的体制。

2. 统一划分珠海市公共道路网等级层次

珠海市境内的公共道路，除由广东省直接管理的京港澳、西部沿海、广珠西线及江珠4条高速公路及港珠澳大桥无法在市层面整合管理外。其他公共道路包括珠海市属高速公路、国省道干线公路、县乡村道农村公路、主城区与各区镇的城市道路，应该根据其在珠海市的地位和功能，在保留名义上国家对公路的等级划分和编号的同时，打破公路和城市道路的界限进行整合，按照"高快速路""主干路""次干路""支路"4个层次对全市公共道路进行重新分类。

3. 建立公路与城市道路有效衔接的标准规范

公路和城市道路的技术标准规范是全国性的，珠海市本身并不能对其进行改变，但是仍然可以在整合公路和城市道路标准规范上有所作为。这其中主要是在完善公共道路审批流程方面，同时根据珠海市的国省道干线公路沿线都已经或将要城市化的实际情况，将公路和城市道路相关技术标准进行规范，将其按城市道路的标准和技术规范进行建设、养护、路政管理。

（二）准确定位公共道路管理主体

公共道路的基本作用是作为人、物之间"交"流连"通"的载体，同时沿线设置了诸多附属市政设施，具有一定的服务作用。公共道路管理主体的确定，必须按照其基本作用需要，根据其特性来进行。

1. 公共道路具有层次性、网络性和整体性

公共道路本身都是线状的，一个地区内不同类型的公共道路根据其自身在交通网络中的作用，会有不同的定位，公路会划分为国、省、县、乡道，城市道路分为快速路、主干道、次干道和支路，不同层次的公共道路之间在技术水平、交通流量等方面具有明显的层次性，一个城区内不同的城市道路组成城市道路网，一个区域内不同城区的城市道路网通过本地区的公路网进行互相联络，组成整个地区的公共道路网，而整个公共道路网内不同的公共道路是一个有机的整体，任何环节出现问题都会导致整个公共道路网的低效、拥堵乃至瘫痪，因此，公共道路具有层次性、网络性和整体性。

2. 明确公共道路管理职能的行使主体

公共道路的层次性决定了对其管理必须分层级和主次，而其网络性和整体性决定了其管理主体应尽可能统一。事实上，无论是公路还是城市道路，都具有交通功能和服务功能，其中城市道路的服务功能更强大、形式更多样，这是公路和城市道路"二元"管理的根本原因。因此，要明确统一行使公共道路管理职能的行使主体，就必须将公共道路交通通行和市政服务的职能相分离，由交通部门专注于管理其交通通行功能相关的事务，包括公共道路的规划、建设、养护、路政管理职能，市政部门则负责其市政服务、城市管理方面的事务，其中，城市道路的路政管理由于与市政服务和城市管理息息相关，仍然应由市政或城市管理部门负责。

（三）合理分配公共道路管理事权

对珠海市、区两级公共道路事权的安排，应该按照在对公共道路网进行整合的基础上，根据各层次公共道路在全市的功能作用，划分全市的公共道路建设、养护和路政管理的事权，并根据事权的调整相应调整市、区两级的财权。尤其需要注意的是，原本市只负责香洲区范围内的城市主干道建设，而划分标准也是以车道数来认定，这一点并不合理。市理应对各区一视同仁，承担各区包括城市主干道在内的主干路建设职责，而主干路的认定不能简单以车道数划分，而应根据道路在交通和城市中的作用来确定。

国省道干线公路中建设事权也有85%认为应由市负责，同时有48%和67%的人分别认为应由市负责国省道干线公路的养护和路政管理，显示出了巨大的体制惯性。县道和乡道的情况较为复杂，但大都认同市无须负责县乡道的各项事权，而区镇之间对比，各项事权也都是更倾向于由区统一承担。

总之，在公共道路事权划分上，市负责具有全市性影响的高快速路和主干路的建设，并负责高快速路和大型桥梁隧道的养护与路政管理；区负责区级次干路与支路的建设，并负责除高快速路以外所有公共道路的养护管理，以提供尽可能统一的道路出行服务；同时，市仍然要对全市的公共道路工作情况进行监督和管理，审批各区的公共道路建设计划，对公共道路建设方案进行技术审查，将各区负责的公共道路养护、路政管理工作作为对各区综合考核的一部分进行监管考核。

（四）科学划分相关管理部门职能

在确定了公共道路管理局为管理主体之后，还要对公共道路管理局与相关部门的职能分工进行科学合理的划分。其中最重要的是其与市政管理部门、交通运输部门和公安交警部门的职能划分。

1. 公共道路管理局与交通运输部门的职责划分

公共道路管理局与交通运输部门的职责划分，是各管理部门职责划分最重要的一环。很多地区的大交通改革中直接是将公路局划归交通运输局或交通运输委员会，但这实际上会导致交通运输部门变成集决策、执行、监督权力于一身的超级部门，并不利于公共道路工作的高效完成。

交通运输部门作为一个决策单位，应该负责政策性、导向性、统筹性、规划性的事务，从整个城市交通管理的角度，做好交通规划与城市整体规划的衔接，在此基础上提出对包括公共道路在内的交通基础设施的具体要求，由执行部门去执行，而不是目前这种大事小事一把抓的工作方式。事实上，单单是公路和城市道路的建设、养护与管理工作已经非常庞大了，将这些工作并入交通运输部门反而会导致交通运输部门工作面过宽，降低工作效率。

因此，公共道路管理局与交通运输部门的职责，应是在大交通框架下，根据决策与执行相分离的原则，区分二者在公共道路管理中的定位，合理划分两者之间的职责。在交通运输局基础上成立交通运输委员会，并将高速公路建设等具体工作从中剥离出来，将其职能回归到建设综合交通运输体系、提供交通运输服务上，并根据交通运输服务的需要，做出对公共道路的宏观决策，并做好法规管理、行业协调和监督检查，为公共道路管理局创造良好的执行环境。公共道路管理局统一行使全市公共道路建设、养护和路政管理（不含城市道路与市政服务相关的路政管理）职能，并接受交通运输委员会的行业监督。形成"决策以交通运输部门为主，执行以公共道路管理局为主"的职能关系模式，从而将交通运输部门从具体的公共道路工作中解脱出来，专注于交通宏观决策和政策实施。

具体来说，公共道路管理局应根据交通运输部门对交通运输的决策要求，负责实施对公共道路、桥梁隧道、人行过街设施的统筹管理职责，审核政府公共道路建设投资计划，组织对公共道路建设项目的设计、审查，承担建设主体，并负责质量、安全和造价监督、竣工验收的管理工作。

2. 公共道路管理局与市政管理部门的职责划分

公共道路管理机构与市政管理部门的职责划分，主要是将原由市政管理部门承担的城市道路行业管理职责，划归公共道路管理机构。划分的标准是相关的市政设施与交通通行是否有关，与交通通行密切相关的公共道路、桥梁隧道、涵洞、立交桥、人行天桥、人行地下通道、路名牌、护栏、分隔带、道路两侧边沟由公共道路机构负责；而燃气、照明、管线、园林绿化、市容环卫等与交通通行关系较小的部分，则仍由市政管理部门负责，由其负责相关工作技术标准制定、业务指导、综合服务和督促检查。

3. 公共道路管理局与公安交警部门的职责划分

公共道路管理机构与公安交警部门的职责划分，主要在于相关的交通设施是否需要交通管理人员进行具体操作。公共道路机构在建设公共道路时，应根据公安交警部门的要求同时完善配套的交通标牌、标识、标线、护栏、交通诱导屏、交通信号灯、电子警察、交通视频监控等设施。现有的交通标牌、标识、标线、护栏等设施应由公共道路管理机构管理维护，而交通诱导屏、交通信号灯、电子警察、交通视频监控等设施，交警人员日常需经常操作，仍由公安交警部门管理维护较为便利。

（五）科学设置公共道路管理机构

在将公共道路管理局设定为珠海市公共道路管理主体后，根据设想对其定位，珠海市公共道路管理局应具备如下核心职能：第一，贯彻执行国家、省、市有关政策法规，制定珠海市公共道路管理规章制度；第二，组织编制全市公共道路专项规划，并对各区内公共道路规划或交通规划的公共道路部分进行审查；第三，制订高快速路、主干路的建设计划并组织实施，并承担相应的质量和安全监管职责；第四，对各区公共道路建设计划进行技术审查，并根据相关政策对其进行资金补助；第五，负责全市高速公路、大桥、特大桥和隧道的管理与养护；第六，编制全市各级公共道路养护经费预算，下达养护计划，对全市各级公共道路养护工作进行统筹协调、监督管理和考评检查。根据以上职能，对珠海市各级公共道路管理部门机构设置提出如下建议。

1. 珠海市公共道路管理局机构设置建议

公共道路管理局的内设机构部门主要承担宏观的协调管理，以及高快速路与主干路等高等级公共道路的建设职能。其中建设职能是目前任务最重的一环，因源于国省道和城市主干道的主干路技术成熟、数量庞大，因而前期和施工分别由两个部门承担，便于标准化推进大量工程；而高快速路技术要求高、工程更复杂，需由专门机构全程跟踪实施，更适合单独设置一个部门单独负责高快速路建设的全过程。而公共道路养护、公共道路路政管理、交通设施管理及对各区道路建设情况的监管，都需要有专门的部门来完成。

综上，建议在珠海市公共道路管理机构设置以下机构：办公室、人事监察科、信息中心、总工程师室、工程管理科、高速公路建设科、养护监管科、交通设施科、路政法规科、地方道路科、计划财审科。

2. 珠海市公共道路管理局下属单位机构设置建议

目前的珠海市公路局下辖两个公路管理处，其中的西部地区公路管理处在养护事权下放后已形同虚设，应将其一部分编制人员划分给下放的各区，一部分调剂到市公共道路管理局。同时，保留原有的高速公路和地方公路管理处建制，但将其地方道路相关职能与人员调剂到市公共道路管理局，专注于高速公路与大型桥梁隧道的管理养护。其职能应为：负责全市市属高速公路的路政管理工作及非经营性高速公路的养护工作、全市大型桥梁、隧道的管理和养护工作。其内部应设立综合协调科、养护工程科、大桥隧道科、路政大队4个机构。

3. 各区成立公共道路管理机构的设置建议

在区的层面，亦应设置专门的公共道路管理机构，统筹负责辖区内公共道路、交通设施等相关工作（亦可根据情况与城市管理部门合并，加入燃气、照明、管线、园林、绿化、市容、环卫职能），负责本区内公共道路的专项规划、次干路与支路的建设、高速公路以外的各级公共道路的日常养护和管理，在业务上接受市公共道路管理机构的指导和考核。其下可设置专门的建设管理中心，负责专业性较强的公共道路及设施建设工作，而日常业务量大的市容维护、环境卫生、道路养护、照明管理等业务，则成立专门的市政养护所、道路养护所、环卫养护所及路灯所负责实施。

（六）完善人事及市场化等配套措施

为做好公共道路管理体制，还需在事业单位分类改革、人事制度与养护市场化等方面做好配套，以确保公共道路体制改革的顺利进行。

1. 做好事业单位分类改革

公共道路作为公共产品，必然有公共事业的性质，又有行政管理的职能；目前公共道路建设已完全市场化，日常的养护生产却又仍是作为公共事业在管理，仍存在以公益性、生产性并存的公路养护施工职能。要遵循"事企分开，管理与养护生产分离"的思路，将附属在公共道路管理机构的养护生产单位转为市场主体，逐步实现公路养护管理与公路养护施工职能的分离，并做好对公共道路管理相关事业单位分类改革：珠海市公共道路管理局和高速公路管理处作为依法对公共道路进行行政管理的机构，应为行政类事业单位并逐步转变为政府部门，其下属负责公共道路养护管理的养护中心应为公益类事业单位，从事具体养护职能的部门和人员则要彻底企业化。

2. 建立灵活的事业单位人事管理制度

当前事业单位人事制度的主要问题在于缺乏上升渠道与退出机制，根据以上特点，应以收入变动为主要手段对事业人进行激励。严格根据公共道路养护管理的需要设定养护中心岗位，其中的领导职位在竞聘上岗的基础上，还应设定竞聘上岗后的工作期限，到期后重新将岗位拿出来竞聘，以解决能上不能下的问题。而针对事业人工作积极性较差的问题，可根据国家相关政策，最大限度采用提前退休、离岗退养的手段加速予以汰换。

3. 对公共道路养护事务进行全面的市场化改革

目前珠海公共道路的改造、大中修、绿化等实际上已经是由企业在实施，下一步应将公共道路的日常保洁、保养、小修等全面推向市场，从而将公共道路养护全部推向市场化，在全市范围内形成统一的公共道路养护市场。公共道路管理局把职能履行重点转变到养护管理制度的建构、实施上，建立起包括养护工程市场管理办法、养护招投标办法、养护定额编制办法、养护质量检查评价标准等一整套制度体系，明确公共道路养护工程市场准入规则，规范养护市场主体进入养护市场的资格。

作为我国最早设立的经济特区之一，珠海市处于改革开放的前沿，因而经济发展较快，已经接近中等发达国家水平。但是与同时成为经济特区的深圳相比，经济总量仍小得多，诸多体制也处于新旧混杂的状态中，公共道路管理体制是其中最为典型的一个。被珠海市政府视为改革开放以来最大发展机遇的港珠澳大桥的通车，使珠海成为唯一一个与港澳都有陆路连通的城市，如何发挥港珠澳大桥为枢纽的珠海陆路交通体系的效能，为珠海经济社会发展提供更好的通行服务，对珠海市整合公路和城市道路为一体的公共道路体制提出了很高的要求。

科教中心转企改制前夕干部职工队伍建设的对策思考

(广东省公路管理局科技教育中心　李强)

摘　要　进入新的时期,广东省事业单位改革继续向前推进,改革进程在向更广泛、更深层次拓展。目前,广东省第二批从事生产经营活动事业单位的改革正在进行当中。对于科教中心而言,当前正处于改革方案已经上报但尚未批复的改革前夜。思变、求稳、期望、茫然、焦躁等多种心理互相交织,给队伍建设和稳定带来巨大压力。在这一特殊时期,干部职工队伍建设要以业务稳定为基础,以领导班子为主心骨,以中层骨干为依托,坚持业务推进和改革准备"两条腿"走路,实现在发展中改革、在改革中发展,从而为开辟单位发展和个人进步空间奠定良好基础。

关键词　转企;改革前夕;队伍建设;对策

当前,事业单位改革的总体方向和基本政策已经明确,正处于等待上级主管单位批复改革方案的前夕。改革前如何保持单位业务来源稳定,改革方案何时会批复,批复后方案如何落地,改革后单位业务方向是什么,职工利益能得到什么样的保障,均成为这一阶段干部职工普遍关注和关心的问题。在事业单位改革前夕,本文围绕干部职工队伍状况分析及建设策略这一课题,通过开展面向科教中心干部职工的专项调查和深入研究,梳理所掌握的基本情况,并对此提出了相关对策建议。这也为进一步优化人力资源结构、提升整体管理水平和下一步转企改制提供数据支撑及决策参考依据。

一、科教中心人力资源概况

(一)总量及岗位分类情况

中心现有人员198人。其中,在职122人,退休职工76人。在职人员分布如下。

从来源看,在编人员49人,其中,在岗47人,内退2人。聘用人员63人,其中,同工同酬18人,非同工同酬45人。劳务派遣10人。

从区域看,广州本部在编人员35人,其中,在岗34人,内退1人。聘用人员32人,其中,同工同酬14人,非同工同酬18人。劳务派遣4人。从化业务部在编人员14人,其中,在岗13人,内退1人。聘用人员31人,其中,同工同酬4人,非同工同酬27人。劳务派遣6人。

从岗位看,管理人员23人,占18.9%;有专业技术职称人员28人,占23.0%;在编工勤人员16人,占13.1%,另外聘用工勤人员(包含厨房、园林、保洁等)55人,占45.1%(表1)。

表1 科教中心人员分布

类别	在职					小计	管理人员	有专业技术职称人员	工勤人员	小计	退休
	在编		非在编								
	在职	内退	同工同酬	非同工同酬	劳务派遣						
中心	47	2	18	45	10	122	23	28	16	67	76
本部	34	1	14	18	4	71	17	26	6	49	
从化分部	13	1	4	27	6	51	6	2	10	18	

注：数据统计截至2018年12月31日。

（二）人员结构基本情况

为保证可分析性，本部分只对在编人员和同工同酬的聘用人员进行统计。

1. 年龄结构分布

平均年龄48岁。其中50岁及以上22人，占32.8%；40～49岁21人，占31.3%；30～39岁13人，占19.4%；30岁以下11人，占16.4%。

2. 学历结构分布

硕士研究生7人，占10.4%；本科32人，占47.8%；大专14人，占20.9%；中专3人，占4.5%；高中及以下11人，占16.4%。

3. 专业技术结构分布

高级职称9人，占13.4%；中级职称10人，占14.9%；初级职称10人，占14.9%。

4. 30～45岁人员的职称及职务分布情况

30～45岁18人，占26.9%，其中高级职称2人，中级职称6人，初级职称2人。副处级1人，正科级4人，副科级4人，科员8人。

（三）改革前夕职工队伍思想状况

改革迟迟不能进入具体实施阶段，造成干部职工队伍的思想和心理状况复杂，进而带来维护队伍稳定的巨大压力。主要体现在如下几方面。

1. 期盼心理

自改革政策明确以来，通过对改革相关政策的了解，以及对同行业及同类单位的改革实践案例的持续了解、关注、分析和宣传，绝大多数干部职工已经接受事业单位改革的形势和趋势，都认为改革方向已经明确而且不可逆转，也普遍支持和期待从事业单位转制改为企业。大家都期望转企改制后单位有更好的发展，职工个人能够享受更充分的发展成果。

2. 急躁心理

改革方案久拖不决，干部职工对改革后归属何处、改革后的单位定位和主营业务方向、管理体制机制等都很迷茫，但是又觉得自身无能为力，对改革方案没有充分的参与权和决定权，因此，强烈希望能尽快批复方案以进入具体实施阶段。特别是对于科教中心这种自收自支的三类事业单位，既无财政拨款，又无资金积累，自主创收受政策限制，生存和发展压力非常大，拖不起、等不起。

3. 盲目乐观心理

有部分职工存在想当然地认为改革后单位发展就一定好、个人收入福利水平就一定会增长，缺乏对事业单位与企业两种管理体制机制的认识，也没有对转企后全面参与市场竞争做好思想准备。

4. 畏惧担忧心理

根据现有已进入改革实施阶段的涉改单位的改革推进情况来看，涉改单位上级主管部门在推进改革中的责任权限和职能不够明确，改革的具体实施变成涉改单位直接与接收单位对接，双方严重不对等，涉改单位根本没有平等的话语权。因此，干部职工对改革后的基本权益是否能得到有效保障普遍存在担忧和畏惧心理。

二、科教中心现有人力资源优劣势分析

（一）年龄结构分析

50岁及以上22人，40～49岁21人，30～39岁13人，30岁以下11人，平均年龄48岁，从这些数据可以看出，组织人员相对老龄化，政策性人员富余和结构性人员失衡仍然存在。随着年龄的增长，工作年限的增加，老员工虽然具备较丰富的工作经验，但存在职业倦怠，工作积极性和进取性减退，员工队伍总体缺乏活力和激情。

（二）学历及专业结构分析

本科以上学历水平的占58.2%，大专学历水平的占20.9%。高层次人才整体偏少，但由于近年来退休人员绝大部分均为高中或以下学历，或是初级技能人才，因此职工的学历及专业结构总体有所优化。从长远发展规划来说，要继续注重引进中高学历人才，适量引进高素质专业技能人才，为改革后发展做好人才储备。

（三）人员流动率分析

本年度人员流动率为6%。科教中心作为20世纪80年代成立的事业单位，人员方面的劣势已经非常明显，总体呈现出年龄老化、思维僵化、知识陈化、习惯固化的特点。特别是自事业单位改革的方向政策明确以后，人员的调整和补充全部冻结，人员流动只有高龄人员到龄退休这个单一、单向通道，从而造成现有干部职工队伍结构不仅迟迟难以进行优化，反而使结构失衡状况日益严重。依靠现有的人力资源，不可能完全适应市场竞争需要。

（四）队伍思想状态分析

客观看待目前科教中心干部职工的心理状态。因年龄、学历、经历、阅历、工作环境及能力等差别，职工队伍中存在各种各样的想法和认识是必然的，也是可以理解的。科教中心

于 2012 年由原来的两个单位合并而来,合并后两地的人员基本保持在原有岗位,两地的队伍状况和工作氛围仍有较大差别,这也是客观情况。我们无法也不可能强行去抹杀这些差别,不能搞"一刀切"。

三、改革前加强队伍建设的对策建议

针对科教中心干部职工队伍的上述状况,为做好改革前夕队伍的稳定工作,保障单位业务和收入的基本来源,做好实施改革的相关准备工作,为顺利完成事业单位转企改制奠定良好基础,特提出如下对策建议。

(一)全力推进业务来源多元化,建立资金保障的"护城河"

基于没有财政拨款和资金积累的现实,只有具备充足、稳定的业务来源,才有充足、稳定的收入保障,才能为队伍建设和发展提供有力的基础性保障。因此,在改革方案批复前夕,只有业务稳才能队伍稳,否则基础不牢地动山摇。而恰恰在这一方面,科教中心面临着重大风险和考验:一是少数单项业务来源占比偏高,而且不稳定;二是受事业单位管理体制和政策限制,业务模式缺乏灵活性;三是因外部环境变化,行业内诸多单位的传统培训业务大量"走出去",造成科教中心承接的传统业务锐减萎缩。因此,必须立足于现有的各类条件和资源,创新业务模式和工作思维,实现业务从行业内单一发展向行业内外并行发展转变,从主要依靠主要领导拓展业务向发动全员拓展业务转变,从固守传统业务类别向传统加创新业务同步联动转变。

(二)继续强化领导班子建设,树立过渡时期的"定海神针"

改革前夕是等待期、观望期、茫然期"三期"叠加。在此期间,所有人都在考虑单位的发展方向和归属去向,更在考虑个人的未来发展和职业定位,但是大多数人都很难对未来有清晰的认识,也很难有明确的思路和坚定的信心。因此,必须加强领导班子建设,形成一个立场坚定、团结有力、奋发有为的领导集体,在这个特殊时期发挥"定海神针"的作用,做干部职工的主心骨。在改革关口,单位领导班子特别是主要领导要具备历史担当,既要在改革方案的制定中为干部职工争取正当、合理、充分的利益,做好汇报、征询、宣传、解释工作,更要在改革方案的落地实施中勇挑重担,做好方案执行和过程中的矛盾化解工作,确保改革后人员的妥善安置。在此时期,领导班子成员不能只考虑个人进退得失,更不宜失去方寸、进退失据,甚至在干部职工中传递悲观、失望或抱怨等情绪。

(三)牢牢抓住中层骨干力量,形成改革稳定的"中流砥柱"

单位的中层干部一般都是业务能力较强、思想境界较高、胸怀格局较高的骨干力量,也是单位发展和稳定的重要依靠力量。因此,改革前要加强领导班子建设,但是绝不能认为领导班子搞好了就可以包揽一切、包打天下。领导班子要当"火车头",同时要牢牢抓住单位

的中层干部队伍，充分依靠他们，在业务拓展、政策宣传、展现信心、凝聚力量上，发挥他们的"中流砥柱"作用。对单位中层骨干力量，要在工作上给予充分支持，在政策上给予及时传达，在生活上给予必要关心，在作风上提出更高要求。通过单位中层干部队伍，向全体干部职工传递正能量和发展信心，增强队伍稳定的基础和环境氛围。

（四）积极关注宣传改革政策，铺设上下连接的"绿色通道"

改革只有进行时，没有完成时。改革不能单打独斗、自说自话，而是需要全员参与、主动参与。只有上下同心、相互支持，改革才能实现最终的成功。要加强形势和政策研究宣传，引领干部职工顺应改革大势、主动作为，而不是对改革消极应付、麻木不仁甚至抵制逃避。对新的改革政策、改革动态及其他涉改单位的改革进程等信息，及时向干部职工开展宣传说明，增强干部职工的紧迫感和主动性。积极与省公路事务中心、省厅及其他上级主管部门加强沟通汇报，依法依规做好上情下传、下情上达工作，密切跟踪进展情况，让干部职工充分知晓相关的改革政策和趋势，提前建立足够的心理预期和思想准备，从而更好地维护队伍的稳定。既要抓好岗位业务工作，也要密切关注了解职工思想动态，主动开展交流沟通、答疑释惑、教育引领工作。即使是在不能做决定、不能左右决策的事情上，也要坚持站在以人民为中心的立场上，顺应干部职工的普遍关切和合理诉求，保障他们的知情权和参与权。

（五）启动研究市场化用人机制，开辟队伍优化的"试验田"

人员问题始终是改革进程中的关键和核心问题。既然从事生产经营活动的单位转企改制已经是不可逆转的趋势，应提前启动市场化用人机制研究。要按照事业单位转企的基本方向，加强企业人力资源的引进、选拔、晋升、考核、薪酬、退出等方面的体制机制研究，并尝试在局部领域、少数岗位先期进行市场化用人机制试点，为转企改制提供政策储备和经验积累，从而为转企改革做好必要准备。

关于公路行业基层纪检工作的思考

（惠州市公路管理局 林力）

摘 要 公路行业历史绵长，纪检工作状况特殊。做好当前公路行业基层纪检工作，提高站位是前提，抓好教育是基础，创新方法是重点，整合力量是关键，规范管理是根本，不断强化和完善纪检工作，势在必行。

关键词 公路行业；基层纪检工作；思考

《党章》规定，党的各级纪委有3项主要任务和5项经常性工作，是党内负责监督执纪问责的专责机关。2018年3月20日，人大通过《监察法》，3月23日，国家成立与中纪委合署办公的监察委，各省市县随即相应成立地方监察委。该重大变革，标志着党内监督和国家监督、党纪检查和国家监察对全体公职人员的综合管理实现了全覆盖。

"治大国若烹小鲜"，细节决定成效。在党和国家深入推进反腐倡廉战略的形势下，公路行业基层纪委如何确保全面从严治党一刻不能松、半步不能退，如何坚持纪检监察无禁区、全覆盖、零容忍，如何精准落实监督执纪问责职能，适时把制度优势转化为治理效能，值得深思。笔者愿以工作实务方面的点滴体会抛砖引玉，以期共同增智。

一、现状

惠州市公路管理局是惠州市负责普通国省公路建管养收的正处级参公管理事业单位，下辖7个科级事业单位，共计1800余人。

改革开放40多年来特别是自1988年惠阳地区撤区改市以来，惠州公路（指惠州市国省干线公路，下同）经历了广东省惠阳公路局（1974.4—1988.8）、广东省惠州市公路局（1988.9—1990.2）、惠州市公路局（1990.3—2003.9）、惠州市公路管理局（2003.9—）4个变革阶段。30年来，随着国家深入推进以经济建设为中心的战略部署，惠州公路的管养主体由省局直管逐步归口当地政府（交通主管部门），惠州公路纪检工作也因此留下鲜明的时代烙印。

以1988年以来纪检机构的组织沿革为例。在广东省惠阳公路局时期，纪检机构由内设纪检组改为内设监察室，设有专职监察干部，纪委书记由党委副书记兼任。在广东省惠州市公路局时期，改设机关纪委，下辖监察室，有专职监察干部，纪委书记由党委副书记兼任。在惠州市公路局时期，专设机关纪委，下辖监察室，设专职纪委副书记等监察干部。在惠州市公路管理局时期，纪检组织加速变革，2009年市纪委派驻纪检组入驻惠州市公路管理局后，保留机关纪委，纪委书记由派驻纪检组长兼任，局监察室与派驻监察长办公室合署办公，原监察室人员留任监察长办公室。2016年，上级纪委完成职能"三转"后，市纪委驻市交通运输局纪检组入驻惠州市公路管理局，原纪检组及监察长办公室撤出，派驻纪检组与惠州市公路管理局人事分离；局纪委书记复由局党委副书记兼任；5名纪委委员由市局机关人员兼任；纪委办（无机构编制）与党委办合署办公；局属各单位党总支、机关各党支部内设兼职纪检委员。

经过以上体制机制改革和纪检机构组织沿革，惠州市公路管理局纪检监察工作总体态势不断向好。

（一）党风政风更加好转

1988—1991年，共查处违纪违法案件15宗，事实主要涉及贪污、受贿、诬告、失职、超生、嫖娼等，经济案、违法案突出。2009—2018年（驻纪检组入驻以来）近10年，共查处违纪案件6宗，事实主要涉及人事纪律、工作纪律等，除超生外没有违法案件。审视30年前后案件数量和案情程度变化情况，表明惠州市公路管理局党风廉政建设总体形势发生了质的好转。

（二）党规党纪更加全面

随着《廉政准则》《廉政守则》《党内监督条例》《纪律处分条例》《问责条例》《监督执纪工作规则（试行）》等党内法规的颁布实施，以及《行政机关公务员处分条例》《事业单位工作人员处分暂行规定》《国家监委工作规则（试行）》等政务法规的颁布实施，随着省市纪委关于落实"一岗双责"、实行"一案双查"、治理"为官不为"、推行"两个责任"考核体系等工作规则的实施及行业规章的不断健全，纪检工作更加有法可依、有据可查。

（三）考核标准更加精准

主要体现在，一是对标考核"四种形态"。中纪委明确指出"四种形态"的运用方式，要求各级纪检组织挺纪在前，"咬耳扯袖""红脸出汗"成为常态。二是对标考核监督责任。市纪委"两个责任"电子监管平台实施了7项33节考核体系。三是对标落实"五不直管"。对人事管理、财务管理、工程管理、行政审批、物资采购等"三重一大"事项，主要领导"五不直管，末位表态"。四是对标"三报"规定。对纪检组要求的重大事项、主要工作、日常工作，局属各单位、机关各科室实行专人直报（告、送、备）。

（四）工作职能更加清晰

主要体现在，一是建立了双重领导机制。局纪委受局党委和市直机关纪工委双重领导，向局党委和市直机关纪工委负责并报告工作。二是建立了协查机制。局纪委协助党委并配合派驻纪检组开展本单位机关和直属单位党的纪检工作。三是建立了分级权限机制。机关纪委负责检查和处理本单位机关及直属单位党组织、科员（含科员）以下党员违反党纪的案件。四是建立了日常工作机制。市局规范成立了机关纪委，局属各单位党总支和局直属各党支部均按制度要求配齐了纪检委员，做到纪检工作"有机构、有人员、有场所、有经费、有制度、有任务"。

（五）监督机制更加有序

巡察机构全覆盖、派驻机构全覆盖，现已成为新时期开展纪检监察工作的新常态。2017年惠州市公路管理局《内部控制风险评估报告》显示，当年惠州市公路管理局以人事管理、财务安排、工程管理、行政审批、物资采购等"三重一大"事项为重点，把管人、管钱、管事、管物、管工程的岗位作为重点防范范畴，列明了11个岗位风险点、84个事务风险点，修订了《内部审计监督制度》等17项管理制度，实施了《纪检监察工作流程图》等20余项业务流程图，最大限度地实现了"风险点"向"安全点"的有效转化。

（六）监督工作更加常态

主要体现在，一是监督主体更加明确。按照"两个责任"职能界定，局党委及纪委均可直接或通过上级，对各种违纪现象及其当事人实施监督。二是监督方式更加明确。综合采取提醒谈话、批评教育、诫勉谈话、约谈、函询、责令书面检查、通报批评等方式，对全体干部职工进行教育管理。三是考核机制更加明确。上级各级纪检组织主要依照市纪委"两个责任"电子监管平台考核指标，采取常年通报"咬耳扯袖""红脸出汗"等方式，对执行"六大纪律"情况进行量化考核。市局亦借此对所属基层单位进行指导检查，从而有效防止了瞒案不报、大案小报、压案不查、重案轻处的现象。

二、问题

经历以上数十年的体制转型，惠州市公路管理局党组织架构目前呈现"双管齐下"特征。截至2017年12月，全局共有5个党总支、27个党支部，621名党员，其中5个县（区）公路管理局党总支及16个党支部共433名党员隶属属地党委，其他6个党支部共188名党员隶属市局党委。"属地""直管"两型党支部数量占比分别为75%、25%，人数占比分别为70%、30%。组织机构、党员人数、工作任务的重头都在基层。

组织关系与行政关系的分离，形成了下属单位"党的建设听地方""公路业务听市局"等狭隘认识；市直和县直在党建业务实操方面的差异，加剧了"属地"型党组织"两头不适"的困惑。体制转型和思想转型的"时间差"，致使纪检工作不同程度地出现了以下问题。

（一）思想认识上有误区

在落实全面从严治党"两个责任"工作中，由于所属5个县（区）公路管理局人财物的管理权限均在市局，党员组织关系又均在隶属当地，市局有"捞过界"的顾虑，县直有"难到位"的顾虑，基层有"两头靠，两头都不靠"的顾虑。加之基层党总支未设专门纪检机构和专职人员，仅有一名兼职纪检委员，人力不足，以致日常工作时常出现上热下冷、层层递减的现象。

(二)纪律教育上有弱项

主要表现在,一是教育内容上缺乏深度。正面教育多,反面警示少;自我批评多,批评他人少;避重就轻多,深刻剖析少;讲述成绩多,查摆问题少;现象说道多,理论升华少;单向说教多,多方互动少。二是活动方式上缺乏鲜度。集体活动多,个人交流少;规定动作多,创新活动少;党内活动多,联系群众少;书面活动多,实践活动少,从不同层面暴露了失之以软的问题。

(三)制度管理上有短板

主要表现在,一是考核指标缺乏量度。对日常工作中的违规违纪现象,定性判断多,定量考核少;原则要求多,操作标准少;轻描淡写多,系统研究少;随意发挥多,规范操作少。二是惩戒措施缺乏精度。对个别党员能力不足、责任不强、言行懈怠、表现失准、工作不力、慵懒散奢乃至违规违纪等现象,上级的原则性意见不少,但落实到基层的可操作性细则却不多,致使制度优势转为管理效能受限。

(四)监督职能上有交叉

按照规定,市直单位机关纪委"受本单位机关党委和市直机关纪工委的双重领导……协助机关党委并配合派驻纪检机构开展本单位机关和直属单位党的纪检工作""检查和处理本单位机关及直属单位党组织、科员(含科员)以下党员违反党纪的案件"。在实际工作中,同一案件或问题线索,往往同时涉及科级、股级、普通党员,市局纪委应如何分类对应受理?即仅查处科员以下(含科员)党员的相关问题而对科员以上(不含科员)党员的相关问题不得过问,或者,协助上级查处科股级以上干部问题或问题线索,是否与分级受理的纪检工作纪律不符?

(五)执纪问责上有顾虑

由于党内监督执纪问责的立法立规进程较快,对准确运用"四种形态",大多数兼职纪检干部学习不够、理解不深、把握不准,以致在履职尽责时,或碍于情面或但求稳定,以致谈话提醒常常是蜻蜓点水、雨过地皮湿,"不痛不痒"。有的单位只抓些"迟到早退"等细节现象,而对违反政治纪律、组织纪律、廉洁纪律、生活纪律等深层次问题,动真碰硬少。有的单位习惯于使用约谈、集体谈话,忽视了通报批评、诫勉谈话、函询等方式,忽视了对重点对象、重点岗位同志的谈话提醒,客观上引发了"上热下冷""外紧内松"的"灯下黑"隐患。

(六)工作效能上有缺陷

纪检"三转"尤其是纪检监察业务合署后,在具体承办案件或问题线索时,无论是审批事项流程、线索处置流程、谈话函询流程或者初步审核流程、审理流程、立案审查流程,都涉及诸多实操文书。由于基层纪检干部均为兼职,因对各种流程不熟悉,所以要经常"不耻下问",因各种制式文本(范文模板)尚不系统,所以时常会在实操细节上兜圈子,无谓地耗费人力资源,直接影响规范办信的工作效率。

三、意见

马克思在《黑格尔法哲学批判》导言中指出:批判的武器当然不能代替武器的批判,物质的力量只能用物质的力量来摧毁;但是理论一经掌握群众,就会变成物质力量。理论只要说服人,就能掌握群众;而理论只要彻底,就能说服人。

马克思的这一经典论述,阐释了物质力量的重要性,阐释了理论衍生的精神力量变成物质力量的可能性。将马克思的这一经典论述运用到基层纪检监察工作,就是要求全体党员尤其是纪检干部必须通晓掌握党内政策法规,要形成监督执纪问责的震慑力量。根据个人体会,做好当前惠州公路行业基层纪检工作,应有针对性地加强以下工作。

(一)要强化"四个自信"教育

认识是行动的先导,"教人者先正己"。作为基层纪检监察干部,首先要掌握"批判的武器",即教人诲人的真才实学,才能组织起"武器的批判",即立党为公的正能量。当下,坚定"四个自信"尤显重要。中央号召"四个意识",国家推进"四个全面",其内在动力均源自全民的"四个自信"。"四个自信"是因,"四个全面"是果,"四个意识"是"四个自信"在党内的再现。只有坚定"四个自信",才会树立"四个意识",没有"四个自信",就不会有"四个意识"。"理论一经掌握群众,就会变成物质力量"。

(二)要突出纪检首要职责

监督执纪问责,是党章对纪委职责定位的凝练概括。国家监察体制改革后,纪委监委首先是政治监督机关,不应简单视作党内"公检法"。其首要职责是,推动落实党的基本理论、基本路线、基本方略,确保公职人员秉公用权、依法履职;通过监督检查,发现并纠正自行其是、各自为政,有令不行、有禁不止等问题,确保中央政令高效畅通,当好政治生态的"护林员"和"啄木鸟"。因此,"惩前毖后,治病救人",始终应是基层纪检工作的出发点和落脚点,任何视查案数量为业绩的狭隘认识、视严惩快处为目标的极端做法断不可取,尤其应杜绝无视教育、有诉必究的"单打一"做法。提高综治实效是正途。

(三)要创新理论宣讲工作

当前,部分党员乃至领导干部,对公路基层纪检监察工作有认识偏差。认为"可有可无""可多可少""可好可差"者有之,认为"内容复杂""程序烦琐""实效不强"者有之。究其原因,非"产品"不好,实"销路"不畅:政治思想宣讲的"最后一公里"没有解决好。眼下,全省各市都已组建起"集团式"宣讲队伍,一大批政治立场坚定、理论素质高深、实践经验丰富、宣讲能力超强的领导学者枕戈待旦。只要我们认同"专家辅政",借势

"点菜系统",既可以满足干部群众解渴解馋的快餐心理,又可以解决自身师资不足等现实问题,就可以集"微话题"成"大主题",适时掌控时事宣讲的主动权、制高点。

(四)要整合纪检人力资源

目前,惠州市公路管理局机关纪委没有机构编制,纪委书记由党委副书记兼任,纪委副书记由党委办公室主任兼任,其他3名委员由机关科室同志兼任,均为兼职。局属各单位也没有专设纪检机构,只是在党总支内实行委员分管(纪检)制,纪检委员普遍由工会主席兼任。为细化做实监督执纪问责工作,有必要尝试"一案一借""一主一辅""一内一外"工作法。"一案一借",即抽调非纪委(检)同志协助开展专项工作;"一主一辅",即抽调一名纪检委员辅助纪委委员开展专项工作;"一内一外",即一名纪委(检)委员带领非纪委(检)委员开展专项工作,事毕还人,有事续借。

(五)要坚持开展对标监督

一要坚持民主管理。凡人事管理、财务管理、工程管理、行政审批、物资采购等"三重一大"事项,均由党委会民主决策,主要领导"五不直管,末位表态"。二要坚持"两个责任"目标考核。严格按照市纪委电子监管平台7项33条要求,细化责任清单,强化党委主体责任和纪委监督责任。三要坚持落实"三报"制度。对驻纪检组4项19条等重大事项、主要工作、日常工作,做到常年专人直报(告、送、备)。四要坚持"四种形态"监督机制。规范开展提醒谈话、批评教育、诫勉谈话、约谈、函询、责令书面检查、通报批评等形式的教育管理,确保党内监督没有例外。五要坚持落实"六大纪律"。坚持以法治思维和法治方式履职尽责,做到基层纪检工作不越位、不缺位、不错位,确保"六大纪律"监管无死角。

(六)要提高事务处置效率

一要坚持法规学习。及时修订和推送局纪委《常用法规》,坚持党内"普法"教育,始终保持纪检队伍对规范性文件的完整认识。二要坚持消化业务流程。在承办案件或问题线索的同时,要注重结合实际,及时细化实化工作流程,确保纪检工作规范有序。三要坚持储备工作文库。以局纪委《工作手册》为载体,将谈话记录、函询笔录、初核报告、送达通知等常用文书,制成"模板"时时参考,确保工作不走样、不漏项。四要规范案件档案。按照"一案一卷"要求,对历年案件或问题线索规范建档,确保资料规范有序、真实可靠,经得起时间考验。

以上观点,纯属个人随感。欢迎行家批评斧正。

以加强党的建设引领公路队伍建设的思考

（云浮市公路局　麦绍佳）

摘　要　在新时期公路队伍建设中，我们遇到很多新情况、新问题、新矛盾，如何有效解决这些问题和矛盾是摆在我们面前亟须研究的课题。笔者认为，新时期公路队伍建设必须以加强党的建设为引领，通过加强党的建设来推进公路队伍建设。

关键词　党建；队伍建设

一、党的建设与职工队伍建设的关系

党的建设与职工队伍建设关系密切，抓好了党的建设，就能促进职工队伍建设，单位党组织坚强有力，必定能带出一支坚强、有战斗力的职工队伍；一个单位党的建设薄弱，单位党组织必定软弱涣散，职工队伍的凝聚力、战斗力就弱。党的建设与职工队伍建设之间具有决定和影响的作用关系，主要体现在领导性、核心性、先进性几个方面。

（一）领导性

党是领导一切的，坚持党对一切工作的领导，是时代的选择，是人民的需要。党的十九大报告把"坚持党对一切工作的领导"，作为新时代中国特色社会主义基本方略的第一条，强调"党政军民学，东西南北中，党是领导一切的"。所以，党的领导是全方位、全过程和无条件的。加强党的组织建设是做好一切工作的根本，加强党对一切工作的领导，才能确保各项工作按照正确的方向目标实施。职工队伍建设必须在党的领导下进行，用党的理论武装职工头脑，用党的思想指导职工队伍建设，培养爱国爱党的民族精神，培育和践行社会主义核心价值观。

（二）核心性

中国共产党是中国特色社会主义事业的领导核心。中国共产党作为最高政治领导力量，在中国革命和建设事业中居于领导核心地位、发挥领导核心作用，这是马克思主义政党的历史使命。《中国共产党章程》明确，党的基层组织是党在社会基层组织中的战斗堡垒，是党的全部工作和战斗力的基础。职工队伍建设必须以党组织建设为核心，以党组织的战斗堡垒作用来凝聚职工队伍。

（三）先进性

中国共产党是中国工人阶级的先锋队，同时是中国人民和中华民族的先锋队。中国共产党党员是中国工人阶级有共产主义觉悟的先锋战士，全心全意为人民服务，不惜牺牲个人的一切，为实现共产主义奋斗终生，在我国社会主义各项事业中起先锋模范作用。中国共产党党员也是职工队伍的一员，抓好党员教育也是在抓职工教育，发挥了党员的先锋模范作用就是调动了职工的积极性，党员先进性的表现也是队伍先进性的体现，建设坚强且有强大战斗力的队伍必须以加强党的建设来打基础。

二、当前公路队伍建设必须正视的问题

近10多年来，公路部门不断面对各种改革，例如，取消二级及以下公路收费、取消汽车养路费等六费，改征燃油税，回购收费公路股权，实施年票制，交通综合执法改革，全面取消车辆通行费年票制，公务用车改革，全面深化行政体制改革，等等，改革过程中出现许多新情况，遇到许多新问题，需解决许多新矛盾。当前云浮市公路队伍中存在的一些突出问题表现为以下几方面。

（一）政治意识不够强

部分干部职工的政治意识不够强，政治站位不够高，对上级的方针政策理解不够透彻，政治理论知识把握不够全面深入，运用政治理论指导推动工作能力不够强。例如，在当前全面深化行政体制改革过程中，对国家实施深化行政体制改革政策了解不够深入，没有持积极的态度支持参与改革。有的认为公路部门原为参照公务员法管理的事业单位，改为什么性质无关紧要，存在等待观望被动的情绪。有的认为公路部门为社会经济发展做出了重大贡献，应该保留并壮大发展，对公路局机构更名撤销合并的改革存在难以接受的思想。

（二）宗旨意识有所淡化

公路部门工作是一项社会公益性事业，加强公路养护，确保公路安全畅通，为社会经济发展和人民群众安全便捷出行服务是公路人肩负的工作责任。但是，深入群众，密切联系群众，努力为群众办好事、实事，全心全意为人民服务的宗旨意识有所淡化。表现在：做公路工作只是停留在部门工作，没有深入国省道公路沿线乡镇、深入群众了解情况，了解群众期盼、所需；公路管理人员高高在上，工作局限于办公室，下基层调研少，联系工作多数通过电话和工作汇报，极少直接接触一线养护工作，难以掌握基层公路养护的实际情况。

（三）奉献精神弱化

公路养护管理特殊工作所形成的"老黄牛""铺路石"精神，"辛苦我一个幸福千万家""把心放在路上、把路放在心上"的奉献精神逐渐弱化，工作讲轻松、讲待遇、讲报酬、讲得失的风气有所抬头。以前有工作大家主动做，现在遇到工作能推则推，多一事不如少一事，认为做得越多出错越多；以前加班加点，不计报酬，不计得失，现在加班讲补助，出差讲补助，节假日更讲补助；以前要求派到艰苦的地方工作，接受锻炼和教育，现在要求换到工作轻松责任少的岗位。

（四）责任担当不够

当前困扰公路工作的问题较多，例如，切块包干经费问题，2008年费改税后，广东省

分配给各地市的切块包干经费一直无调整，10多年还是原来的基数，现在人员工资、公路工程材料物价等翻了两番，经费严重不足，面临人员工资发放困难问题；取消车辆通行费年票制后，公路部门原来承担的银行贷款无还贷资金来源，银行加紧催收债务，贷款的偿还贷渠道未解决；路面大中修工程、养护维修保养水毁抢修工程、桥梁加固工程、安保工程、示范路工程等工程项目多，地方配套资金难解决，工程项目推进困难；历年建设项目工程质量保证金问题引出的诉讼案件越来越多，面临败诉支付困难问题……面对种种困难，有的能拖则拖，希望时间能化解一切；有的出现问题才去协调，不主动去解决；有的遇到问题就向上交，让上级来解决；有的辞去单位领导职务要求改任非领导职务，甚至有的辞去公职另谋职业。这些都是责任担当不够的表现。

（五）创新能力不足

公路养护体制改革谈了近20年，一直还在探索之中，还未形成高质高效高速高协作的运作机制；交通综合执法改革后，公路违法案件的及时查处问题，交通综合执法与公路管理部门协作问题没有新办法；公路建设、公路养护工程项目地方配套资金，如何纳入地方政府财政预算安排的机制未完善。这些都需要通过管理创新、体制创新、制度创新去解决。

三、以加强党的建设来引领公路队伍建设

针对以上公路队伍建设中存在的问题，笔者建议以加强党的建设来引领公路队伍建设，努力建设一支政治坚定、团结协作、勇于担当、战斗力强的公路队伍。

（一）以加强党的政治建设为引领，培养政治坚定的公路队伍

党的政治建设是党的根本性建设，各级党组织都必须重视加强党的政治建设，以党员教育推广到全体干部职工教育，培养政治坚定的公路队伍。一要教育党员、干部职工旗帜鲜明讲政治，带头做到"两个维护"，坚持党中央权威和集中统一领导，增强政治意识、大局意识、核心意识、看齐意识。二要教育党员、干部职工加强政治理论学习，提高政治理论素养，增强运用政治理论解决实际工作问题的能力，提高驾驭各项工作的本领。三要教育党员、干部职工坚定不移地执行党的政治路线，坚决执行党的各项路线方针政策，努力为社会经济发展服务，不断推动公路事业发展。四要教育党员、干部职工严格遵守政治纪律和政治规矩，在政治立场、政治方向、政治原则、政治道路上同党中央保持高度一致，培养忠诚老实、公道正派、实事求是、清正廉洁的价值观。五要教育党员、干部职工坚决反对个人主义、分散主义、自由主义、本位主义、好人主义，坚决防止和反对"宗派主义""圈子文化""码头文化"，坚决反对搞两面派、做两面人。

（二）以加强党的思想建设为引领，培养全心全意为人民服务的公路队伍

思想建设是党的基础性建设，革命理想高于天。公路部门的各级党组织都必须重视加强

党的思想建设，以党员的思想教育推广到全体干部职工的思想教育，树立共产主义远大理想，培养全心全意为人民服务的公路队伍。一要开展理想教育。共产主义远大理想和中国特色社会主义共同理想，是中国共产党人的精神支柱和政治灵魂，是保持党的团结统一的思想基础，也是全体中国人民的共同理想。我们要把党员理想教育与干部职工前途理想教育结合起来，把培养坚定理想信念作为思想建设的首要任务，帮助党员、干部职工树立共产主义远大理想和建设中国特色社会主义理想。二要开展宗旨意识教育。要教育引导全体党员牢记党的宗旨，挺起共产党人的精神脊梁，团结带领干部职工积极投身中国特色社会主义建设，为公路事业不断做出新的贡献。三要开展三观教育。要在党员、干部职工中开展世界观、人生观、价值观教育，认真解决好这个"总开关"问题，帮助党员、干部职工树立科学的正确的世界观、人生观和价值观，树立全心全意为人民服务的思想，自觉做共产主义远大理想和中国特色社会主义共同理想的坚定信仰者和忠实实践者。四要开展主题教育。在党员中弘扬马克思主义学风，完善"三会一课"学习制度，推进"两学一做"学习教育常态化制度化，开好领导干部专题民主生活会，开展"不忘初心、牢记使命"主题教育，通过党员教育推广到干部职工教育，用党的创新理论武装党员和干部职工头脑，使全体干部职工都能自觉地为建设中国特色社会主义不懈奋斗。

（三）以加强党的组织建设为引领，培养勇于担当的公路队伍

党的基层组织是确保党的路线方针政策和决策部署贯彻落实的基础，我们要以加强党的组织建设为引领，培养勇于担当的公路队伍。一要加强基层党组织班子建设。要重视加强各级公路部门的党总支、党支部的组织建设，按规定、按程序选好配好党支部领导班子，增强公路基层党组织的领导力、凝聚力、战斗力，增强狠抓落实本领，以坚强的党组织领导和带领公路干部职工开拓创新，攻坚克难，说实话、谋实事、出实招、求实效，完成好公路建设和养护管理工作任务。二要做好党组织网络建设。要结合公路工作的特点，以提升组织力为重点，合理地设立机关党支部、养护中心党支部，并在机关科股室、下属单位、养护中心、养护道班、工程项目工地等建立若干党小组，让党组织网络贯穿公路各部门、各区域，扩大基层党组织的覆盖面。三要发挥党组织的引领作用。要突出政治功能，充分发挥党总支、党支部、党小组的作用，在公路建设及养护管理工作过程中宣传党的主张、贯彻党的决定，成为领导基层工作、团结动员群众、推动改革发展的坚强战斗堡垒，培养一支勇于担当的公路队伍。

（四）以加强党的作风建设为引领，培养干净干事的公路队伍

公路建设、公路养护工程项目多，涉及的项目资金巨大，抓好队伍作风建设相当重要，我们要以加强党的作风建设为引领，培养干净干事的公路队伍。一要做好群众路线教育。我们党来自人民、植根人民、服务人民，一旦脱离群众，就会失去生命力。要抓好党员、干部职工的群众路线教育，教育他们保持党同人民群众的血肉联系，增强群众观念和群众感情，凡是群众反映强烈的问题都要严肃认真对待，凡是损害群众利益的行为都要坚决纠正。二要

反对"四风"。领导干部要坚持以上率下,教育党员、干部职工严格贯彻落实中央八项规定,坚决反对形式主义、官僚主义、享乐主义、奢靡之风,坚决反对特权思想和特权现象,培养真抓实干、依法依规办理公路工作事情的良好习惯。三要抓好纪律教育。教育党员和干部职工讲规矩,严格遵守政治纪律、组织纪律、廉洁纪律、群众纪律、工作纪律、生活纪律,强化纪律执行,让党员、干部职工知敬畏、存戒惧、守底线,习惯在受监督和约束的环境中工作生活。四要坚持开展批评和自我批评。坚持"惩前毖后、治病救人"的方针,在领导与领导之间、党员与党员之间、职工与职工之间开展批评和自我批评,对于职工中出现的苗头性问题要抓早抓小、防微杜渐。

总之,党的建设与职工队伍建设之间具有决定和影响的作用关系,我们要以强化党的建设为引领,不断加强党的政治建设、思想建设、组织建设、作风建设和纪律建设,强化教育和学习,提高干部职工的工作能力和综合素质,努力建设一支政治坚定、勇于担当、团结协作、真抓实干、遵纪守法、干净干事的公路队伍。

关于推动公路系统党支部高质量发展的思考

（湛江市公路局党委办　陈旺贵）

摘　要　公路系统党支部建设事关公路事业高质量发展，推动公路系统党支部高质量发展，是深入贯彻习近平总书记关于推动党支部高质量发展的重要论述的必然要求，是在新时代实现公路系统的使命担当的内在要求。推动公路系统党支部高质量发展，一方面，要坚持问题导向，找准制约党支部建设的瓶颈问题；另一方面，要立足公路系统实际解决影响党支部高质量发展的瓶颈问题，以"不忘初心、牢记使命"主题教育为契机，通过推动党支部"融合式"发展、标准化建设、科学化统筹、制度支持和实施"平衡性优化"和"质量巩固"战略等方式，强化党支部的主业主责意识，提升党支部教育培训质量，激励党支部担当作为，使党支部真正发挥战斗堡垒作用，为公路系统在新时代贯彻落实习近平总书记视察广东重要讲话精神，建设"交通强国"和打造人民满意公路奠定基础。

关键词　公路系统；党支部；高质量发展

一、党支部建设与公路系统的使命与担当

新时代有新使命。2018年10月，习近平总书记视察广东，对广东提出了"深化改革开放、推动高质量发展、提高发展平衡性和协调性、加强党的领导和党的建设"[1]四个方面的工作要求。党的十九大针对社会主要矛盾转化的情况提出了"建设交通强国"的目标。四个方面的工作要求站在党和国家发展的高度，深化了对如何推动广东发展、怎样推动广东发展的认识；建设交通强国是党的十九大确定的目标任务，是不断满足人民群众对美好出行需求的重要举措。交通是经济发展的"先行官"，公路事业是交通事业的重要组成部分。习近平总书记对广东提出的四个方面的工作要求和建设交通强国的目标要求，对公路系统意义重大，是新时代做好公路系统工作的行动指南。因而，在社会主要矛盾转化、公路系统进入改革调整的新时代，贯彻落实四个方面的工作要求，推动公路事业高质量发展，打造人民满意的公路，是公路系统的使命与担当。

习近平总书记指出，"党政军民学，东西南北中，党是领导一切的"[2]、"办好中国的事情，关键在党，关键在于坚持党要管党、全面从严治党"[3]。这对于公路系统来说也一样，公路事业的高质量发展离不开公路系统党组织的示范带头作用，离不开公路系统党组织的战斗堡垒作用的发挥。党支部是党的基础组织，是党在基层发挥作用的基础。习近平总书记又指出，做好基层基础工作十分重要，只要每个基层党组织和每个共产党员都有强烈的宗旨意识和责任意识，都能发挥战斗堡垒作用、先锋模范作用，我们党就会很有力量，我们国家就会很有力量，我们人民就会很有力量，党的执政基础就能坚如磐石。[4]从这个意义上看，推进公路系统党支部建设意义重大，它是公路系统实现其使命与担当的基础性工程。

二、需要关注的问题

问题无处不在、无时不有,关键在善不善于发现问题。[5] 我们要推动党支部高质量发展就必须找准制约党支部高质量发展的瓶颈问题,对其加以关注并予以解决。

(一)部分党支部角色定位存在偏差

公路系统是集事业单位和国有企业两种形式于一体的机构,在这种体制下,公路系统存在事业单位党支部和国有企业党支部两种类型的党支部。根据《中国共产党支部工作条例(试行)》[以下简称《条例(试行)》]规定,不同类型的党支部承担着不同的任务,但是部分党支部由于一些原因对自身的角色定位存在一定偏差。主要表现:一是部分党支部对自身的职责与使命不够明晰,在本领域内战斗堡垒作用发挥不够明显。例如,一些在养护一线的党支部常常带有"关起门来搞党建""就党建搞党建"的思维,把党支部工作与自身日常工作割裂开来,认为党支部建设就是"开开会、传达文件"之类,等等,存在对党支部作用发挥认识不足的问题。二是部分党支部对于政治功能、教育功能和服务功能的发挥存在疑惑,认为很难正确处理三者的关系和把握三者功能发挥的尺度与标准。例如,一些党支部常常以"命令式思维"开展工作时,单方面强调政治站位问题,关怀和激励党员少,开展工作和教育党员缺乏方式和方法,导致党支部凝聚力不足,影响了战斗堡垒作用的发挥。三是部分国有企业党支部不能有效协调企业发展和党建工作的关系,存在"重发展,轻党建"的思想。

(二)部分党支部教育培训效果不明显

教育培训党员是党支部的一项重要职责,部分党支部在教育培训党员上存在计划简单化、内容重复化和学习管理"宽、松、软"等问题。一是部分党支部年度教育培训计划只是简单地"重复",培训计划缺乏针对性,没有体现"自身特色"。二是部分党支部的教育培训一味追求与上级的同步,教育培训与上级组织的培训重复多,党员学习积极性不够高。三是党支部对党员学习管理的刚性约束不够,党员学习应付性、随意性、娱乐化等问题突出。

(三)部分党支部建设重形式、轻质量

部分党支部存在"应付式""临时抱佛脚"搞党建思维,对推动党支部高质量发展重视不够。一是部分党支部高度关注队伍建设、"三会一课"、民主评议党员、民主生活会等《条例(试行)》规定的约束性"数量条件",而对于如何加强队伍建设、提高"三会一课"、民主评议党员、民主生活会等质量则思考不够,此外,对于"民主评议党员"和"民主生活会"等召开的程序要求也关注不够。二是部分党支部建设存在"材料出成绩"的思维,在推进党支部建设中对材料依赖性强,而对于思考如何结合日常业务工作推进党支部高质量发展等则缺少动力。三是一些党支部平常抓工作不够严格,上级检查考核时搞"临时突击",党支部建设质量堪忧。

（四）党支部建设"平衡性优化"和"质量巩固"面临困难

调查发现，党支部建设存在发展不平衡问题，一类是不同类型的党支部发展存在不平衡，例如，公路系统局机关党支部的建设工作一般比事业单位和企业党支部做得好；还有一类是，同一类型的党支部存在发展的不平衡，例如，经济效益相对好的企业党支部的建设一般比经济效益相对差的企业的党支部做得好。

此外，一些党支部虽然在机构设置、工作机制、组织生活、人才队伍建设等方面积累了经验，取得了一些成绩，但是从长远来看，部分党支部缺乏人才、资金和阵地等问题突出，这使得部分党支部建设质量处于不稳定状态。

三、推动公路系统党支部高质量发展的建议

当前，公路系统党支部建设存在一些需要我们高度关注的问题，这些问题的存在影响到了党支部高质量发展的实现。基础不牢，地动山摇。切实解决影响党支部高质量发展的问题必须坚持问题导向，标本兼治。

（一）以"主题教育活动"为契机推动党支部融合式发展

公路系统是党领导下的主管国省道公路建设养护工作的职能部门，公路系统党支部建设要克服"关起门来搞党建"和"就党建搞党建"的思维，结合"不忘初心、牢记使命"主题教育活动，积极推动党支部建设与公路系统的职能相融合，实现党支部融合式发展。一是坚持"一盘棋"推动党支部建设，把党支部建设融入主题教育活动中并把党支部发展质量高不高作为评判主题教育活动成效的重要标准，形成推动党支部建设的工作合力和良好氛围。二是推动党支部建设与"把路放在心上，把心放在路上"的价值理念相融合，使公路系统行业文化具有更多"红色基因"。三是推动党支部建设与公路建设、养护等工作深度融合，把党员的先锋模范作用体现到公路建设、养护的工作中去，把党的光荣传统与优势用到公路建设、养护中去，提升公路建设质量和养护水平。四是积极推动党支部建设与践行群众路线融合起来，发挥党支部一线关怀职工、凝聚人心的作用，主动帮助在公路建设、养护一线的职工解决实际问题，让党支部拥有更多力量的源泉。

（二）以标准化建设强化党支部主业主责意识

认真落实《条例（试行）》，围绕《条例（试行）》规定的事业单位党支部、国有企业党支部的职责与定位，列出责任清单，从支部班子建设、支部工作制度、支部工作流程、支部阵地建设、支部考核评价、支部信息化建设等六大方面出台党支部标准化建设相关规定，明确党支部该怎么干、干什么。在此基础上，进一步提升党支部标准化建设的可操作性，在出台相关规定时，既要对支部班子建设等大方面的标准有定性的规定，让人知道具体干什么；又要对某大方面的标准有定量的规定，让人知道具体怎么干。要围绕出台的党支部标准化建设规定展开系统培训，通过教师面授、现场教学和召开座谈会等方式提升参与者对党支部标

准化建设规定的认知水平，强化党支部主业主责意识。

（三）以科学化统筹提升党支部教育培训质量

在公路系统党委层面做好教育培训的统筹工作。一是统筹制订年度培训计划，结合上级要求与公路系统实际，科学制订年度培训计划供各支部参考，防止培训过度重复的现象出现。二是探索成立公路系统党校，打造公路系统的"党性教育高地"，加强党对教育培训工作的统筹力度，开展技术、党性教育等培训，深化教育培训的广度和深度，着力发挥本系统党校对党员的教育培训功能，培养符合公路系统实际需要的合格党员。三是统筹做好党支部书记、党支部班子成员、党务工作者和普通党员等四类人员的培训，分门别类开展培训，提高教育培训的针对性和有效性。

（四）以制度支持激励党支部担当作为

以完善考核评价制度为切入点，发挥制度激励党支部担当作为的作用，推动党支部工作思维从"应付式"和"临时抱佛脚"向"担当式"和"未雨绸缪"转变。正确处理制度刚性约束和制度弹性激励的关系，最大限度发挥制度弹性激励作用。一是完善党支部书记考核评价制度，从职业发展空间、精神保障、物质保障等方面入手，给予党支部书记在职位晋升、荣誉奖励、物质奖励等方面的优先权。二是完善对党支部的考核评价制度，制定"考核评价"清单，明确考核评价内容，制定党支部工作记录指南，明确记录规范，做到既要痕迹化管理，又要避免一味要求工作记录"厚度"，而忽视工作记录质量的问题。三是统筹各类检查考核，把党建工作考核与其他日常工作考核结合起来，避免重复检查考核，切实为党支部"减负"。四是要创新考核形式，做到实地考核与远程考核相结合，充分通过群众、网络评选等考核方式来考核党支部，减轻党支部的负担，为党支部更好地做好其本职工作腾出更多的时间和精力。

（五）以长远眼光推进党支部"平衡性优化"和"质量巩固"工作

努力提高党支部发展的平衡性和协调性，实施党支部"平衡性优化"战略，根据先进党支部、中间党支部、落后党支部的情况，"因材施策"，分类推进。对落后党支部实施"一对一"帮扶，通过先进党支部带落后党支部的形式，着力解决落后党支部班子凝聚力不足、"头雁"作用不明显、党组织工作机制和组织生活不正常等方面的问题；健全促进落后党支部发展的机制，促进党务人才和党建工作经费等向落后党支部倾斜。对中间党支部做好"提质升级"工作，巩固中间党支部建设，大力促进其向先进党支部方向发展；用好激励机制，充分赋予其自主权，鼓励其积极探索党建工作的新路子、新方法；用好约束机制，通过考核强化其责任担当，防止其滑向落后党支部。对先进党支部，鼓励其大力创建品牌，发挥先进党支部的示范带头作用，以点带面，带动其他类型党支部高质量发展。

建立各类型党支部交流学习机制，通过举办现场观摩会、座谈会等形式提升各类型党支部沟通和交流水平，促进其相互借鉴、共同提高。建立促进党支部高质量发展的长效机制，用长远的眼光做好党务人才的储备、党建阵地的开拓、党建工作经费的保障等工作，为党支部高质量发展提供保障。

参考文献

[1] 习近平在广东考察时强调：高举新时代改革开放旗帜把改革开放不断推向深入 [N]. 人民日报，2018-10-26.

[2] 习近平. 决胜全面建成小康社会　夺取新时代中国特色社会主义伟大胜利 [N]. 人民日报，2017-10-19.

[3] 习近平. 习近平新时代中国特色社会主义思想学习纲要 [M]. 北京：学习出版社，人民出版社，2019：222.

[4] 习近平. 充分调动干部和群众积极性保证教育实践活动善做善成 [N]. 人民日报，2019-7-13.

[5] 习近平. 习近平新时代中国特色社会主义思想学习纲要 [M]. 北京：学习出版社，人民出版社，2019：248.

2019 年广东公路政研论文集

二等奖

浅谈高速公路行业员工教育培训的现状及对策
——基于广东省高速公路行业员工教育培训实践与调研

（广东省公路管理局科技教育中心　陈莘，肖华力）

摘　要　高速公路是公共性、基础性行业，对社会经济发展有重要的作用。对高速公路营运公司而言，员工教育培训是营运队伍专业建设的先导性、基础性、战略性工程，在行业高质量可持续发展中具有不可替代的重要地位和作用。笔者通过深入与广东省粤北区域联网收费营运管理中心所辖高速公路公司中高层及员工代表进行座谈交流，结合与粤北、粤中区域联网收费营运管理中心联合科教中心开办专题培训班的工作实践，广泛听取了高速公路营运公司关于员工教育培训的意见和建议，分析了各营运公司在员工教育培训方面的做法及存在的问题，并提出了进一步加强高速公路行业员工培训的对策，以期对高速公路行业培训教育工作具有一定的指导意义。

关键词　高速公路；教育培训；问题；对策

随着高速公路通车里程的不断增加，通车网络逐渐完善，高速公路在国民经济和社会发展中发挥着越来越重要的作用，社会公众和政府对高速公路通行服务的关注程度也日益提高。与不断增长的里程相比，我国高速公路的管理却相对落后，这是由于行业员工教育培训不能满足高速公路营运管理需要，专业人才队伍建设未能适应行业发展。如何提高高速公路从业人员综合素质，提高高速公路营运管理水平，为社会提供安全、快捷、舒适、通畅、经济、文明的高速公路通行服务，是高速公路营运业界面临的较为急迫的任务。

一、高速公路行业员工教育培训的重要性与紧迫性

（一）员工教育培训是高速公路营运发展的内生动力

交通运输行业在经济转型、新旧动能转换中承担着重要角色，综合交通运输体系建设进入崭新阶段，行业业态日新月异。构建人民满意的交通必须建设与之相适应的人才队伍。行业人才队伍建设既是构建人民满意交通的重要内容，又是必要条件，加强员工教育培训对高速公路营运发展有着深远的影响。国务院《关于推行终身职业技能培训制度的意见》明确指出"鼓励企业建设培训中心、职业院校、企业大学，开展职业训练院试点工作，为社会培育更多高技能人才"，并要求"对接国民经济和社会发展中长期规划，适应高质量发展要求，推动企业健全员工培训制度，制定员工培训规划，采取岗前培训、学徒培训、在岗培训、脱产培训、业务研修、岗位练兵、技术比武、技能竞赛等方式，大幅提升员工技能水平。全面推行企业新型学徒制度，对企业新招用和转岗的技能岗位人员，通过校企合作方式，进行系统职业技能培训"。

（二）交通运输行业教育培训机构是行业教育培训的重要力量

事业单位改革正快速向深水区推进，教育培训机构不断被整合、洗牌。这些变革给交通教育培训工作带来严峻挑战，同时也提出了新的更高要求。中共中央、国务院印发的《中国教育现代化2035》方案中提出要"建立全民终身学习的制度环境，建立国家资历框架，建立跨部门跨行业的工作机制和专业化支持体系"。转型成为寻求出路和效益的必然，发展才是破除难题与瓶颈的关键。交通运输行业教育培训机构要统筹兼顾，未雨绸缪，由依靠行业主管部门开展培训工作"一条腿"走路向面向交通企业及社会化办学"多条腿"走路转变，在其他领域寻求突破，增强内部造血功能，才能有效化解改革与发展中的冲击与风险。只有把握机会，秉持积极有为的科学谋划和与时俱进的精神，结合行业需求，对症高速公路营运管理中的员工教育培训痛点难点狠下功夫，才能在服务交通发展大局、为广东省高速公路营运管理提供人才原动力方面有所作为。

二、高速公路行业员工教育培训的基本状况及存在问题

（一）当前高速公路行业员工教育培训的基本状况

据了解，广东省高速公路通车里程突破了9000 km，营运管理从业人员近70 000人，各营运公司在业务开展及人员管理方面所面临的问题不尽相同，但还是存在共通之处：一是高速公路营运管理绿通、计重收费、超载劝返等业务日益复杂，员工工作压力越来越大，综合技能要求越来越高。二是营运管理公司的员工队伍构成日渐复杂，多层年龄段的员工越来越多，从60后到00后各年龄段的员工需求更趋多元，增加管理难度。三是由于收费系统无感支付等新技术应用及取消省界主线站、实施高速公路新收费标准等政策，严重影响员工队伍思想稳定。另外，由于高速公路线长面广及各岗位工作繁重的特点，使高速公路行业开展相关教育培训面临诸多困难，员工教育培训效果难以达到预期目标。

（二）高速公路行业员工教育培训存在的问题

当前，广东省高速公路行业没有一所专业化的员工教育培训机构，行业员工教育培训在手段、方式、实施过程、考评体系、培训评估阶段管理等各方面因各种条件的限制，还存在诸多有待提高和改进之处，从而制约了这项工作的发展步伐，对行业员工教育培训质量和效果造成较大的影响。具体表现在以下几方面。

1. 行业员工教育培训组织零散，缺少合理规划

据了解，广东省大多数营运公司开展培训往往只停留在年度培训计划上，每年根据各部门及岗位提交的培训需求汇总为公司全年计划，没有针对行业发展趋势、公司发展战略及员工队伍建设做出较为全面的教育培训规划，因而在实施的过程中，出现培训内容重复交叉、分条分块单一开展、培训时间冲突等各种弊端。

2. 行业员工教育培训资源缺乏，没有专业导向

一是课程资源缺乏，例如，收费系列一线班组长，往往只注重于技能操作方面的培训，

对基层管理人员如何带人带心等管理技能没有专业的课程开发。二是培训师资缺乏，内部讲师没有专业授课技能，外聘讲师对本行业的实际情况不太熟悉，导致培训效果不尽如人意。

3. 行业员工教育培训上热下冷，没有形成合力

由于没有行之有效的规划，往往出现中高层员工参与培训机会较多，关键岗位及基层员工机会较少的现象。在员工队伍中占比较小的中高层员工受训多，占比约70%的关键岗位及基层员工受训机会较少。专业营运管理人员和一线高素质综合技能人员依然紧缺，成为高速公路营运管理发展的一个瓶颈。

4. 行业员工学习观念陈旧僵化，欠缺积极主动

行业员工文化层次、年龄大小、理解和接受能力、实践应用能力等参差不齐，增加了开展教育培训的难度。部分员工甚至少数管理人员在思想上对接受教育培训的重要性和必要性缺乏足够认识，认为能完成本职工作就行，学不学习无所谓，缺少学习的主动性、积极性、紧迫感。

三、高速公路行业开展员工教育培训的对策和建议

围绕高速公路营运管理发展实际开展培训工作，不仅要在培训规模和效益上"求大"，更要在培训质量与效果上"做强"。要加大高速公路行业教育培训资源整合，加大项目调研和开发力度，扩展行业员工教育培训的覆盖面。要充分利用专业平台，根据行业需求打造员工教育培训体系，有针对性地开展高速公路行业教育培训工作，真正做到破解难题，满足高速公路时代发展需求。

（一）凸显专业，在组织实施上搭建三位一体实施平台

科教中心作为全省交通公路行业专业的教育培训机构，长期从事交通公路行业员工教育培训的研究与实施，办学经验丰富，可与高速公路营运管理协会和营运公司联动，充分发挥科教中心培训项目研发、场地、师资、培训保障等资源优势，合作建立"高速公路行业企业大学"，组织开展行业员工职业技能训练，编制行业员工教育培训规划，有序推进行业人才素质提升工程，逐步打造行业专业化员工教育培训平台。

充分利用"科教中心（专业培训机构）+行业管理协会/高速公路营运公司"三位一体实施平台，完善高速公路营运各层级岗位的课程体系构建，培养适应行业需求的师资队伍，针对不同岗位员工就业技能培训、岗位技能提升培训需求，建立终身教育培训的组织实施机制，根据各层级、各岗位的员工胜任力要求，构建相应的培训课程体系或岗位学习包，解决当前行业员工教育培训组织零散、针对性不足、专业性不强等问题，推进行业员工教育培训工作科学化、制度化、规范化，推动学习型行业构建，形成行业员工自觉参与终身教育的氛围。

（二）拓展品牌，在培训项目中打造行业特色精品项目

近3年，科教中心在省公路事务中心及省交通集团大力支持下，组织开展了全省近

7000人次高速公路路政人员年度继续教育。通过项目的实施，开发了课程体系，搭建了师资队伍，成为全省乃至全国交通行业员工教育培训的品牌项目。为进一步适应行业形势发展的需要，紧跟时代发展潮流，必须打造更多的高速公路行业员工教育培训品牌项目，开拓行业员工视野，增强加快发展的信心和紧迫感。可从以下两个方面着手。

一是大力探索党建+业务的联动模式。紧扣党建主题与业务发展要求，加强与业务联动，以教育培训为切入点，例如，开展党建+收费文明窗口创建、党建+路政阳光执法、党建+服务区质量提升等项目，将党建植根于业务中，互相促进。

二是构建关键岗位员工技能提升机制。根据撤销主线收费站、实施新高速公路收费标准等新形势，重视基层员工的职业生涯拓展类别的教育培训，鼓励员工参与学历提升、职业技能鉴定，提升员工综合素质，增加员工职业发展的其他技能，适应转岗等形势发展。还可以利用网络学习平台开展线上+线下学习，实施学习积分奖励等，增强行业员工干事创业的决心与激情。

（三）紧贴需求，在培训模式上解决工学矛盾难题

一是推行"菜单式"培训，将培训资源优化整合，形成受益面更广、选择性更多、灵活性更强的项目菜单，满足多样化培训需求。二是组织优秀师资"送教上门"，为高速公路一线基层员工上门培训，解答基层关注热点问题，解读交通前沿政策精神。三是启动区域协议委托模式，按照主办单位提出的意向要求，制定培训方案，组织教学管理，实现互利双赢、优势互补，增强培训工作的生机与活力，凸显专业性，更好地发挥行业培训机构的作用。

新时代高速公路行业员工教育培训工作必须有新气象新作为。通过着眼提升专业能力和专业精神、培养复合型从业人员，组织开展务实管用的专题培训，加强岗位必备基本知识的学习培训，提高高速公路从业人员适应新时代、实现新目标、落实新部署的能力，并结合员工思想和工作实际，分类分级开展精准化的教育培训，引导广大员工做到学以致用、知行合一，切实为高速公路行业可持续高质量发展提供原动力。

新时期党建工作如何在基层公路养护管理工作中发挥作用

(湛江市公路管理局廉江分局　韦雪琴)

摘　要　基层公路养护单位肩负着为群众提供安全便捷的出行环境，推动地方经济社会强劲发展的艰巨任务。要使公路养护单位更好地适应新形势、应对新变化、提高服务水平，就需要党建工作提供强大的思想保证、政治保证和组织保证。本文在对基层公路养护单位党建工作的形势任务和存在问题论述的基础上，从组织建设、队伍建设、宣传教育建设、纪律建设、聚力建设和工作方式方法上论述党建工作发挥作用的对策。

关键词　新时期；党建工作；基层公路养护管理；作用

习近平总书记在党的十九大报告中深刻阐述了新时代坚持和发展中国特色社会主义的基本方略，其中第一条就是"坚持党对一切工作的领导"。这就要求基层公路养护单位党组织在实际工作中加强对公路养护管理工作的领导，发挥独有的政治优势，促进公路养护管理工作全面发展。

一、党建工作在公路养护管理工作中面临的形势和任务

（一）充分认识党的建设面临新要求

"坚定不移全面从严治党，不断提高党的执政能力和领导水平"，党的十九大报告当中提出了新时代党的建设总要求。基层公路养护单位党组织必须充分认识世情、国情、党情的深刻变化和对党建工作提出的新要求，要紧密结合公路养护管理工作，以党的政治建设为统领，把制度建设贯穿其中，深入推进反腐败斗争，提高党建工作质量。

（二）充分认识公路养护管理出现的新常态

随着时代的发展，社会对公路出行环境、服务水平和保障能力的要求越来越高，养护管理工作日趋多元化、科学化，这使公路养护管理需要大量的配套设施和资金投入。由于政策的改变，基层公路养护单位已没有配套资金来源，缺乏资金已成为基层公路养护单位的最大问题；基层公路养护单位又是一个公益性事业单位，一些部门和群众对公路的保护意识不强，往往出现为了自身利益而损坏公路利益的现象，为养护质量的提高带来很大的压力。因此，基层党组织需要积极主动适应新常态，发挥党建工作的优势，脚踏实地抓好各项工作，为公路养护管理工作提供指导、服务和保驾护航。

（三）充分认识干部职工队伍建设面临的新课题

由于体制不同，基层公路养护单位人员复杂，有参公人员、一类事业编制人员、三类事

业编制人员3种人员；文化程度参差不齐；养护一线职工人员老龄化严重；工资待遇不同等现象。随着公路行业改革的不断深入和发展，公路行业干部职工的思想也发生了新的变化，思想越来越复杂，价值取向呈现多元多变。因此，干部职工队伍建设必须跟上时代的步伐，加强和创新，努力建成一支听党指挥，政治思想好、技术过硬的队伍。

二、基层公路养护管理单位党建工作存在的问题

（一）认识上的误区

公路养护管理工作都是有具体任务的，成绩是看得见的，而党建工作是意识形态工作，是"软任务""虚要求"，过程是无形的，成绩是看不见的，因此认为党建工作做多做少、抓与不抓都不会影响大局。

（二）工作上的误区

①没有把党建工作和公路养护管理工作有效结合。个别党务工作者就党建抓党建，存在党建工作与公路养护管理工作相脱节的现象。

②党建工作方法不活。学习简单化，未能满足党员干部职工成长进步等多方面、多层次的需要。落实表面上，看上去热热闹闹，但对推动实际工作起的作用不大。

③党建工作创新力度不大，显不出它的优势。

三、党建工作在基层公路养护管理工作中发挥作用的对策

新时期，基层公路养护单位党建工作要明确方向、主动作为，做到运用习近平新时代中国特色社会主义思想指导党建工作，扎实抓好"五项建设"，讲究工作方式方法，使党建工作在公路养护管理中发挥重要作用。

（一）抓好组织强基建设，发挥主导作用

党的基层组织是党在社会基层组织中的战斗堡垒，是全部工作和战斗力的基础，建强基层党组织就能在公路养护管理工作中发挥主导和有力带头作用。

1. 抓好"建"的建设

①基层公路养护单位党组织的建设要在突出政治性、强化刚性执行上做到组织设置要合理、组织生活要正常、工作制度要健全、阵地建设要规范，以制度建设巩固组织建设，将基层党组织制度化、规范化。②把从严教育管理、监督党员工作落到实处，把政治思想工作和群众工作落到实处，不断增强基层党组织的政治领导能力、推动发展能力、群众凝聚能力、社会号召能力和改革创新能力。

2. 抓好"做"的落实

①基层公路养护单位党组织要在养护管理中发挥政治核心作用，谋划全局工作，使党建

工作全面覆盖公路养护管理各项工作之中，担负起指导工作、推动发展、服务群众、凝聚人心、促进和谐的重要责任。②结合"三会一课""两学一做"学习教育，开展党支部主题党日活动、"特色支部"创建活动等开展党建工作。③抓好党建考核，制定行之有效的考核内容，增强党员与普通职工的可比性，体现党组织和党员的先进性。

（二）抓好队伍建设，增强战斗力

人力资本是公路养护管理工作发展最重要最直接的生产力，是公路养护管理发展的动力和保障。建设一支符合公路养护管理事业发展要求、数量充足、结构合理、素质较高的干部职工队伍，对于实现公路养护管理事业近期与远期工作目标和发展战略具有十分重大的意义。

1. 加强党务干部队伍建设

①优选书记。要严格按照中组部制定的《党政领导干部选拔任用工作责任追究办法（试行）》选拔标准，把政治思想素质高、群众最公认、有丰富工作经验、有创新思维、能够驾驭全局、抓班子带队伍的优秀干部，选拔到党政正职岗位上来。②建强班子。用习近平新时代中国特色社会主义思想和新时期党的建设要求武装班子；用团结敬业，开拓创新，敢于担当的精神凝聚班子；用树立全心全意为干部职工的服务形象、勤政形象、奉献形象、先进形象来塑造班子。通过抓好党务干部队伍建设，使党务干部成为会抓党务、会上党课、会做思想工作、会解决党员之间矛盾和问题的"四会"党务干部，在干部职工中站得高，看得远，在公路养护管理工作中起到领导核心作用。

2. 加强党员队伍建设

①要在创新党员教育管理、监督手段、方式方法、针对性和有效性方面下功夫。党组织要运用多方面的资源和优势，搭建党支部和党小组集中学习、党员个人学习的平台，加强党员理想信念教育，引导党员学习新理论、新知识、新技术，建设政治合格、执行纪律合格、品德合格、发挥作用合格的新时代党员队伍。②要认真贯彻党的十九大关于党员队伍建设的新部署、新要求，坚持把政治标准放在首位，将党要管党、从严治党的要求落实到党员的管理中，以增强党员的党性，提高党员的素质。③要多层次开展党员主题实践活动，组织广大党员积极参与单位的发展改革、创新创效活动，把促进公路养护管理工作的成效作为重要检验标准，使广大党员在学习、工作、生活中发挥先锋模范作用，在职工中得到认可，成为职工学习的榜样。

3. 加强人才队伍建设

①要建立公路养护管理科学合理的人才资源库，使公路养护管理工作在不同发展阶段的人力资源需求得到基本保障。②培养人才、选好人才、用好人才，全力打造适应现代化养护管理需要的各类人才队伍。

4. 加强职工队伍建设

要坚持以人为本，教育职工树立竞争进取、技术创新和团结协作意识，增强凝聚力和战斗力。

（三）抓好宣传教育建设，强化舆论导向作用

宣传工作必须牢牢把握正确的舆论导向，坚持党性原则，坚持实事求是，坚持团结、稳

定、鼓劲和正面宣传为主的方针，做到具有时代性、有效性、吸引性、长效性，在公路养护管理中发挥正确的舆论导向作用。

1. 宣传鼓劲要具有时代性

对内：基层党组织要通过宣传鼓劲，引导干部职工准确领会党的十九大确立的新思想、新论断、新目标、新举措，全面提升干部职工的政治素质和能力素质，创造一个安定团结的政治环境和和谐环境。

对外：基层党组织要加强对公路养护管理工作宣传力度，多举办一些反映公路养护、建设、管理、职工生产生活面貌的展览，让全社会都了解公路和自己息息相关，转变地方政府和部分群众事不关己的观念，积极参与到公路养护建设管理中来。

2. 思想政治工作要具有有效性

思想政治工作必须适应新形势的要求，要着眼于提高整体水平，围绕公路养护管理这个中心，与解决实际问题相结合，与制度管理相结合，坚持在思想上发挥指导作用，在活动上发挥服务作用，在考核评价上发挥公平作用，从而保证公路养护管理工作在广大干部职工的积极参与和支持下得以落实，促进养护管理事业不断向前发展。

3. 企业文化要具有吸引力

要深耕公路文化，结合爱国主义教育、荣誉教育、先进典型教育、爱岗敬业教育等，挖掘公路人的共同价值观，培养公路行业的品牌，创建舒适健康的生产生活环境，提升服务水平，将公路文化发扬光大。

4. 好的工作方法要具有长效性

要推广好、固化好行之有效的工作方法，使之发挥更好的作用。

（四）抓好纪律保障建设，发挥护航作用

加强基层公路养护单位的纪律建设，从主要抓廉政廉洁纪律向抓以政治纪律和政治规矩为核心的全方位纪律建设推进，正确认识反腐败斗争形势，把思想和行动统一到党中央的决策和总体部署上来，为推进公路养护管理又好又快发展提供重要保障。

1. 高标准加强党的纪律教育

①要把党的纪律建设贯穿到学习宣传教育管理全过程，建立多层次、全方位、立体化的大宣教格局。要紧盯党的纪律建设的形式，注重把党的纪律建设的创新成果纳入大项教育之中，纳入习近平新时代中国特色社会主义思想的学习教育之中，纳入经常性的管理工作之中，保证广大党员干部职工增强学习、践行党的纪律自觉性和坚定性。②注重运用正面先进典型进行教育，以反面教材进行警示的方式，形成典型教育的长期化和制度化。

2. 落实和完善制度措施

①要建立和完善各项规章制度，用制度机制促进公路养护管理工作的开展。②要认真落实纪律制度，纪挺法前、主动监督、关口前移，用制度机制管住人、管住权、管住钱。③要认真落实奖罚整改制度，对犯错误的行为或个人，采取组织措施，督促整改，对做出贡献的

严格按照规定给予奖励。从而使广大党员干部职工从这些看得见、摸得着的正、反典型身上，看清方向，找准目标，自觉遵守纪律，筑牢反腐败防线。

3. 严要求加强监督监察管理

①认真执行党风廉政建设责任制，组织各级签订《党风廉政建设责任书》，把党风廉政建设具体化，变"软任务"为"硬指标"。②注重从源头上预防和治理腐败。从事后监督为主向事前、事中、事后全过程监督转变；从查纠问题为主向惩处与教育相结合转变。③进一步加强职能部门的监督，管住管好重要部位和关键环节，提高监督监察的质量效益。④大力推行党务政务公开，进一步畅通民主渠道，形成党员和群众便于监督、敢于监督、乐于监督的格局。

（五）抓好凝心聚力建设，增强发展向心力

人心是最大的政治。人心齐，泰山移。基层党组织要充分发挥善做思想政治工作的独特优势，在凝聚职工力量上多想办法、多出点子、多下功夫，使基层公路养护单位广大干部职工心往一处想，劲往一处使，为推动基层公路养护事业的发展凝聚强大正能量。

1. 用先进典型凝心聚力

邀请先进人物、先进集体做先进事迹报告，以奖牌为荣誉教材，积极挖掘本行业本单位的先进人物和先进事迹，寻找先进的"亮点"。让干部职工认识到先进人物、先进事迹自己也可以创造，进一步调动干部职工的工作热情，不断创造更多的荣誉，对推动单位工作起到巨大的促进作用。

2. 用和谐环境凝心聚力

①培养团队精神。基层公路养护单位要通过开展公路文化建设，培育共同的价值观和行为准则，让所有部门、所有人共同努力，紧紧围绕工作目标，充分发挥"1+1＞2"的团队效应，努力完成工作任务。②要坚持和完善民主管理制度，保证职工知情权、参与权、监督权。③坚持实行绩效分配制度，让干部职工享受到分配制度带来的公平实惠。

3. 用真诚服务凝心聚力

①党组织应当充分发挥"桥梁纽带"作用，和职工谈心交流，开展结对帮扶人性化的贴心服务，及时将党的关爱传递到困难干部职工身上，使干部职工感受到"家"的温馨。②改善工作环境，除了为养护站添置施工机械，减轻职工的劳动强度外，还要从小处入手，于细微处见真情。例如，夏天在路上作业，上晒下烤，工作环境很恶劣，廉江分局党总支调整工作时间，要求养护站上午早出工，早收工，下午晚出工，晚收工，既保证了8小时的工作时间，提高了工作效率，又避开了酷热时段，保证了职工的身体安全。③改善生活环境，建设美丽家园，增强职工归属感。廉江分局党总支把改善职工生活环境当成一项民心工程来抓，经过努力，5个养护站建成绿树成荫、花果飘香的园林式单位，成了公路上一道亮丽的风景点。同时鼓励养护站开展"四小"建设（小鱼塘、小果园、小菜园、小猪栏），办起了职工食堂，极大地改善了职工的生活条件，职工收工回来，花果飘香、绿树环绕，厨房还有饭香等着，真是一个让人忘却辛劳、和谐幸福的小家园。

（六）讲究工作方式方法，实现效益最大化

党建工作的主要任务是提高党员干部职工的素质，进而促进生产的发展，因此选好切入点，精心设计活动载体，工作讲究技巧，就能使党建工作充满生机和活力。

1. 找准工作的切入点

选好切入点，盯住要害，把握关键，党建工作就能收到事半功倍的效果。①了解职工思想状态，在开展政治宣传工作中找准切入点。②抓住每个时期每个环境工作重点，为实现既定目标找准切入点。③在解决存在问题，提高落实工作力度上找准切入点。④密切联系群众，以实实在在的行动取信于民，在抓好作风建设上找准切入点。⑤充分利用上级部门、地方政府和相关部门的资源优势开展工作，在加强互联互动上找准切入点。基层公路养护单位要跳出局限思维，修路造桥不只是公路人的事，更是全社会的事，地方政府和群众都理应承担相应责任。基层公路养护单位要加强同地方党委政府的沟通协调，有利于破解当前基层公路养护单位资金匮乏、公路管养难度大等问题。例如，廉江分局管养的S287线塘蓬镇石材厂区路段约3 km，石材厂有100多家，占用公路及公路用地堆放石材现象十分严重，这个问题长期得不到解决，是块硬骨头。廉江分局党总支下定决心啃下这块骨头，以带动所有管养路段的路域整治。于是廉江分局党总支紧紧依靠湛江市公路管理局和廉江市委市政府的支持，在塘蓬镇委镇政府、交通行政综合执法局、公安局、电视台等相关部门的配合下，整治工作取得了很好的效果，并带动了其他线路的整治工作，廉江分局的路域整治经验在湛江市公路管理局中得到推广。还有高桥镇穿城公路加宽路面移水沟问题、青平镇穿城公路加宽车道需要拆迁问题、红江农场辖区修水沟问题，廉江分局党总支积极与他们沟通协调，不用花钱就解决了问题，既改善了当地的出行环境，又完成了任务，实现双赢的局面。

2. 精心设计活动载体

活动载体是党建工作和养护管理工作有机结合的"桥梁和纽带"，更是党组织展示作为的工作平台，精心设计好活动载体，就为开展工作取得好效果提供了条件和优势。①要多元选择，注重实效。根据养护管理工作各个时期的重点工作设计好主题活动，做到内容与形式有机统一，有丰富的内容，还有彰显鲜明的时代特征，既有很强的可操作性，又能发挥其宣传性、示范性作用。例如，廉江分局以"廉江公路人"微信群为宣传平台，把"党建+"建在微信上，为全体党员干部职工提供了内部交流平台，党的路线方针政策、国际时事政治、上级文件精神、分局党建工作、劳动竞赛活动、扶贫攻坚、党务政务信息公开、好人好事、干部职工的心声等信息都能通过平台展示，形成了廉江分局的一个独特的文化品牌。②要开阔思路。党建活动要勇于实践，大胆尝试，完善原有的工作方式，不断挖掘新的工作方式方法，增强实效。

3. 讲究工作技巧

务实务虚相结合。①要学会借时造势。选好一项活动，既要把上级的精神贯彻好，又要体现自身的工作特点。口号要响亮，形式要丰富多彩，声势要浩浩荡荡，使开展的活动有声有色，深入人心。例如，廉江分局组织各支部轮流到各养护站开展学习活动，学习的内容紧跟形势，结合分局的工作任务、党员岗位，内容丰富，有声有色，党员们既看到了各线路整

洁美观舒畅，又看到养护站花园式的生活环境和红红火火的"四小"建设，觉得自己的努力使"绿水青山就是金山银山"的理念在分局得到了充分的落实，心里满是自豪感。②要学会体现成果。既要注重工作过程，又要充分体现工作成果，活动有记录，资料收集要齐全，报道信息要有特色，经验要有亮点。③活动从设计到组织、到实施、到总结，都要体现"高"和"新"。

讲奉献和奖励激励制度相结合。要提倡奉献精神，提倡党组织和党员的模范带头作用，但在工作中要做到讲奉献和物质精神奖励相结合，对于敬业爱岗、成绩突出的人们要进行精神和物质奖励，为有能力、有理想、有作为的人创造良好的工作环境，帮助后进群体赶先进，着力营造积极向上的氛围。

推进党建工作是基层公路养护单位的需要，也是党组织做实做强的需要。因此，基层党组织要充分发挥各种优势，创新工作理念，真抓实干，和公路养护管理工作同发展、同提高，共同开创工作新局面。

参考文献

[1] 史丽燕.融入中心发挥党建工作优势的实践与思考[J].才智，2014（32）.

[2] 黄武祥.彰显基层企业党建工作优势[J].中国职工教育，2013（12）：64.

[3] 魏玉荣.党建工作融入企业管理的有效策略探讨[J].商场现代化，2015（18）：110-111.

[4] 魏婷.浅谈新常态下如何更好地发挥党建工作在国有企业改革发展中的作用[J].决策与信息（中旬刊），2016（10）：43.

基于 4P 模型建设公路队伍安全生产文化的研究
——以养护中心为例

（江门市台山公路局　陈丽伊）

摘　要　当前我国安全生产形势趋于稳定，但依然是各项生产工作的重点关注问题，如何有效减少生产安全事故，提升职工的整体安全意识，是亟待解决的难题。本文提出"安全生产文化"的课题，通过研究系统内外的安全生产形势，运用跨学科分析的方法，应用人力资源管理 4P 模型，以养护中心为例，探索如何建设公路队伍安全生产文化，为促进行业安全生产建设提供有益参考。

关键词　公路队伍；安全生产文化；养护中心

一、引言

（一）系统外研究背景综述

安全生产问题存在于所有的生产经营活动，它最早源于 18 世纪英国工业革命。从历史上来看，虽然工业化生产方式极大地提高了生产效率、改善了人类的生存状况，也带来了社会结构的巨大变革，但是安全生产问题是伴随工业化进步而产生、可能会对劳动者产生伤害的副产品。

为了加强安全生产工作，防止和减少生产安全事故，保障人民群众的生命和财产安全，2002 年 6 月 29 日我国出台了第一部《安全生产法》，并于 2014 年 8 月 31 日通过了修改该法的决定，安全生产工作法制保障逐渐完善。目前，我国的安全生产形势平稳，各部门严格落实各项安全防范措施，但是安全生产事故还是时有发生。

2019 年 6 月恰逢我国第 18 个"安全生产月"，江门市按照国家、广东省关于开展 2019 年"安全生产月"活动的工作部署和要求，围绕"防风险、除隐患、遏事故"的主题，结合实际，制定了"安全生产月"和"安全生产万里行"活动方案。从活动的主要内容来看，活动形式十分丰富、覆盖主体十分广泛，包括利用权威发布平台发布启动安全生产月活动、开展主题宣讲活动、举办安全发展交流活动等，可见江门市对安全生产工作的高度重视，且贴近群众，力求抓出成效。

（二）系统内研究背景综述

道路交通是开展安全生产专项整治重点行业领域之一，公路行业作为道路交通领域的一个分支，是衡量一个国家发展程度的重要标志之一。公路系统安全生产工作主要涉及"建、管、养"3 个方面。纵观我国的公路行业安全生产法治建设过程，除制定《安全生产法》《公路法》《建筑法》等综合性法律外，交通运输部门还根据行业监管职能颁布了《公路建设监督管理办法》《交通运输部安全生产事故责任追究办法（试行）》等部门规章，进一步为公路行业安全生产工作提供政策支撑。

公路施工的特点概括而言有三：其一是生产流动性强，因公路线路里程长，作业面广，养护工和机械需根据工作需要或工序要求在施工场地内移动作业；其二是生产类型多，公路工程分为建造施工和养护施工两大类，这两个大类下面又区分出许多个施工小类；其三是受外界干扰大，公路工程生产周期普遍较长，露天作业多，施工过程一是受气候、地质等自然条件的影响，二是施工场地往往不封闭，需与周边其他环境有机结合，而改建公路工程项目还需边施工边通车，因此，也经常受到车辆交通等社会条件影响，为公路施工安全带来不利因素。路政管理工作的安全风险主要存在于路面作业、执法检查、执行公务和交通事故处理过程中，基本覆盖到路政管理的方方面面。

正因为公路"建、管、养"工作具有这些特点，公路系统各个部门在安全生产工作方面下了不少功夫，例如，组织路政部门职工参加相关培训，各养护站开展安全生产培训，恩平局养护中心开展消防演练活动，普及消防安全知识的学习、消防器材的介绍及灭火器的操作应用，台山局在各个养护中心、站、班房设置养护作业安全示意图，等等。尽管如此，在公路工程施工过程中，职工忽视安全问题的现象仍然不少，其中比较典型的是道班在养护作业时，不按照《公路养护安全作业规程》规范摆放施工标志、穿安全服等，导致施工存在安全隐患。

（三）公路安全生产文化的内涵

目前，公路系统安全生产工作侧重于安全管理工作，主要精力用来开展常规检查、应付绩效考核等，其中最为传统的安全管理方法是建立安全生产奖惩制度，其具体表现是将安全生产工作纳入绩效考核中，但是这种方法有其缺陷：一是这属于负激励的手段，违章、有隐患或隐患未整改处罚，不违章、无隐患不给予奖励，在一定程度上降低职工安全生产工作的积极性；二是违规与事故之间并非等号关系，事故发生的偶然性和复杂性在一定程度上导致惩处制度公信力缺失。

由此，笔者认为应引入安全生产文化的概念。从广义上来说，安全生产文化就是安全理念、安全意识及在其指导下的各项行为的总称。而公路安全生产文化便是将安全文化与公路系统的实际工作结合起来，通过改善职工的安全理念和增强其安全意识，提高职工在作业过程中的安全动机，从而预防事故发生，保障工作质量，避免生命财产损失。

二、建设公路队伍安全生产文化的必要性研究

（一）安全生产文化把安全管理的强制性和文化的能动性结合起来

安全管理有严密的规章制度、严明的工作纪律、严肃的考核方案，对职工的管理带有强制性，虽然起到一定的监管作用，但是难免让人觉得教条、刻板。而安全生产文化建设既强调规章制度对安全生产的规范作用，又重视安全生产文化对于协调人际关系和在安全生产中的引导性、感化性和"慎独"性作用。它充分发挥了文化自带的能动属性，犹如推动安全管

理的一只"看不见的手",让职工无形中将"自我约束、自我控制、自我调节、自我防范"融于生产行为中,促进安全管理从有形管理转向无形管理,减少单纯依赖制度的硬约束,形成不成文的软约束。

(二)安全生产文化把自身的无限性和安全管理的有限性结合起来

人的思维是活跃的、多变的,各种环境因素的变化会引起人们对安全思想观念的变化,而安全管理措施在一定时间和一定范围内是固定的,并且它只能在相对固定的一段时间或者一个范围内适应环境,很难随时应变以适应生产情况,因此,安全管理措施对人的作用是有限的,安全管理措施的作用也是有限的。安全生产文化建设对人的作用则是无限的,它可以因地因时制宜,贴合职工的安全思想实际,结合党政工思想政治工作,适应不同的工作环境、工作情况,调整理念,实现持续改善安全业绩,建立安全生产长效机制的目标。

(三)安全生产文化把科学管理与人文关怀有机结合起来

文化来源于人,安全生产文化是源于劳动者对安全生产的需要而产生的,它适应劳动者的生产规律和特点,并且可以应用于生产中。在公路队伍中建立安全生产文化,以重视人的生命、减轻劳动强度、防止安全事故发生放在首位为基础,通过开展安全技能知识培训,优化生产环境和技术设备,定期安排职工体检等方法,改善职工的劳动条件,凸显公路系统对职工的人文关怀,可以有效地让职工建立安全价值观,形成安全行为规范,同时激发职工安全生产的活力和创造力。

三、基于4P模型分析如何建设公路队伍安全生产文化

综合前文分析,建设公路队伍安全生产文化应是一项长期性、系统性工作,需要进行周密的计划和布置。人力资源管理的4P模型是以组织战略为基础,以"人""岗"匹配为目标而建立起来的人力资源管理系统,其核心内容包括素质管理、岗位管理、绩效管理和薪酬管理。4P模型本属于企业战略方面的人力资源管理模型,本文以跨学科分析法,结合笔者的工作实际和专业知识,面向公路队伍最大的一线安全生产主体——养护中心,有针对性地分析利用该模型如何建设公路队伍安全生产文化。

(一)素质管理

在人力资源管理学上,素质管理是指在素质测评的基础上,通过构建基于企业战略、组织结构和工作岗位的素质模型,对员工进行素质增进的过程。从养护中心的角度上看,素质管理是一个双向的管理过程,对于职工来说,就是要通过素质管理不断提高适应养护生产的安全技能,实现从"终身雇用"向"终身可以雇用"的转变;对于公路队伍来说,就是要形成适宜的职工素质组合,既具备专业养护素质又具备安全生产素质,让这些安全素质较高的人才成为队伍内建设安全生产文化的主力军。

通过素质管理建设公路队伍安全生产文化，养护中心具体可以参考以下3点。

1. 素质获取管理

一是结合养护中心安全作业的工作需要，招聘专门的具有相关职业资质的安全员，或招聘职工时增加安全知识考试模块，甄选具备安全意识、安全理念过关的人员加入公路队伍。二是在队伍内部开展安全素质测评，结合养护中心职工的安全能力素质进行综合考量，并依照不同的工作岗位对安全能力素质进行权重设置，把测评得出的结果作为改变目前职工队伍安全意识不足的依据。通过以上两种方式，使公路队伍获得安全素质更高的人才资源。

2. 素质增进管理

随着安全生产问题越来越受到重视，安全技能增进必不可少。对于安全员或队伍内安全素质较高的职工，养护中心可以安排该类人员参加安全生产专题培训，鼓励他们考取相关的安全生产职业资格证书，不断提高职工的岗位胜任力和终身就业能力，让他们带领其他职工在养护工作中更加重视安全生产，从而改善队伍内的安全生产氛围。据笔者了解，台山局下属养护中心曾组织部分养护工参加安全培训，该部分职工通过培训取得安全生产"三类人员"考核合格证书，这便是素质增进管理的具体表现。在系统内部，还应定期组织养护中心的职工学习、熟记安全生产相关规范，并且注意让他们把这些理论应用到实践当中，指导安全生产。

3. 素质使用管理

这要求养护中心管理层要善于发现职工的安全素质特性，将安全员和安全素质较高的职工安排到具备安全生产监督职能的岗位上，让部分职工充分发挥安全生产技能，进而激发其潜能，在一线养护工作中起到监督和引导其他养护工人安全开展工作的作用，实现养护中心安全生产工作开展的同时拓宽安全员职工的职业生涯道路。

（二）岗位管理

岗位管理是以组织中的岗位为对象，科学地进行岗位设置、岗位分析、岗位描述、岗位监控和岗位评估等一系列活动的管理过程。4P模式的岗位管理与以往一劳永逸的岗位设置和岗位分析不同，它要求公路队伍既要适应当前对安全生产工作十分重视的形势，设置相匹配的组织结构、工作流程和工作岗位，又要通过工作再设计以适应劳动力多元化，提高职工的工作满意度和工作内在激励。因此，4P模型的岗位管理是动态变化的。通过岗位管理的方法，可持续地激发公路职工的安全生产活力，有力地推动公路队伍安全生产文化建设。

利用4P模型的岗位管理方法建设公路队伍安全生产文化，养护中心具体可以从以下两个方面着手。

1. 岗位设置管理

根据前文所述，公路行业的安全生产问题非同小可，为了适应公路队伍安全生产形势的变化和职工素质的具体情况，人事部门可以通过工作分析，在确定工作内容和职责的基础上，设置安全员岗位，日常流动监察养护工作中的安全措施是否到位；或是对原有岗位再设计，例如，安排更多的养护工参加安全技能培训，并考取相关的安全资格证书，然后把他们分配到各个道班，让他们兼任养护工和安全员职务，参与养护作业的同时监督安全问题，让安全监督无处不在。

2.岗位轮换管理

结合岗位设置管理的做法,养护道班内由养护工兼任安全员,可能会加重兼职安全职能的职工的工作量,并且长时间由同一人进行监督会产生组内矛盾。在这种情况下,道班可以根据实际需求,实行每一季度组内成员轮流兼职安全员职务的制度,让组内每位成员充分体验安全责任的重要性。这种轮岗模式,让上一位兼职安全员职能的职工在一定时间内减轻工作量,同时消除职工因岗位差异造成的误解,让养护工人的能力得到更加全面的锻炼,同时提高道班作业时的安全意识,在道班内形成一种安全生产氛围,进而塑造出养护中心的安全生产文化。

(三)绩效管理

4P模型的绩效管理是指建立由绩效计划与期望—绩效实施与管理—绩效考核与评估—绩效反馈与发展的管理闭环,是一个强调双向互动的模型(图1)。在公路队伍中应用绩效管理模型,养护工人可以表达自己对安全工作的看法,由道班、中心统筹工作任务,以此获得职业发展的机会;班组、中心通过度量基层员工的核心能力和绩效水平,更加合理地分配工作任务和工作岗位,提高养护中心安全生产的工作水平。

通过绩效管理建设公路队伍安全生产文化,具体流程应包含以下几点。

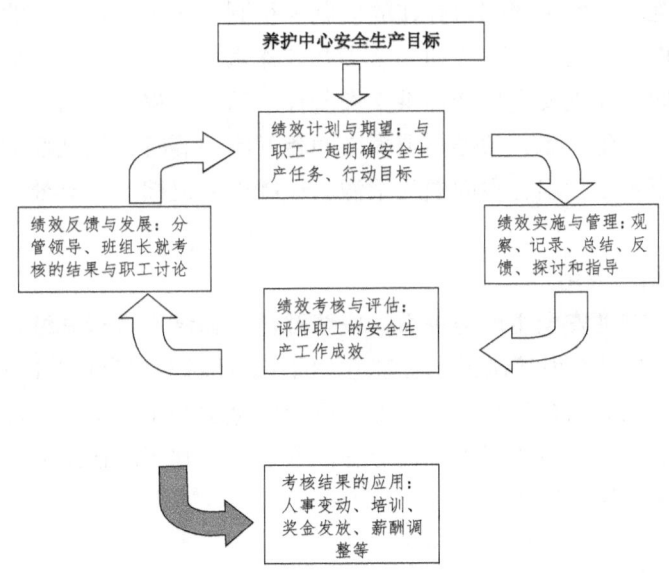

图1 养护中心安全生产工作绩效管理体系

1.绩效计划与期望

养护中心根据上级部门下达的安全生产任务草拟中心的工作计划,再传达到各个道班,各个道班班长就工作计划与组员结合工作实际进行讨论、分析,再把意见反馈到中心,中心根据道班意见调整工作计划,形成一份全中心上下认可的安全生产目标,并且明确各个层次的工作任务,包括中心管理层的安全生产任务、安全员的生产任务、道班班长的安全生产任务和道班养护工的安全生产任务。这一个过程有助于增强基层职工的主人翁意识及工作主动性，并且让职工更容易接受和认可分配的工作任务，让安全生产文化的氛围更加浓厚。

2. 绩效实施与管理

工作计划制订后，各个层次职工则需要依照计划逐步有序地开展工作，完成目标。在此过程中，安全员或各个道班兼职安全职能的职工在日常工作中应观察道班安全生产工作是否落实到位，做好记录，并且针对各个道班的工作进行总结，反馈到中心负责安全生产工作的分管领导，由分管领导汇报到中心班子，中心班子针对存在的问题要探讨和制定应对措施，最后再下达到各个道班，指导和协助其改进工作。这一个过程，层层递进，具有针对性和时效性。

3. 绩效考核与评估

养护中心结合安全员轮岗的制度，根据上级部门的路检情况，每季度对各个道班开展安全生产工作考核，由安全员或道班兼职安全职能的职工组成检查小组，分管领导任组长，交叉检查、评估各个道班的安全生产工作落实情况，针对各个层级是否完成各自的安全生产任务进行考评。考评的方法应科学，考评的层级应分明，考评的结果应公开。

4. 绩效反馈与发展

中心管理层与道班班长、道班班长与道班职工就安全生产绩效考核结果进行面谈和反馈，实现职工与组织的互动，使下属明白存在的问题和得到下一步工作方向的指导，一方面，帮助职工总结经验教训，提高下一阶段的安全生产工作水平；另一方面，促进养护中心不断改善管理，更好地为职工改进安全生产提供支撑条件。这一过程注重组织与职工之间的沟通，既有指导作用，又有感化作用，领导与下属之间相互耐心聆听，相互尊重，让考核的结果更容易被人接受并且更容易找出存在问题的根源，让绩效的反馈务实有效，让养护中心的安全生产文化更加进步。

5. 绩效考评结果的应用

养护中心在每个季度安全生产考评后，应注意对考核结果进行总结，深入分析，从中找到问题所在，把考核结果作为其他工作的参考。例如，针对考核存在的问题，制订培训计划；把考核结果和奖励性绩效结合起来，制定更加符合安全生产工作实际的评分规则；对道班内部兼职安全职能的养护工进行轮岗管理；等等。通过充分利用考核结果，丰富养护中心安全生产文化的建设方式和活动形式。

（四）薪酬管理

4P模型的薪酬管理要求切实做到以职工提供给组织的价值作为标准，采用科学合理的分配结构、分配方式进行报酬分配。在这过程中要注意薪酬管理存在的敏感性、特殊性带来的影响，尽量做到公平、透明、有效。薪酬管理的最大特点是强调分享成功和战略导向，在理念上，要实现把薪酬福利从视为人力成本向视为人力投资的转变，在具体操作上要实现从交易式的工资分配到共赢式的薪酬管理的转变。

事业单位薪酬体系按照职工聘用的岗位设定，总体按管理岗、专业技术岗和工勤技能岗来划分。薪酬构成包括基本工资、基础性绩效工资、奖励性绩效工资和其他补贴、奖金等。因事业单位的薪酬体系受到国家政策的限制，因此，在养护中心实施 4P 模式的薪酬管理比较被动，它的变化不像企业那么灵活。而编外合同工的薪酬体系也是参考职工的薪酬体系，所以也是相对固定的，但是其中仍然有变化的空间。例如，扩大安全生产分值在月度检查和年度绩效检查中的占比；根据前文所述，在绩效检查中，减少薪酬的负激励，对于违章、有隐患或隐患未整改的扣分，不违章、无隐患的给予奖励，通过增加正激励来促使职工更加注重安全生产问题；结合岗位管理中提及的轮岗措施，对该季度兼职安全员职能的职工的奖励性绩效工资系数进行调整，提高其收入；等等。薪酬管理可以说是多功能的，它对前文所说的素质管理、岗位管理和绩效管理都存在辅助作用。通过科学的薪酬管理，可以与其他管理措施相辅相成，全方位促进公路队伍建设安全生产文化。

四、结语

安全生产文化并不是新鲜事物，只是将以前已经存在的东西进行归纳，逐渐沉淀成对队伍内各层次人员的安全生产行为产生深刻影响的、为大家所共享和认同的观念的总和。马克思主义实践观认为，实践与认识是辩证统一的关系，实践决定认识，认识对实践有巨大的反作用，正确的科学的认识促进实践的发展。建设公路队伍安全生产文化，让公路人在这种文化的影响下把安全行为当作一种行为习惯，有助于大大降低生产安全事故发生率，从本质上保护职工的人身财产安全。

目前，公路队伍的安全生产工作主要侧重于安全管理。安全管理和安全生产文化各有侧重点，各有分工，又互相配合，最终都是为了控制人的不安全行为，达到引导人的行为向安全行为转化的目的。新形势下，领导干部更应重视安全生产文化建设，把它作为一项系统性、长期性工作，不断地完善它、丰富它、传承它，与时俱进，把安全生产文化融入公路文化中，使之成为激励公路人前进的启明灯，保障行业安全的护航船。

参考文献

[1] 陈明利.企业安全文化与安全管理效能关系研究 [D].北京：北京交通大学，2012.
[2] 张跃兵.企业安全文化结构模型及建设方法研究 [D].天津：天津大学，2013.
[3] 余冰.公路工程安全政府监督机制研究 [D].武汉：华中科技大学，2015.
[4] 陈恩龙.TQ 公司人力资源管理 4P 模型的构建研究 [D].昆明：昆明理工大学，2011.

改革环境下加强内部管理的策略探讨

(广东省公路管理局路桥中心 陈世铿)

摘　要　随着广东省从事生产经营活动事业单位改革工作的推进，对纳入改革名单的事业单位影响深远。因为改革产生的人员安置、身份转变、职业发展等问题，势必对涉改单位的内部管理带来影响和冲击。在改革环境下，加强涉改单位职工的思想政治工作和内部管理，有助于更好地平稳地推进事业单位改革。

关键词　事业单位改革；内部管理；策略

加强内部管理，是一个单位履行职责、提高工作效率的需要，也是当前转变工作作风、促进单位规范化管理的需要。规范的内部管理，有助于提高干部职工的规矩意识和责任意识，有助于加强队伍建设和作风建设。特别是党的十八大以来，在全面从严治党、落实中央八项规定和反对"四风"的大环境下，不论是从党风廉政方面，还是从财经纪律方面，都对加强单位内部管理提出了更高的要求。当前，路桥中心正面临转企改制，如何通过加强内部管理来助力单位的改革转型发展，是我们面对的全新课题。

一、改革环境下单位内部管理现状

路桥中心自2001年设立以来，主要承担的是国省道新改建和大修工程项目管理、政府还贷公路车辆通行费"收支两条线"管理和第三产业资产管理3项工作，路桥中心内设机构和人员均是按照原承担的工作任务进行设置和配置。近年来，因公路建设项目和车辆通行费"收支两条线"业务萎缩，路桥中心在上级的支持下，职能任务向路网运行管理和应急物资储备管理方向转型。通过开展"不忘初心、牢记使命"主题教育调查研究，收集干部职工对单位内部管理存在的问题和对转企改制的意见建议如下。

(一)内设机构的设置需要优化

结合业务转型的实际，路桥中心原已谋划重新调整设置内设机构，以适应新业务的发展，但受事业单位改革的影响，内设机构的调整方案未获批复。现如今面临的主要问题：内设科室总量偏多，业务部门和服务部门的比例需要进一步优化。现科室名称与其承担的业务不太相称，例如，计划合约科原是承担工程项目前期和合同管理职责的，现承担的是应急物资储备管理职责；营运管理科原是承担"收支两条线"管理职责的，现承担的是路网运行管理职责。

(二)科室人员的配置需要优化

受业务萎缩和改革的影响，路桥中心在编在职职工和合同制员工逐年减少。因为单位岗位设置方案未获批复，自2011年后均未能通过公开招聘方式新进工作人员，导致单位"新鲜血液"不足。现有专业技术人员大部分为工程类和经济类，缺少网络信息类专业技术人员。路网、应急、资产等业务科室的人员相对紧缺，专业知识与技能急需提高。职工综合素质还有待加强，还不能适应改革时期"一人多岗、一岗多能"的管理需要。

（三）作风建设还需要进一步加强

因为改革的不确定性，导致职工对未来职业发展产生忧虑。改革前期的等待观望，会使职工放松自我要求，降低工作标准，从而影响工作作风。主要表现：个别干部职工工作要求和执行力不高，有时在工作过程中态度生硬，综合素质和服务意识有待提高。干事创业的激情减退，在以身作则、率先垂范方面做得不够。主动担当作为意识还需要进一步加强，有时批评同志避重就轻，有时对下属工作业务指导不足，不敢提高工作要求，存在怕得罪人的思想。少数干部职工有迟到、早退和溜岗、脱岗的现象，考勤纪律还要进一步加强。

（四）转企改制后的发展问题

路桥中心已纳入第二批转企改制名单，转企改制事关全体职工切身利益，职工都非常关注。路桥中心在上报转企改制方案前，将改革相关政策文件、初步方案均发给了各科室和下属单位征求意见，让广大干部职工知情。此次调研和征求意见，干部职工对转企改制后单位的发展比较关注：如改革后企业经营发展方向问题、工作地点问题、人员归属及收入能否维持问题等。

二、改革期间加强内部管理的对策

结合"不忘初心、牢记使命"主题教育调查研究"把情况摸清楚，把症结分析透，研究提出解决问题、改进工作的办法措施，确保取得实效"的工作要求，下面结合路桥中心实际谈谈加强内部管理的对策。

（一）结合业务发展需要设置内设机构

因为内设机构的调整需要上级的批准，综合现阶段单位面临改革考虑，待转企改制后结合业务发展需要，再进行内设机构调整，这是比较稳妥合理的做法。目前，路桥中心已经明确将路网、应急工作任务落实到具体科室，确保各项工作业务的职责清晰。转企改制后，可从两个方面着手：一是精简服务部门，将文秘、后勤、党群、人事、财务、工会等职能归口合并至1~2个部门，减少服务部门的数量。二是结合业务发展需要，设立路网、应急、资产管理等业务部门，并将工程、收费职能的收尾工作落实到相近的业务部门。总体来说，内设机构设置应符合现代企业管理要求，部门间达到职责清晰、分工协调、高效运作的目标。

（二）结合业务发展需要优化人员配置

针对科室人员配置方面存在的问题，结合新业务的发展需要，路桥中心已对相关科室的人员组成进行了优化调整。在转企改制前，针对业务科室的人员相对紧缺、专业技术人员缺乏、专业知识急需提高等问题，首先可以考虑通过内部调配和挖潜：一是外借人员回归后优先安排到业务科室。二是按照"一人多岗、一岗多能"的管理要求，优化调配服务部门人员到业务部门。三是加强路网、应急、资产管理方面的专业知识培训学习，提高职工综合素质和胜任工作的能力。其次是考虑当前面临转企改制，未来业务发展存在不确定性，待转企改制完成后，结合业务发展需要，再招聘引进专业技术人才。

（三）进一步加强作风建设

对照"不忘初心、牢记使命"主题教育的总要求，无论是担使命还是抓落实，均离不开优良的作风、过硬的作风。当前，路桥中心面临转企改制，在这个关键时期加强作风建设显得尤为重要。解决工作作风方面存在的问题，可以从以下3个方面着手：一是示范带动，班子成员带好头作表率，一级做给一级看，一级带着一级干，树立担当作为、上行下效的良好风气。二是加强监督教育，对违反考勤纪律者给予通报批评，对庸懒散浮拖现象及时给予批评教育并督促改正。三是完善奖惩和激励机制，工作作风作为年度考核、评先评优、提拔任用的重要依据。改革之际，唯有牢固树立"有为才有位"观念，摒弃"等靠要"思想，履职担当做好本职工作，才能为单位改革发展助力。

（四）筹划展望转企改制后的发展

路桥中心历来所承担的公路工程项目管理、车辆通行费"收支两条线"管理、路网平台建设运营、应急物资储备建设运营等工作任务，均是为社会提供基本公益服务，不能产生经营收入，没有可以参与市场经营的资质和条件，原人员经费是在收取的车辆通行费中安排的。此次转企改制给路桥中心带来严重影响和冲击，如失去人员经费来源，将严重影响职工队伍的稳定。基于前述情况，路桥中心转企改制后，首先应立足于资产经营管理，把现所属和代管的各类资产经营管理好，提高国有资产的经营效益。其次，完成好省路网平台、国家应急装备物资储备中心的建设，争取继续承接其运营任务。最后，按政策多争取上级的帮助和支持，为职工多谋权益，为单位多谋发展。

三、结语

转企改制对涉改单位来说是一个重大事件，改革的不确定性容易让干部职工产生思想波动，出现观望等待的情绪，从而降低工作的标准要求，导致安全稳定隐患。通过加强内部管理，特别是加强思想政治和工作作风建设，有助于处理好改革进程中遇到的问题，亦有利于平稳地推进改革。

不忘初心谋发展，砥砺前行赢未来

（广东省路桥规划研究中心　林进彤）

摘　要　回顾改革开放40多年来的发展历程，我国勘察设计行业取得了巨大成就，也暴露出很多问题。本文主要对勘察设计行业的发展现状，包括发展特点、发展瓶颈和发展方向进行了分析。并以行业发展规律为导向，深刻检视企业发展过程中存在能力不足、缺乏人才、员工意识差等问题。并提出解决问题的关键是做好思想政治建设，要始终牢记初心使命，勇于闯新路，远眺前行路，走好新的长征路，凝心聚力谋发展。

关键词　不忘初心；勘察；发展问题

2019年是贯彻党的十九大精神的深化年，也是推动经济社会振兴发展的关键之年。当前，习近平总书记发出了在全党开展"不忘初心、牢记使命"主题教育的"集结号"，高扬奋斗的旗帜，振奋人心，催人奋进。"不忘初心、牢记使命"是贯彻党的十九大精神的重要举措，是中国共产党保持永远年轻的"重要法宝"。开展"不忘初心、牢记使命"主题教育，是党的十九大做出的重大决定，是现今政治生活中的一个重要主题，也是中国共产党人的永恒主题。铭记"为中国人民谋幸福，为中华民族谋复兴"的"初心"和"使命"，用党的初心凝心聚力谋发展，用党的使命凝心聚力谋发展，时刻保持党的先进性、纯洁性和战斗性，在风云激荡的新时代，面对百年未有之大变革，谱写人民满意的历史答卷。

一、让初心和使命成为我们不懈的追求

"不忘初心，方得始终"，出自于《华严经》。1921年，中国共产党在嘉兴南湖红船上完成了缔造中国共产党的使命。红船是中国共产党起航的地方，是党为中国人民谋幸福、为中华民族谋复兴的开端，是开启党的初心和使命的起点。习近平总书记在庆祝中国共产党成立95周年大会讲话中指出："一切向前走，都不能忘记走过的路；走得再远、走到再光辉的未来，也不能忘记走过的过去，不能忘记为什么出发。"中国共产党自诞生之日起，就把为人民谋幸福、为民族谋复兴扛在肩上、初心不改、历尽艰辛。这个初心和使命，是激励中国共产党人不断前进的根本动力。

为了初心和使命，我们已有无数前辈在革命年代付出了鲜血，甚至生命。例如，刘胡兰冷笑看铡刀、黄继光舍身堵枪眼、邱少云坚忍趴火堆、狼牙山五壮士飞身跳悬崖、雷锋甘做螺丝钉，无论是革命战争年代视死如归、前仆后继，还是建设年代激情燃烧、干劲冲天，或者是改革开放新时期开拓进取、敢于担当，一代又一代中国共产党人用热血和奉献践行着自己的誓言、追求着远大的理想，写下了气壮山河的精神史诗。

为了初心和使命，中国共产党带领全国人民艰苦奋斗，尤其是改革开放40多年来，使中国人民从站起来走向了富起来。党的十九大提出了"两个一百年"的奋斗目标，这是我们

这一代共产党人的历史使命，是我们践行共产党员的铮铮誓言。回望中国共产党走过的历程，其初心和使命一脉贯穿革命、建设、改革各个时期，领导实现了人民独立和逐步富裕。党的十八大以来，以习近平同志为核心的党中央面对复杂多变的国际国内形势和艰巨繁重的改革发展稳定任务，运筹帷幄，沉着应对，以高瞻远瞩的战略谋划，做出一系列关系全局、影响深远的重要决策，团结带领全党全军全国各族人民砥砺奋进，为全面建成小康社会宏伟目标奠定了坚实基础，中华民族走上了全面复兴、加速崛起的新征程。

要掌握初心和使命的精神实质，就要开展好"不忘初心、牢记使命"主题教育，认真学习中国共产党党史、新中国史，从中汲取精神的养分和信仰的力量，坚守初心，砥砺前行。2019年是中国共产党在全国执政70周年，开展主题教育正当其时，我们要常怀忧党之心、为党之责、强党之志，以实实在在的业绩为党和人民交上一份合格的新时代答卷。

二、当前勘察设计行业的发展现状

回顾改革开放40多年来的发展历程，我国勘察设计行业取得了巨大成就，也暴露出很多问题。

（一）勘察设计行业的发展特点

纵观勘察设计企业的发展历程，如今的勘察设计行业呈现出以下几个显著优势：一是设计企业不断优化整合进度加快，形成一批企业设计集团，业务得到拓展，综合实力得到提升。二是业务模式转变加快，向两头产业链延伸成常态，总承包和境外工程增加迅猛，部分行业设计院总承包收入占比超过80%。三是企业市场意识逐步确立，自主研究发展战略明显增强。四是各行业形态和客户需求呈现多元化趋势，提供的产品和服务呈现多样性特征。

（二）勘察设计行业的发展瓶颈

①目前的行业发展导向是一种按照甲方要求即以业主为导向的"外部驱动型"的被动发展。当前，在建设交通强国的战略背景下，各级政府正下大力度加大对交通建设的投资，而国省道公路建设同样也列在其中。然而，勘察设计企业的业务大多集中在传统业务领域，业态创新不够，差异化太小，导致"僧多粥少"和同质竞争，可持续发展成为问题，迫切需要转型升级。

②目前的勘察设计企业当中，经营指标的完成与技术创新存在周期性矛盾。近期看，严峻的市场形势下企业生产经营压力巨大，资源的合理配置、资本的高效使用是完成生产经营指标的基础，如何在最短的时间内用最少的投入实现最大的产出，是大部分企业面临短期生产经营压力的必然选择，所以大部分企业习惯于利用现有的成熟技术加快形成经营效果，造成重经营、轻创新的局面。企业技术创新、超前研究、成果孵化严重不足，造成行业设计业务雷同，业务空间不足，竞争加剧。

（三）勘察设计行业的发展方向

从长远看，企业要想实现可持续发展，技术创新、转型升级、内源性提升是必经之路。2019年，勘察设计行业市场中优势企业的持续增长与中小型勘察设计企业维持生存的两极分化趋势日益加剧。在党的十九大精神指引下，我国经济已转向高质量发展阶段，坚持质量第一、效益优先，以供给侧结构性改革为主线，推动经济发展质量变革、效率变革、动力变革、提高全要素生产率，不断增强我国经济创新力和竞争力，是新形势下党中央做出的重大战略决策，也为勘察设计行业转型升级和创新发展指明了发展方向和正确路径。在此背景下，勘察设计行业更需要拓宽视野、抓住历史机遇、实现创新转型发展。

然而，小型勘察设计单位同样面临着转型和改革的多重机遇与挑战，特别是小型勘察设计单位整体工作业务下滑，转型也遇到了诸多困难，经营理念跟不上形势发展的需要，还停留在传统思维、老套路运作，管理方式简单粗暴，有的同志依旧存在"等靠要"和过度依赖固有观念，政策上无法摆脱，体制上无法改变，坐而论道，做语言上的巨人、行动上的矮子。

"功崇惟志，业广惟勤"。在改革当下，行业转型发展的任务越来越重，逐步显现的矛盾和困难也越来越多、越来越大。如何正确处理改革、发展、稳定三者之间的关系，就需要党员干部尤其是领导干部，发挥好"头雁作用"，按照新时代发展要求，以"不忘初心、牢记使命"主题教育为引领，进一步解放思想，找准切入点，突出着力点，围绕国家发展战略，明确发展新定位，通过产业转型、机制创新，不断为单位发展注入新的活力，用担当精神、实干精神，为促进单位加快转型发展，扛起自己的职责，做好职工群众的先锋表率，把谋实谋准的工作落下去，把认定看准的事情干下去，以持之以恒的毅力，努力开创新局面，赢得新发展。

三、以行业发展规律为导向，深刻检视企业发展问题

有比较方知天地之差。回顾几年来的工作，放眼全国勘察设计单位转型发展的态势，蓦然惊觉"卧听一夜东风劲，满树芳华跃上头"。在新一轮改革发展的浪潮里，我们有了更大的压力和紧迫感。反映到具体工作中，单位的发展思路跟不上形势，制度建设不能较好地契合市场的变化，各项管理存在弱化，等等，不一而足。

（一）经营能力和生存能力不足

当前的勘察设计市场竞争激烈，参与公路交通勘察设计主体逐渐增多，广东省路桥规划研究中心（以下简称"单位"）受制于体制机制僵化，经营团队的队伍建设、能力和经验、市场意识、市场信息处理能力目前尚不能完全适应竞争激烈的市场环境，市场开拓的意识和能力不够。一是单位规模较小、资质等级不高、业务范围较窄，导致承接业务受到很大局限。现阶段，单位在资质维护升级上的可用资源不足，具有自主知识产权的高新技术产品不多，自主创新能力不强。二是人力资源发展不均衡，目前单位职工大多为工作经验较少的年轻人，普遍技术创新能力不强。人力资源的紧张，导致技术骨干大部分精力都投入到经营和生产中，

存在技术把关人员不足、技术提升速度慢、精细化管理欠缺、职工归属感和集体荣誉感不强等现象,更无法兼顾高新技术的研发。三是单位较少参与高速公路设计,对一些先进设计技术、质量安全要求、设计理念的理解和运用等相对滞后,影响了市场竞争力。四是单位发展起点低,起步慢,创新机制不健全,特别是技术创新体系尚未真正形成。目前内部知识产权管理体系和管理制度还不完善,专利申请量少,结构不合理,成果不能有效转化,技术创新能力无法提升。

(二)职工的思想和政治意识不足

在改革发展的大趋势下,尚有一些同志不同程度地存在思想理念对新形势的不适应。一是理论学习认识不到位。没有把学习作为增强本领、提升素质的主要途径而放在重要位置,经常强调工作忙,不愿学、学不进。二是执行力不强。对中央的路线方针政策、重大战略部署,有理解不深刻、落实不到位的现象,在结合自身特点创造性地开展工作上有所欠缺,缺乏前瞻性的对策和方法,缺乏开拓创新精神,破解难题的办法、手段不多。三是部分职工工作作风不够深入细致。在实际工作中,作风不深入,工作不扎实,只求过得去,不求过得硬,工作积极性不够。四是部分职工主动服务意识不浓,缺乏精心设计的服务态度,不能急业主之所急,而是推诿敷衍。工作中仍存在本位主义,没有摆正自己的位置。

(三)人才的吸引力和保留力不足

对于勘察设计这样的智力密集型行业而言,人才是关乎企业生存发展的关键要素之一。而事实上,单位的大型项目业务量相对较少、薪酬实行"双轨制"、职业上升通道不足,在吸引和保留优秀人才方面劣势明显,存在吸引人才难、培养人才难、留住人才难的困境。一是人才激励机制存在缺陷。目前单位人才激励手段简单,忽视了多种激励措施的有机组合,以统一的激励方式对待职工,"千人一面",不能针对职工的个体需要,采取相应的激励措施。二是忽略了单位文化建设。长期以来,单位一直注重产量和利润的提高,文化建设的重要作用被忽视。文化建设的滞后,使其导向、凝聚、融合、激励等功能难以发挥,削弱了单位的凝聚力、向心力和集体主义精神,职工对单位不能产生同甘共苦的感情,最终的结果是单位失去对职工、对外部人才的吸引力。三是职工成长渠道受限。由于单位性质问题,用人机制不够灵活,影响职工的成长渠道,一些具有高学历的年轻干部缺乏晋升机会,影响工作积极性,不利于工作的开展。四是单位即将转企改制,职工队伍存在思想不稳定的情况。各种矛盾处于易发、多发、高发态势,一定程度上影响了职工的思想观念、心理状态和行为现状。

(四)单位在事业单位体制中所存在的问题

单位目前的市场经营范围还较为有限,主要局限于广东省,而全国公路设计咨询市场高度开放、竞争日益激烈,单位的市场经营能力亟待提高、经营机制亟待优化。

一是受制于事业单位相关规定,单位用人机制僵化,薪酬分配制度较为单一,收入分配缺乏有效激励性，一方面难以充分发挥员工的积极性；另一方面则难以吸引高素质专业人才，技术力量不足，在工作任务量较大的情况下，仅有的技术骨干不得不承担烦琐重复的低技术含量工作，导致人力资源的浪费。

二是事业单位体制对于单位各类资质的维护也有一定的制约，目前单位的资质主要依靠外聘资源维护，这种现状难以长期维系。改革相关文件中明确指出，具有事业企业"双法人"资格的，注销事业单位法人，直接转制为企业，这意味着现在仍沿用的"双法人"这一过渡办法即将结束。随着"四库一平台"的全面实施，住建部重申勘察设计单位申请资质需具备企业法人资格，其他部委也纷纷有相应动作，例如，2013年环保部明确限制事业单位不得申请资质。这些政策都倒逼着事业单位必须转企改制，否则单位的资质难以维系。

四、不忘初心，狠抓落实，推动单位转型发展

牢记初心使命、勇于闯出新路，就要回望走过的路，坚决做到不忘初心、信念坚定；就要远眺前行的路，坚决做到牢记使命、担当作为；就要走好新的长征路，坚决做到永远奋斗、凝心聚力谋发展。

（一）科学谋划，探寻转企改制发展新模式

单位属于人才资本和技术要素占比高的科技型转制单位，主营业务为勘察、设计、咨询、规划、行政审批、中介服务等。特别是自1985年单位成立以来，一直作为广东省公路事务中心的技术支持单位，承担了普通国省道公路网规划、全省公路应急抢险、公路战备技术支持、公路行业技术规范研究、危桥改造、水毁等养护工程技术咨询等工作，负责大量普通国省道、农村公路新改建及路面改造项目的勘察设计工作。参照同批次改革的广东省水利电力规划勘测设计研究院的转制形式，单位将以激发内生发展动力、增强市场竞争力、促进可持续发展为根本出发点，逐步建成一个立足于广东并走出广东的、国有控股的专业勘察设计公司，单位性质为国有控股的混合制企业。转企改制后，单位将继续发挥在全省普通国省道公路和农村公路的规划、设计、咨询等方面的优势，助力国省道升级改造、农村公路建设、乡村振兴战略，并致力于作为广东省公路的投资、建设、运营、应急抢险的专业技术单位，服务于广东交通建设、服务于粤港澳大湾区建设。

（二）树立信心，加快思维观念的转变速度

当前，发展不足仍然是单位主要矛盾。优化项目质量、强化人才队伍、实现转型升级，是单位平稳科学发展的关键所在。我们要解放思想、转变观念，激发内生动力，强化用先进的理念、过硬的技术手段，打造具有品牌效应的项目，用质量在市场中开辟一片新天地。在月度例会上，要加强质量意识教育，重点强调质量问题的重要性，保证项目质量水平不断提高，从而使单位在市场激烈竞争中立于不败之地。在发展中，既要看到改革好的一面，抓住机遇、乘势而上，又要认清不利因素的复杂性和艰巨性，增强市场意识、忧患意识、责任意

识。从现实来看，单位的可持续发展绝不是轻轻松松、敲锣打鼓就能实现的，没有一定的发展速度和经济规模，职工的收入就不会有大的提高，单位的凝聚力和战斗力也不会增强。所以，在抓生产、抓进度的过程中，更要发挥战斗堡垒作用和先锋模范作用，用积极的心态去面对困难，克服一切艰难险阻，成功迈向发展通途；要同心协力团结一致，凝结起磅礴的力量，让单位的发展目标、发展思路成为大家共同的认识、相同的价值观、统一的发展理念。

（三）坚持全面从严治党，提升单位党的建设质量

要旗帜鲜明讲政治，以政治建设为统领，持之以恒推进习近平新时代中国特色社会主义思想大学习、大普及、大实践，结合"不忘初心、牢记使命"主题教育持续抓好理论武装，以学习贯彻习近平新时代中国特色社会主义思想为主要内容，跟进学习习近平总书记对国企和公路、设计行业重要指示批示，深入学习党史、新中国史；系统学习《党章》《关于新形势下党内政治生活的若干准则》《中国共产党纪律处分条例》，努力把学习成果体现到高度自觉的政治信仰中、体现到深化单位改革发展的生动实践中、体现到增强党员干部的政治本领中。通过实践探索，寻求党建与生产经营工作的切入点，真正解决党建与生产经营"两张皮"的问题。抓住党建工作的具体切入点和载体，真正使党建工作服务于生产经营，实现党建与生产经营的深度融合。

（四）勇担职责使命，焕发干事创业的精气神

"干部就要有担当，有多大担当就能干多大事业"。在单位的发展中无论是分析形势还是做出决策，无论是破解发展难题还是解决职工和谐稳定问题，都需要专业思维、专业素养、专业方法。面对新形势新任务，我们要自觉把单位改革发展放在实现奋斗目标中去谋划、去推进，勇于担当负责，稳定职工队伍思想，确保单位在改革过渡中全面稳定。要不断增强适应新常态、贯彻新理念的本领，抓住"十四五"规划启动契机，积极开拓市场，承揽更多勘察设计任务，为单位改革发展开创新局面。面对新形势、新任务，结合当下开展的主题教育，让践初心、担使命成为应对压力和挑战的动员令，成为带领职工闯市场、促转型的加油站，成为全体干部职工乘风破浪、开拓前行的导航标。

（五）落实好基础管理，加强风险管控

建立现代企业制度很重要的一项内容是加强内控体制建设。领导干部要率先垂范，带头执行，发挥模范带头作用。要发挥执纪监督的作用，保证组织管理制度、激励奖励制度、培训、人才引进等制度执行到位。同时，要加强风险管控，重点关注重大法律纠纷、历史遗留问题等处置风险。要增强防患意识，定期进行风险点排查，发现问题立即整改，不断提高风险防控和应对能力。要完善防范机制，建立健全风险研判机制、决策风险评估机制、风险防控协同机制、风险防控责任机制、风险防控预案机制，构建科学、合理、高效、有序、有力的防范化解指挥组织体系、运行机制。

（六）加强党风廉政建设

加强党风廉政建设是保证单位持续健康稳定发展的必然要求。如何进一步加强党风廉政建设，使单位运行更加科学，党建工作更具活力，党员干部行为更加规范，是摆在我们面前的一项十分艰巨的任务。单位需从生产经营的实际出发，在深入开展岗位廉政风险防控、对重要岗位人员进行廉政诫勉谈话等经常性工作的同时，需在创新党风廉政教育的内容、形式和方法上相继发力，通过扩大廉政教育的覆盖面，筑牢党员干部廉洁自律、拒腐防变的防线。深刻领会党的十九大和十九届中纪委二次全会精神，认真学习习近平新时代中国特色社会主义思想，贯彻落实中央八项规定精神、廉洁从业若干规定等。通过思想政治、道德品行、廉洁自律等方面的教育，切实增强党员干部职工的政治素养和廉政意识，凝聚干事创业的正能量。

（七）以制度为抓手，重点加强人才引进和养成计划

单位属于人才资本和技术要素占比高的科技型单位。在人才建设方面，将以建立健全人力资源管理机制体制为基础，做好人才引进和人才培养工作。

1.加强人才培养，提升队伍整体素质

一是要通过坚持理论联系实际、学以致用、注重实效的原则，制订科学合理的培训计划。二是要采取集中培训与个人自学相结合、导师传帮带等形式，坚持不懈地对职工进行继续教育、专业知识教育。三是通过项目的实施来拓展和提升技术人员的业务水平和综合素养，提升履职能力。四是出台相适应的培训管理制度，支持和鼓励专业技术人员参加专业技术培训、参加注册资格证考试，不断提高专业技术人员的技术水平、增加单位资质所需的注册资格证书持有人数量，培养适应单位发展的高素质职工队伍。

2.建立更加灵活和合理的激励分配制度

在目前事业单位体制下，单位薪酬激励制度不够灵活，结合单位改制后的实际情况，应建立形成形式多样、自主灵活的激励分配机制，完善绩效考核办法，将薪酬激励制度的指导思想、目标、原则进行广泛宣传，不断提高职工对薪酬激励制度的认识，消除思想顾虑，形成良好的改革氛围，促进改革平稳过渡。

（八）以培育核心竞争力为目标，重点加快申报高新技术企业速度

针对经济社会发展的新形势、新要求，单位以申请高新技术企业为切入点，加快提升自主创新和科技成果转化能力，塑造自主品牌，增强核心知识产权。一是重点加快完善相关的自主创新成果政策，加大研发投入力度，积极推进高新技术产业化，为高新技术发展提供条件。二是积极落实相关鼓励扶持政策，出台《职工专利奖励办法》，运用正向激励考核评价机制，最大限度调动职工积极性和主动性，鼓励发明创造，促进单位的技术进步、科学研究工作，推动单位可持续发展，提高单位市场竞争力。三是切实保护知识产权，营造尊重和保护知识产权的良好环境，积极推进科技资源的整合，使之形成一个有机的整体。四是培育、构建具有行业发展特点的产业技术轨道，进而提升技术轨道上其他的技术层级。五是加强组

织领导和统筹协调，强化对核心技术的掌控。六是营造有利于高新技术发展的政策环境，壮大产业规模，探索新机制和新模式，促进单位持续、健康、快速发展。

百尺竿头，更进一步；勇担使命，砥砺前行。"守初心、担使命"是本分、是责任，是需要始终如一孜孜追求绝不放弃的誓言。要做起而行之的行动者，不做坐而论道的清谈客。我们要更加紧密地团结在以习近平同志为核心的党中央周围，高举中国特色社会主义伟大旗帜，不辱使命，扛起责任，抢抓机遇、乘势而进，以坚定不移的信心、夙夜在公的勤奋、锲而不舍的执着、真抓实干的作风，勇于担当作为，推进战略落地，不忘初心谋发展，砥砺前行赢未来，谱写出改革发展的新篇章。

破解高速公路营运单位党建与业务工作"两张皮"问题的对策研究

(广州市凤凰山隧道建设有限公司　詹上杭)

摘　要　本文以广州市凤凰山隧道建设有限公司(以下简称"凤凰山公司")为个案，通过问卷调查、座谈调研，同行单位走访交流等形式，旨在了解当前高速公路营运单位党建工作的现状、摸清党建工作在国有企业发展的基本脉络，进而在全面掌握事实的基础上，提出一个破解党建与业务工作"两张皮"难题的解决方案，寻求一条党建与业务融合发展的路径，搭建一个党建引领业务高质量蓬勃发展的平台。本文研究发现，破解高速公路营运企业党建和业务工作"两张皮"难题，治本之道在于进一步加强和完善党的建设，在具体实践中，必须坚持以党建促业务。党建工作必须找准定位，开拓思路，以高速公路营运单位实际为出发点，实事求是，勇于开拓创新党建工作的开展形式，最终不断增强党的政治领导力、思想引领力、群众组织力、社会号召力，进而形成党建业务深度融合、协调发展的良好态势。

关键词　高速公路营运；党建与业务；"两张皮"；对策

一、研究背景

坚持调查研究是中国共产党的传家宝，是谋事之道、成事之基。本着"没有调查就没有发言权"的原则，密切结合"不忘初心，牢记使命"主题教育要将"学习教育、调查研究、检视问题、整改落实贯穿全过程"的要求，针对当前高速公路营运单位党建工作最突出的矛盾和难点切实开展调查研究。

二、研究方法

本文主要结合高速公路营运单位实际，通过发放调查问卷、实地调研等方式，参与高速公路营运单位座谈会4次，向高速公路营运单位发放调查问卷54份，实地走访调研1次，梳理总结目前高速公路营运单位普遍的党建工作现状，深入分析了目前面临的形势和存在的问题，并以问题为导向，有针对性地提出加强和改进党建与业务"两张皮"工作的对策。

三、党建与业务"两张皮"问题及原因分析

(一)现状分析

由于基层党组织的建设质量参差不齐，主观上将党建工作作为第一政治任务来抓的意识

不足，直接导致党建工作与业务工作融合的纵深度都有所欠缺，党建和业务工作结合不紧密、融合不顺畅，党建与业务工作"两张皮"的问题仍然明显存在。具体表现如下。

1. 党建引领作用发挥不够突出明显

习近平总书记强调，"坚持党对国有企业的领导是重大政治原则，必须一以贯之"。目前，高速公路营运单位在加强党的领导和完善单位治理结构有机结合，把党的领导融入单位治理各个环节，使党的领导作用得到充分发挥上还做得不够。凤凰山公司从建设期转入营运期后，营运期的各项工作都在摸索中，目前正处于积累营运管理经验的阶段，如何把党建引领作用发挥到最大，为日后公司营运工作奠定党建基础，是当前公司党建工作面临的一个最大课题。通过问卷调查，绝大多数人认为目前高速公路营运单位党建工作存在比较突出的问题就是体制不顺、机制不活、管理制度建设尚不完善。通过调研发现，高速公路营运单位的制度存在与营运管理实际不相匹配，党建与运营管理制度也一定程度上不相衔接，导致制度执行不顺畅。凤凰山公司正在启动公司制度全面修订工作是一个例子。

2. 党建工作理解有所偏差

通过调查发现，部分高速公路营运单位党建工作被窄化为党务工作，党建工作停留在文件上、会议上，而没有真正与业务工作融合，党建工作成了脱离业务工作、失去针对性和目的性的"花架子"，"以党建为引领，以党建促业务"的良好互动格局尚未形成。在具体表现形式上，组织生活"落不实"，组织生活与业务工作的结合不够紧密，立足于工作实际的细化不够清晰，主题党日内容"高大上"有余、"接地气"不足，政治理论学习未能做到联系职责学、联系实际学；作为国有企业，组织优势被忽视，用党的科学理论引领人，用谈心谈话、交流思想的方法团结人，用批评与自我批评的锐利武器教育人的功效发挥尚未完全。

（二）原因分析

党建与业务工作存在"两张皮"的情况，历来是党的建设的一个薄弱点，造成这一顽疾的原因是多方面的。其中最为根本的病因在于对党建工作的思想认知尚未端正，未能从根本上认识到党建工作的重要性。除此之外，造成"两张皮"难题也有诸多客观因素。

1. 二者工作内容不同

党建工作主要是做人的工作，业务工作主要是做事或物的工作，对象的差异容易导致"两张皮"现象。

2. 党建工作与业务工作特点不同

业务工作抓一抓就有效果，周期较短；党建工作周期长，短时间内一般难以见到明显成效。这使不少领导干部把更多的精力放在业务工作上，而对党建工作不上心、不热心。

3. 党建工作与业务工作考评体系不同

业务工作的考评体系相对简单，容易形成统一标准；党建工作考评体系相对复杂，不易形成统一标准。

四、解决对策与建议

（一）以坚持党的全面领导为根本，加强和改善党的建设

实践证明，只有把党组织建设得坚强有力，不断增强党的政治领导力、思想引领力、群众组织力、社会号召力，才能真正形成对业务工作的引领力量，从而在根本上破解党建和业务工作"两张皮"的难题。

1. 牵住"责任制"牛鼻子，全面落实"一岗双责"

进一步强化"抓党建是本职、不抓党建是失职、抓不好党建是渎职"的理念，坚持"书记抓、抓书记"，高速公路营运单位领导班子成员要切实把"一岗双责"履行到营运管理的各项工作中，做到明责、履责、尽责。要聚焦主责主业，真正发挥职能作用。要对党建和业务工作两手抓，两手都要硬，以单位绩效发展作为检验党建工作成果的标尺，切实以党建工作促进养护、安全、收费管理等各项业务工作的发展。

2. 着力提升组织力，塑造基层党组织战斗堡垒

在党支部标准化、规范化建设上下功夫，着力提高建设质量。结合高速公路营运单位工作和党员队伍实际，进一步明确党支部抓党建工作的科学路径和方法，立起检验党建工作成效的标尺，明晰党建考核的具体指标，推动党支部建设质量全面提高、整治素质全面过硬；通过标准化、规范化建设，提高党支部建设质量，把基层支部建设成为党旗高高飘扬的战斗堡垒。进一步发挥党员模范带头作用，例如，可尝试在高速公路营运单位道路养护、路政巡查、收费管理、综合管理等关键职能岗位建立党员示范岗，完善相关考核、党内激励机制，鼓励党员在业务职责岗位上亮身份、守初心、担使命。以严格考核、科学发展为前提，进一步壮大高速公路营运单位党员队伍，尤其注重在一线员工中发展一批积极向党组织靠拢，以党员标准严格要求自我，在实际岗位中讲担当、讲奉献的党员，通过不断考验、锤炼，将其培养成在一线员工中一面鲜红的旗帜，切实在收费、路政、路产巡查等工作中扩大共产党员的先锋模范作用。

（二）以关键环节为抓手，推动同决策、同执行、同落实

1. 强化"一起谋划部署"的战略思维，推动党建与业务工作从"单一布局"向"整体谋局"转变

以加强党的全面领导为根本指向，结合高速公路营运单位实际，必须坚持做涉及党建党务、纪检监察及重要人事等的工作，提交党组织会议研究决定，切实发挥党统揽全局的作用。高速公路营运单位各有关部门要各负其责、密切配合，形成抓党建工作的合力，破除当前只有党建党务工作者以一己之力搞党建的怪圈。

通过个案调研发现，部分高速公路营运单位在项目营运管理中，总经理办公会议承担着主要的重大行政事务的议事责任。为进一步加深党建和业务工作在决策阶段的融合，可尝试探索增加书记办公会议制度，将其作为沟通情况、酝酿协商的一种议事形式，对准备提交党组织研究决定的重要议题进行酝酿和讨论。

2. 增强"一起落实"的行动自觉，推动党建与业务工作从"独轮前行"向"双轮同行"转变

党建工作与业务工作对于高速公路营运单位发展而言，犹如飞鸟之双翼、战车之双轮，任何一方发展都迟滞不得。否则，不仅将严重阻碍高速公路营运单位的发展，与当前推动粤港澳大湾区融合发展的时代大势亦是背道而驰。这就需要在政策、部署执行阶段，不断夯实"一岗双责"制度、充分发挥党员的示范作用，强化担当意识，促使党建和业务工作深度融合、相得益彰。

3. 建立"一起落实"的协作机制，推动党建与业务工作从"表层结合"向"深度融合"转变

当前，在党建工作中一定程度存在着"轻党建、重业务"的不良倾向。与此同时，业务工作上也面临着各部门沟通协作的流畅度有待提升的难题。以高速公路营运单位在高速公路上的安全应急处置为例，一次成功的应急处置需要安全部门、路政部门、收费管理部门等多部门的默契配合，但当前处置效率仍有待提升，各部门合作仍不能实现无缝衔接是其中原因之一。针对当前跨部门协作顺畅性不佳的难题，通过高速公路营运单位营运管理机制体制改革破解是其中一条路径，同时，也可以尝试发挥党组织在弥合部门差异、加强部门沟通上的优势。通过密切各党支部的联系，加强支部与支部间的沟通，拓宽不同部门间沟通的渠道，推动形成"业务上分工明确、行动上凝心聚力"的良好局面。

（三）以创新党建工作形式为重点，找准定位，开拓思路

党建工作必须围绕中心、建设队伍、服务群众，推动党建和业务深度融合。必须适应新形势、新任务的要求，坚持围绕中心、服务大局，拓宽领域、强化功能，扩大党的工作的覆盖面，不断提高党的基层组织的凝聚力和战斗力，找准高速公路营运单位党建工作与业务工作的最佳契合点。

1. 以创新组织生活形式为突破口，探索"党建+"模式

组建党员突击队、党员先锋岗、青年突击队等形式，促公司急、难、重任务突破完成，探索"支部主题党日+"的模式，可尝试紧紧围绕高速公路营运单位总体工作，定期形成一个固定主题，确定其中一天作为"主题党日"，充分发挥党组织思想引领、推动工作的核心作用。与此同时，也可以把高速公路营运单位廉政建设、文化建设、工团活动等重要课题与党日活动有机结合，尝试推行"主题党日+读书分享""主题党日+文体活动""主题党日+廉政教育"等活动，推动党建与高速公路营运单位业务工作有机融合，真正做到围绕工作抓党建、抓好党建促工作。

2. 借助智慧营运平台，探索党建与业务工作融合的切入点

借助互联网、微信、QQ、微博等新媒介，开阔视野、创新载体、丰富形式，不断增强党建活动的吸引力、感染力。在推动业务工作向智慧化营运发展的同时，探索将党建工作与业务工作在同一平台的整合方式，例如，可尝试在高速公路营运单位"高智通"营运管理平台上增设党建与业务整合的综合监督、纪检事项、安全督办、效能监察等模块，为促进党建和业务工作深度融合提供新的平台和新的切入点。

3. 坚持以党建带团建，带群团关系，以群众满意度检验企业发展

坚持加强党组织对工会、共青团工作的指导，保证其沿着正确的政治方向前进，沿着服务党的事业发展的道路前进。大部分高速公路营运单位年轻员工占比较高，根据年轻人朝气蓬勃的特点，在坚持正确方向的前提下，尝试探索新的团日活动形式，加强对年轻员工在生活上的关心、在工作上的关切，鼓励他们敢于创新、勇于追梦；工会活动的开展，在坚持正确道路的前提下，以维护员工切身利益为工作宗旨，开拓工作思路，丰富职工业余生活。推动党建带动下的工团工作成为稳定员工队伍、增强员工幸福感的有效举措。

（四）以扎实做好思想政治工作为引领，助推企业实现跨越式发展

在开展党员思想政治工作的过程中，坚持将思想理论教育、党风廉政建设与精神文明建设统一起来，三位一体，在学中做、在做中学，并结合项目建设与公司管理实际，加强意识形态建设教育与宣传，助推公司实现跨越式发展。

1. 坚持思想政治引领，实现项目全线通车

在省、市重点工程——广州市凤凰山隧道项目建设过程中，凤凰山公司党总支始终把统一思想、凝聚职工力量作为一项重要任务常抓不懈，切实把加强党员干部、职工群众思想政治引领落实到增强"四个意识"、坚定"四个自信"、践行"两个维护"上，不断强化创业担当意识，为项目的全线顺利通车奠定了思想基础和政治保障。经过4年多艰苦建设，项目主线于2018年10月16日正式开通试运营，并于2019年4月23日实现了全线通车。

2. 做好人员队伍建设，促进企业平稳转型

随着项目全线通车，转入营运管理后，人员队伍不断扩大，要坚持不断进行思想政治教育，抓好人员队伍建设，不断凝心聚力，锻造坚强战斗力，尤其是将企业文化融入日常思想政治教育工作中，积极引导广大党员参与到企业文化建设之中。

3. 坚持"以人为本"理念，服务意识不断增强

转入营运期后，作为高速公路营运单位，要始终坚持"以人为本"，坚持思想政治引领和价值引领，凤凰山公司秉承"让市民出行满意、为广州发展提速"的理念，持续增强为社会、为车主、为员工服务的意识，路政、收费、监控等一线服务窗口微笑、真诚服务，真正想市民之所想，解市民之所难。

4. 抓好党风廉政建设，营造清正廉洁风尚

把反腐倡廉制度建设贯穿各项工作的全过程，通过夯实勤政廉政思想，构建内部监督机制，规范党员干部的行为，使广大党员干部既能坚持原则、遵章守纪，同时管好自己的亲人和身边的工作人员，不发生反腐倡廉责任制追究案件和违纪行为，促进公司上下焕发廉洁高效的气息，思想政治工作取得切实实效。

参考文献

[1] 段晓静. 推进机关党建要严防"两张皮"[N]. 中国信息报，2019-07-30（8）.

[2] 苏云.党建与业务"两张皮"不容忽视[N].陕西日报,2019-05-15(7).

[3] 三举措解决党建与业务工作"两张皮"[J].党建,2019(2):56.

[4] 赵富洲.业务主动融入党建 开辟国企党建新路径[J].农业发展与金融,2018(11):87-88.

[5] 坚持"三个一起" 着力破解党建与业务"两张皮"难题[J].党建,2018(11):15-16.

[6] 贺德君.浅谈国有企业克服党建工作与业务工作"两张皮"问题的实现路径[J].大众科技,2018,20(7):168-170.

论公路系统专业应急抢险队伍的重要作用

（东莞市公路管理局公路应急抢险与机械材料保障中心　郭见辉，胡亦聪）

摘　要　随着公路网络日益完善，气候变化、生态恶化、重大自然灾害等挑战日益突出，对公路应急抢险提出了新的更高的要求，但目前社会企业运作模式并不能完全胜任这项艰巨的任务，在公路系统中建立一支专业应急抢险队伍显得尤为重要。这里，结合东莞市公路管理局应急抢险队伍的工作开展情况，就公路系统专业应急抢险队伍的重要作用、队伍面临的问题及如何进行优化，谈点个人看法与建议

关键词　公路系统；专业应急抢险队伍；重要作用

东莞市地处东南沿海，气候多变，台风、暴雨等恶劣天气较多，且东莞市公路管理局管养国省县公路、市政道路、桥梁隧道点多线长，随着公路密度的不断提高，公路设施因恶劣天气、地质灾害等造成毁坏、中断问题也日渐突出，这些灾害不仅对交通基础设施造成严重破坏，而且直接影响交通运输的安全畅通。东莞市公路管理局管养路程长也意味着灾害突发事件发生概率越大，目前东莞公路养护维修工程企业的应付突发事件能力有限，当需要紧急处理灾害突发事件时，就突显出公路单位自身拥有一支专业应急抢险队伍的重要性。

一、专业应急抢险队伍的重要作用

从2013年起，东莞市国省道公路小维修工程项目（预算造价100万元以下项目）采取政府采购运作模式，由符合资质的中标施工单位对维修路段实施养护维修任务，维修内容包括路基、沥青路面、水泥混凝土路面、安全护栏、边坡、排水系统、涵洞、挡土墙、桥梁非结构性养护项目、交通标志线及微表处预防性养护。当公路出现灾害突发事件时原则上由中标施工单位负责抢通修复，但由于其应付突发事件能力不足，往往需要出动东莞市公路管理局属下的公路应急抢险队伍，这支队伍较好地弥补了社会企业的缺点和不足。

（一）及时性

社会企业由于受行政审批、施工价钱、施工设备和人员调度等因素的影响，它的施工进场时效性较差，在紧急事件发生时，无法在短时间内到达现场处置险情或是完成抢修工程。例如，2018年9月1日，S358轮渡路虎门镇口段边坡严重滑塌，大量泥石滚落到路面行车道上，最初是由政府采购施工单位开展抢修，于10月18日才基本完成清理和边坡修整，后来检查发现修整后边坡出现裂缝，有再次塌方的危险，但当时封闭交

通的截止时间是10月30日,为了尽快开放交通,决定更改方案,由东莞市公路管理局应急抢险队进行削坡和清土处理,最终在规定时间内完成抢通任务。又如,2014年5月11日下午4:30分,S255清溪段因暴雨发生边坡滑塌,由于周边路段严重水浸导致交通堵塞,抢险队接收到命令后于晚上8:00左右才能到达现场,晚上12:00就抢通出两条车道让车辆通行,并吊运防撞墙围闭现场,第二天就完成削坡和清运约3000 m^3 的泥土。所以说应急抢险队伍的及时性、高效率是社会企业无法相比的,特别是发生水浸、大型路牌倒塌等紧急事件时,就能体现出应急抢险队伍存在的必要性。

(二)专业性

东莞市公路管理局应急抢险队伍目前拥有拖车、吊车、运输车、自卸车、桥梁检测车和挖掘机、滑移装载机、压路机、发电机组、水泵等大中小型机械车辆设备,以及冲锋舟、编织袋、探照灯、铁铲等抢险物资,这些都是应急抢险所必需的,而社会企业受到自身综合实力限制和出于自身利益考虑,往往不会购置价格高昂而使用率较低的机械设备,而是选择需要使用的时候再寻租赁。例如,2018年6月8日,省道S255凤岗段受暴雨影响,突发水涝险情,造成双向道路交通中断,当时用上凤岗镇所有的抽水设备都无法排掉积水,紧急时刻,东莞市公路管理局应急抢险队伍携带大功率排水设备赶赴现场,经过3个多小时的努力顺利排除险情。"巧妇难为无米之炊",没有专业设备和专业技术人员在紧急时刻就只能干着急。

(三)技术性

东莞市公路管理局应急抢险队伍的所有队员都是在公路工程、养护一线有着多年养护工作经验的专业人员,有部分队员能独立完成牵引车、吊车驾驶,挖掘机、载体机、铣刨机等操作,通过每年的机械车辆技术操作培训,都是一专多能的技术人才。队伍整体的综合实力较高,能完成水泥、沥青混凝土路面施工、隧道排水抢险、标线标志维修、边坡塌方修复等工程,工艺严谨,工作效率高,工程技术过硬。而企业是以追求利润最大化为基本目标,在利润不高或者价格已定而工作量增多的情况下,出于对施工成本的考虑,施工人员往往技术参差不齐,导致工程完成质量不高。

(四)科学性

应急抢险工作是一项科学性很强的工作,东莞市公路管理局因应制定了应急抢险预案,它指的是针对可能发生的事故,为迅速、有序地开展应急行动而预先制定的行动方案。应急预案预先明确了应急各方职责和响应程序,在应急资源等方面进行先期准备,可以指导应急抢险迅速、高效、有序地开展,将事故造成的人员伤亡、财产损失和环境破坏降到最低限度。东莞市公路管理局根据近几年的应急工作实践,不断完善应急抢险预案,从险情发生到结束,相关部门均能按照预案各司其职,各负其责,指令下达顺畅及时,队伍反应快速,高效开展抢险工作。而社会企业与机关单位没有制定相应的应急机制或针对性不强，处置险情的反应速度、能力等无法做到有力保障，公众的生命财产安全难以得到及时有效的保护。

2018年，东莞市公路管理局新增为东莞市三防指挥部的成员单位，而东莞市公路管理局的应急抢险队伍也是属于东莞市国防交通战备专业保障队伍的其中一员，在全市公路应急救援中扮演着十分重要的角色。在过去5年，该支队伍组织抢修地陷下沉3处，边坡塌方8处，清理塌方泥土约32 000 m³，排水30 000 m³，拆除危险公交亭7个，调运防撞墙363件等。为了充分利用应急抢险设备，提高设备的使用率和抢险人员的操作技能，按照"闲时服务、战时抢险"的原则，队伍向各养护所提供应急抢险机械车辆、物资及技术人员的支援服务，协助养护所清挖水沟，平整路肩，清运垃圾淤泥和沥青铣刨料等养护工作，为养护基层单位排忧解难。所以，在目前情况下，一支应急抢险队伍有它存在的意义和价值，我们应该重视，并不断去优化它，努力朝着现代化、专业化、规范化方向去打造。

二、专业应急抢险队伍面临的问题

东莞市公路管理局应急抢险队伍已成立了6年，从一支新生队伍逐步成长为一支机制健全、装备精良、训练有素、纪律严明的队伍，但仍面临着一些问题：一是由于没有编制，队伍里的抢险人员基本上都是临时合同工，工资收入不高，与社会上同等工种人员的收入相差甚远，导致人员工作积极性不高，优秀技术人员容易流失。二是没有安排应急抢险专项资金，抢险设备、物资的购置和保养及人员聘用、培训等费用受到限制，导致某些工作难以落实到位。三是没有相应的公路应急抢险建队规模和物资配备标准可供参考，人员数量、机械设备和物资储备的种类、型号、规格、数量等均由单位视情况自行决定，给达到规范化目标增加了一定的难度。四是受机制和工作职责限制，抢险队伍在没有险情发生时，即使支援养护日常的工作，抢险人员也得不到充分的锻炼，机械车辆设备也得不到充分的使用，这支队伍的价值就得不到充分的发挥，在关键时刻能否靠得住、能否打得赢，缺乏坚实的力量去支撑。

三、优化队伍的一些建议

自然灾害事故频发，对我们的快速反应能力和专业抢险能力提出了更高要求，我们应重视并加强自身建设，现就如何优化队伍提出以下几点建议。

（一）做好人员思想工作

人是生产力的第一要素，员工队伍的稳定是单位健康稳定发展的前提。一方面，应结合社会行业发展趋势，合理提高员工的待遇福利，例如，合法合规提供住房、节日福利、加班补贴、餐补、身体检查、员工激励等。另一方面，关注员工的思想动态，给予人文关怀和思想引导,通过党员联系群众活动,做好沟通了解工作,帮助解决困难、化解矛盾、安抚情绪;通过建设文娱活动场地,丰富员工的精神文化生活,提高员工的凝聚力和积极性。人心稳则队伍安,队伍安才能工作实。

(二)加强开展人员培训

一是安全知识培训。从事抢险工作需要面对许多危险和困难,所以要强化员工的安全观念和对隐患排查、安全措施、操作规程等安全知识的掌握,确保安全开展抢险工作。二是专业知识培训。目前培训基本上都是通过内部开展,在培训地点、内容、方式上专业度是欠缺的,而社会上能提供应急抢险专业知识培训的地方是极少的,建议省市成立一个培训机构或是指定培训地点,定期组织大型业务培训,可以让我们通过内外结合的方式加强队伍的专业技能。三是急救知识培训。针对抢险现场可能出现人员受伤的情况,建议邀请专业人士进行医疗急救授课指导,包括外伤出血处理、触电急救、骨折处理、搬运伤员等,在意外出现时能将伤害降到最低。

(三)解决经费保障问题

目前,东莞市公路管理局应急抢险队伍的经费来源于小维修工程项目经费,不是专项专用,制约了队伍发展和装备、物资购置。因此,建议应急抢险队伍经费由省市分级配套出资,确保抢险队伍有必要的经费保障,使抢险工作顺利开展,队伍能发展壮大,以适应日益发展的客观需要。

(四)制定参考标准

由于各地经济发展状况和公路状况不同,自然灾害的地域差异,所承担的应急抢险任务也各具特色,且各地对公路抢险的重视程度不平衡,因此,目前各地公路应急抢险队伍建设和物资储备规模差异颇大,建议由省统筹制定公路应急抢险队伍建队标准和物资储备标准,为各地公路应急抢险队伍发展提供参考。

(五)调整体制机制

"纸上得来终觉浅,绝知此事要躬行",实践是最好的老师,日常工作的锻炼对于提高抢险能力来说犹如助推器。因此,建议建立道路养护和应急中心,以片区为基础,整合养护所、抢险队伍现有的机械车辆设备和人力资源,允许拥有养护单位资质,可与社会企业共同竞争承接工程,实行差额拨款,公路养护保洁包干和应急抢险费用由政府财政拨款,其他费用自筹。例如,东莞市公路管理局现有16个养护所,可以把临近的4个养护所合并建立成一个,共建立4个道路养护和应急中心,配置达到路面中修的机械设备。把现有到期的小维修工程收回,原有的养护所变为一个小组,平时负责原来路段的小面积维修,当有大面积维修、应急抢险或其他强度高的工作时,由中心统一规划组织施工,而管理单位只起宏观管理、监督、检查职能作用。实行这种模式从应急抢险角度来说有几个优点:

一是抢险人员的"活"多了，工作能力也自然上去了，抢险的机械车辆设备使用率也随着工作量的提升得到大幅提高。二是在4个片区都有抢险队伍，可以解决"机器设备因路程长调度耗时久"和"多发险情时顾此失彼"的问题。三是抢险人员的工资构成有所变化，根据单位经费自主程度和营利能力而浮动，属于"能者多劳，多劳多得"的薪酬模式，这在很大程度上能提高人员的工作积极性，也容易留住和吸引优秀人才。

平安农村路治理措施研究

(佛山市三水区公路局 胡忠录,阮润斌)

摘　要　农村路是乡村振兴战略的重要基础设施之一,平安农村路建设对保障乡村振兴战略生命线和打赢脱贫攻坚战、全面贯彻落实习近平新时代中国特色社会主义法治思想、推动基层社会治理法治化具有举足轻重的意义;本文分析了当前农村路平安治理过程中存在的问题和不足,并从如何建设好、管理好和养护好3个方面就平安农村路治理措施进行了研究。

关键词　平安农村路;治理措施;研究

实施乡村振兴战略,是党的十九大做出的重大决策部署,是决胜全面建成小康社会、全面建设社会主义现代化国家的重大历史任务,是新时代"三农"工作的总抓手。农村路是乡村振兴战略的重要基础设施之一,其平安运行治理对全面贯彻落实习近平新时代中国特色社会主义法治思想、推动基层社会治理法治化、保障乡村振兴战略生命线和打赢脱贫攻坚战,确保农村治理水平全面提升和村民获得感与幸福感全面增强具有重要的意义。

一、农村路平安治理存在问题分析

近年来,随着地方经济的快速发展和新农村建设步伐的加快,农村路路况得到了极大的改善,汽车、摩托车等交通运输车辆日益增多,车辆行驶速度越来越快,广大农民对农村路交通运输的满足度和农村路建设、管理、养护的平安治理不足之间的矛盾也逐渐凸显出来。据不完全统计,目前,农村路交通事故已占全国全部道路交通事故数量的半数以上,究其根本原因,农村路平安治理主要存在如下问题和不足。

(一)公路建设等级不适应当前平安治理要求

因受资金短缺、设计标准和农村地域的限制,国内早期建设的农村路、村村通水泥路等级不够、通行能力不足、抗灾能力弱,很多农村路为单车道,路面宽度不够4.5 m且未建设错车道,属于准四级或者等外公路范畴。随着农村经济的快速发展,农村交通运输工具日益增多,早期建成的农村路等级及其配套的交通安全设施已难以满足当前农村路平安治理的需求。

(二)农村路改扩难度大

因农村经济的快速发展和城乡一体化建设的推进、养护经费的不足和重建设轻养护的机制瓶颈,导致很多早期建成的农村路通车年限长、路面破损严重,很多农村路开始出现"畅返不畅"的现象,同时由于公路用地指标和征地拆迁工作的难度日益增大及基层政府财政建设资金不足等,农村路新改扩建难度比较大,给农村路平安治理带来较大的影响。

（三）农村路危旧桥梁隐患大

农村早期建设的公路桥梁，绝大多数为承载能力和技术标准比较低的曲拱类桥梁，其承载力已完全不能满足农村日益发展的重载交通运输的发展需求，加上农村路尤其是移交给镇、街道政府管养的乡、村道桥梁专业化养护管理不足的短板和桥梁加固维修资金不足的存在，桥梁病害日益扩散，农村路危旧桥梁越来越多，老旧的农村路桥梁存在较大安全隐患。

（四）农村路生命防护安全设施不够完善

农村路生命防护安全设施主要包括道路标志、标牌、示警桩、防撞护栏、警示灯、限速减速设施等，对保障行车安全、预防重特大道路交通事故、确保农村出行安全、提高农村群众交通出行幸福感和获得感具有重要的作用，是农村公路安全运行和平安治理的重要保障。但我国大多数农村路特别是偏远山区农村路急弯、陡坡、视距不良、临水临涯、路侧险要等危险路段普遍存在生命防护安全设施配套不齐全且设施维护、更新不到位，对农村人们的出行带来很大的安全隐患。

（五）乡村道公路养护管理不到位

按照农村公路养护管理体制改革的要求，目前我国的县道公路主要由属地县级公路交通部门负责养护管理，而乡村道公路主要有属地乡镇政府交通部门负责养护管理。对于县道的养护管理，县级公路交通部门设有专门的管理人员和专业的养护队伍，而对于乡村道公路的管养，乡镇政府农村公路管理部门没有专门的养护队伍和养护人员对乡村道公路进行养护，仅按照视情维修的机制对公路进行养护且维修审批流程长导致公路病害处置严重滞后，乡镇政府缺乏与农村公路发展配套的养护资金和专业力量，且很多村道基本处于失养状态，仅靠农村村民进行自助养护；农村公路桥梁工程师培训存在很大程度的不足，导致农村公路安全运行十项制度落实不到位；农村公路路况指标日益下降。

（六）农村路交通安全管理难度比较大

农村路交通安全管理点多线长面广，农村人民的道路交通安全意识相对比较淡薄，无证驾驶、酒后驾车、驾驶技能差、车辆状况不佳，加上现有交通管理人员编制的短缺，直接导致农村公路交通安全事故频发，安全管理难度比较大。

（七）农村公路路域环境整治难度大

农村路沿线占道经营、违章建筑、违章招牌广告等现象仍时有发生，部分建筑材料、煤场等货物集散地、建筑工地的源头洒漏与扬尘污染及超重超载车辆破坏等给农村路管养工作带来较大的压力，农村路路域环境联合整治机制有待完善。

（八）群众爱路护路意识不强

由于农村路平安治理和路产路权宣传力度不足，爱路护路乡规民约仅在起步阶段，目前，农村路沿线大部分农民群众的道路交通法规、安全常识、法治意识和自觉爱路护路意识相当淡薄，对农村路平安治理亦带来一定程度的影响。

二、农村路平安治理措施研究

（一）严格要求，高标准建设好农村路

1. 加大投入，全面加强农村路新改建工程建设

建设好农村路是最好的养护和管理，是农村路平安治理的首要环节。农村路建设必须全面落实安防设施、公交设施、排水设施"三同时"建设，全面开展农村公路"畅返不畅"、窄路面拓宽改造和危旧桥梁加固维修和改造建设，严格把关设计、预算与审核、施工图批复、施工招投标、监理和交竣工验收及结算的全过程管理，强化农村路建设质量控制、进度控制、成本控制、信息管理、合同管理、安全管理与组织协调，严格执行基本建设程序，确保工程建设顺利和交（竣）工验收合格，从源头上消除安全隐患。

2. 积极开展农村路安全隐患排查工作与农村路安防工程建设工作

公路交通、公安管理部门要引入专家排查与诊断机制，强化对农村路临水、临崖、陡坡、急弯、村庄、学校等的隐患排查和整治工作，按照《公路安全生命防护工程实施技术指南》要求，全面完善农村公路尤其是早期建成的农村路的安防设施，确保农村路生命防护工程建设到位有成效，确保群众出行安全。

3. 积极开展自然村道路硬底化建设

为打通自然村安全出行最后一公里，各级部门应当在行政村道路硬底化建设的基础上进一步落实农村路交通扶贫、精准帮扶工作力度，加强出入村庄、农业园区的道路、村面道路、农村巷道的新农村道路硬底化建设工作，全面消除自然村居民出行安全隐患，提升农村出行平安治理保障水平。

（二）强化监督，精细化管理好农村路

1. 全面落实农村路养护管理主体责任

各级政府需按农村路养护管理体制改革和机构改革的要求，结合实际，确保机构完善、职责明确，全面贯彻落实农村路管理主体责任，并将农村路管理工作纳入政府年度绩效考核工作目标。

2. 强化交通综合执法与路政路域整治

严格按照依法治路的总要求，加强农村公路法制和执法机构能力建设，大力推广交通部门综合执法、公路部门及农村协助执法的工作方式，严格规范路政许可和交通行政综合执法行为，不断提高许可和执法水平；强化路域综合整治和环境治理，充分利用工作微信群、QQ群等互联网新媒体等多种手段及时加强属地交通、城管、环保和村委干部的信息沟通，强化对农村路及路口洒漏、违法标牌设置、污染农村路及占道摆卖等违法现象的路域综合整治，全力提升农村路畅通、安全、舒适、美好水平，有效提升农村路促进地方经济发展的安

全文明服务和平安治理水平。

3. 加强农村路路政管理

各级路政管理部门要按职责全面落实农村路路政许可和巡查职能，依法管理和保护农村路，严格路政审批许可并强化许可事项的事中监督和事后验收管理，保障公路安全畅通；全面加强农村路路政宣传，紧紧围绕"爱护公路，服务出行"这一主题，充分利用公路LED显示屏、墙报、公路小册子等方式开展形式多样的爱路护路宣传，使群众了解农村路、关心农村路，并积极探索建立爱路护路乡规民约和村规民约，充分发挥属地村委干部、群众、镇街公路监管员、交通劝导员的汇报机制，加强对农村公路路产保护、违法现象上报与处置管理，全面建立起县级公路部门路政员、镇街农村公路管理部门监管员、行政村村委干部护路员协同进行路产路权保护的队伍机制，提高群众爱路护路的意识，更好地营造农村爱护护路保平安的浓厚氛围。

4. 强化对镇街农村路监督管理与技术指导

针对镇街农村路管理部门专业技术人员欠缺的短板，县区级公路交通管理部门应强化对乡镇农村公路管理部门的技术培训、技术指导和监督管理，积极引进和培养农村公路专业技术人才，不断完善镇街农村路管理短板，促进镇街农村路况与管理专业化水平的提升。

5. 健全公路桥涵工作制度、完善桥梁养护工程师团队建设

目前，因受体制和财政的限制，镇街农村路桥梁安全工程师制度不到位，桥梁养护工程师岗位培养不足。农村路行业主管部门要强化监管单位和各级养护单位的桥梁养护工程师岗位培训工作，积极推动桥梁台账资料、工作制度、工作计划的科学性、规范性建设进程，进一步建立健全桥梁养护工程师管理制度，积极加强桥涵养护与管理，按计划开展农村桥梁检测与加固维修工作，重点加强危险旧桥梁的改造与安全监管，确保公路桥涵安全运营。

6. 强化农村路法制宣传

农村路属地政府要通过宣传册、警示片、宣传车等多种形式，进一步强化对基层农村的道路交通安全、平安交通、平安村庄等平安治理宣传，全面贯彻落实习近平新时代中国特色社会主义法治思想，全面提升农村交通参与者的法治意识，不断深入夯实农村法治基础，推动农村基层社会治理法治化进程。

7. 推动农村公路路长制全覆盖

目前，佛山主要道路已实施了由辖区交通民警和道路管养单位主要负责人担任路长的双路长制度，但农村路尚未完全覆盖。建议将路长制延伸至农村路全覆盖，并结合农村路路政员、监管员和护路员综合协管机制，进一步有效实施农村路平安治理措施的动静协调、联动与合力，有利于及时发现并有效协调解决因道路安全设施设置、交通信号灯故障、路面病害快速处置与应急抢险等突出的热点难点问题带来的社会治理问题。

8. 落实农村路平安治理 PDCA 可持续循环上升研判机制

农村路平安治理需要建立健全基于P（平安治理计划）、D（平安治理措施实施）、C（平安治理效果研判）、A（平安治理计划措施调整）的可持续循环上升研判机制（图1），全

面强化农村路平安治理动态化管理,及时分析、总结、研判农村路平安治理工作成效和不足,确保不断提升农村路平安治理水平。

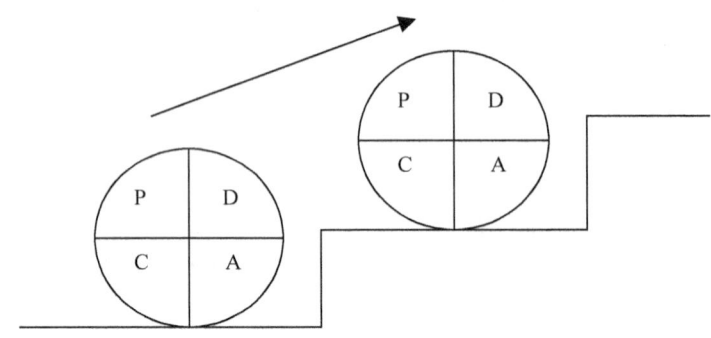

图1 基于PDCA可持续循环上升的平安治理工作机制

(三)养护好农村路,确保农村路安全畅通

1. 养护经费纳入财政预算

目前,随着农村村村通水泥路和自然村道路硬底化建设的顺利铺开,早期建成的农村路已进入了养护大中修的高峰期,农村路日常养护与大中修改造的常态化发展必不可少,农村路养护费用到位则是确保农村路养护责任落到实处的重要前提。农村公路要建立健全"县为主体、行业指导、部门协作、社会参与"的养护工作新机制,全面落实属地政府主体责任,充分发挥村委会和广大群众的筹资筹劳积极性,将农村路养护经费全部纳入财政预算,并根据农村路发展状况进行同步增长,以确保农村路有路必养、养必到位,不断满足点多、线长、面广和日益严峻的农村路平安治理需求。

2. 区、镇联动做好农村路日常养护基础工作

农村路管养部门积极加强区、镇联动与互助,结合各时期实际工作重心,坚持有路必养,做好路面的预防性养护、路基的修复、桥梁保洁、伸缩缝清理及边沟排水清淤等工作,不断推进公路养护管理精细化、信息化建设进程,努力提升养护技术水平,制订符合季节性实施的养护计划和突发事故应急预案,夯实养护管理的基础;各基层养护所(作业班组)结合实际情况组织开展日常养护工作,汛期来临前加大排水设施清理维护力度,妥善处理汛期排水设施及涵洞淤塞;强化水泥路面破损和沥青路面坑槽、车辙、沉陷、波浪拥包、龟裂、裂缝等病害的及时性与有效性修复;加强公路预防性养护工作,及时进行沥青路面裂缝与水泥混凝土接缝的清理与灌缝作业;合理做好农村路(路面、绿化、标志标牌、安保设施)的清扫、降尘;加大沿线设施维护力度,对破损残缺的交通指示标志及时进行更换、维修与完善,做到交通标志齐全、清晰、规范,确保农村公路安全运行机制落实到位。

3. 健全桥涵工作制度,做好桥涵检查和养护工作

农村路桥涵是养护工作中的重点,需按照《交通运输部关于进一步加强公路桥梁养护管理的若干意见》的桥梁管理要求,全面贯彻落实桥梁安全运行十项制度,加强基层一线桥梁

养护工程师制度落实，做好桥涵日常检查及养护工作，努力消除安全隐患，保持桥面干净、泄水孔通畅，涵洞没淤塞；做好桥梁定期检查工作，特别是对"三特桥梁"（特大、特殊结构和特别重要桥梁）、危旧桥梁要定期检查效率与深度，适时开展特殊性检查，并积极探索桥梁健康监测系统和通航桥梁防撞系统的建立，用专业化的检测设备为桥梁针对性加固维修提供专业的检测依据，以保证桥梁持续安全使用。

三、结语

农村路是保障农民群众生产生活的基本条件，是农业和农村发展的先导性、基础性设施，是社会主义新农村建设的重要支撑，农村路平安治理是农村脱贫致富和全面提升幸福感和获得感的重要保障。农村路平安治理必须紧扣习近平总书记"四好农村路"中建设好、管理好、养护好和运营好的新时代要求，深入贯彻习近平总书记新时代中国特色社会主义法治思想，积极探索农村路平安治理制度化、规范化、精细化、科学化和法治化机制，为推动"四个走在全国前列"和"法治三水"基层综合治理贡献力量。

参考文献

[1] 中共中央国务院关于实施乡村振兴战略的意见 [J]. 农村经营管理，2018（5）.

[2] 张辉. 浅谈农村公路建设及管养 [J]. 低碳世界，2018（1）.

[3] 肖利勇. 西部地区农村公路交通安全状况分析与改善对策研究：以咸阳地区为例 [D]. 西安：长安大学，2013.

[4] 关于印发连云港市推进"四好农村路"建设实施方案的通知 [Z]. 连云港市人民政府公报，2016（10）.

[5] 蒋正超. 农村公路管理和养护工作的思考和探索 [J]. 建材与装饰，2018（5）.

[6] 胡忠录，阮润斌，陆永新，等. 建设三水的"四好农村路" [J]. 中国公路，2018（9）.

接转PPP建设道路养护权的对策与思考

(惠州市龙门公路管理局　叶延恒)

摘　要　"PPP"（Public-Private-Partnerships）模式即政府和社会资本合作。本文结合惠州市龙门公路管理局实际，浅谈接转"PPP"建设道路养护权过程中要面对的问题及针对问题的思考、对策。

关键词　PPP；养护权；存在问题；对策；思路

PPP是英文Public-Private-Partnerships的简写，中文直译为"公私合伙制"，指政府以市场运作、平等协商、风险分担、互利共赢为指导原则，以平等主体的身份，通过缔结相应的法律协议，与社会资本建立起法律意义上的真正的合作伙伴关系，来提供公共产品或服务的一种方式（这里"政府"是一个抽象的概念，泛指相关公共部门）。政府以订立合同的方式，充分利用社会资本方的钱、技术、人才和管理经验来提升公共服务供给的质量和效益，不光解决了钱的问题，也解决了长远机制的问题。

PPP模式的道路建设过程中，惠州市龙门公路管理局（以下简称"龙门局"）扮演的角色从"道路建设者"和"养护工"转变为"合作者"与"监管者"。社会资本在完成道路建设后一定时间内接手养护权，承担起道路养护工作，这是政府给予社会资本方回报的主要途径，是维持合作关系正常运转的基本要求。参考龙门县现有3个国省道PPP项目（均处于前期准备阶段），道路建成后8~10年的养护权将交给社会资本方，在养护权转接过程中，龙门局可能面临职能转变、经费核减、人员转岗分流等问题，下面对PPP模式进行分析，梳理问题的来龙去脉，探索解决问题的思路。

一、PPP模式下接转建设道路养护权的意义所在

（一）加快职能转变，推动公路体制改革

养护权接转给社会资本，将龙门局扮演的角色从道路的"养护工"转变为"合作者""标准制定者""监管者"，职能从道路养护转变为在上级主管部门及县政府指导下，配合制定养护工作相关标准及行使监督权和路产管理权。这个转变有利于道路养护管理体制机制"事权清晰、权责匹配、运行高效"，确保公共交通服务有序高效运营，符合公路体制改革的要求。

值得注意的是：第一，龙门局不再直接提供道路养护相关服务，社会资本方收到县政府支付的经费后，有权自主选择由自身提供道路养护服务或者向第三方购买道路养护服务。第二，上述表述中存在3个主体，即县政府、龙门局和社会资本方。一方面，县政府和龙门局与社会资本方签订法律协议，通过PPP模式共同进行道路项目建设，双方是平等主体间的合作关系；另一方面，县政府和龙门局一同对社会资本方行使监督权，又扮演"监管者"角色。第三，在一定条件下，龙门局可以以"独立第三方"的身份参与第三方竞选，提供养护

服务给社会资本方，社会资本方付费购买服务。若龙门局被选中，充当第三方提供养护服务给社会资本方时，龙门局与社会资本方间又将达成另一个合作关系。

（二）有效化解地方财政压力，确保民生改善步伐

道路建设项目为非经营性项目（公益性项目），缺乏使用者付费基础，传统模式下道路建设往往采取政府直接投资或者以委托单位建设并承担逐年回购责任等举借政府性债务的方式来进行，地方财政压力大，项目建设流程长，拖慢民生工程改善的步伐。PPP模式下，由社会资本提供钱、人、技术和管理经验，负责项目设计、建设和运维工作。政府则将道路建成后一定时间的运营权和养护权交于社会资本方，以付费购买服务的方式让社会资本方逐步回收投资成本，这减轻了地方财政压力，也保障了从设计、施工到投入使用这个过程的顺畅。接转养护权，向社会资本购买服务也成为政府给予社会资本回报的主要途径，是道路建设项目的关键所在。

（三）发挥市场的决定性作用

道路养护工作任务重，对人员和技术配备的要求高，需求养护经费多，龙门局处于改革特殊期，编制逐步回收，人员和技术配备萎缩，在养护工作上面临的困境日渐严峻。在这种情况下，将建设道路的养护权接转给社会资本方，让这项服务面向社会资本，面向市场，县政府在进行项目招投标时，即可选择更"质优价廉"的社会资本方，来达到既降低成本、减少养护经费的支出，又能充分利用社会资本方提供的钱、人、设备、技术和管理经验提升道路养护服务供给的质量和效益，给公众提供更专业、更高效的公共服务及更舒适的出行体验，这也是中共十八届三中全会提出的"使市场在资源配置中起决定性作用"的充分体现。

二、接转建设道路养护权面临的问题

接转建设道路养护权，将打破龙门局现有养护体制的总体设计，由龙门局负责全部养护工作转变为龙门局和社会资本方各自负责相应区域道路养护工作。在这个过程中，一方面龙门局自身经费、人员、基层养护站（组）布局等方面发生变更，产生一系列问题；另一方面，在处理和社会资本方的关系上也面临一些困难，下面从这两个方面简述。

（一）龙门局内部转变问题

1. 经费核减问题

负责管养路段的减少，导致公路养护经费核减，而养护经费以养人为主、养路为辅，在人员情况未发生改变的条件下，核减后经费将无法满足养人的需求，容易造成职工队伍内部不稳定。

2. 人员转岗分流问题

原先负责管养的路段交予社会资本方进行养护运维，原有该路段养护人员面临转岗分流

的问题，或转岗从事其他方面工作，或分流到其他管养路段。如何落实好这部分职工的转岗分流，处理好他们的思想工作成为一大难题。

3. 调整基层养护站（组）布局问题

直接管养路段的减少，接转养护权的建设道路里程数、位置分布的不确定性，可能导致现有养护路线、分区被切割或覆盖，现有养护站（组）的布置失去意义，这意味着现有养护分区、养护站（组）布点要随实际建设项目的情况不断进行优化和调整布局。

（二）与社会资本方的沟通监管难问题

1. 存在多重关系

在 PPP 模式中，龙门局与社会资本方之间，既是平等合作关系，又存在监管和被监管的关系。若龙门局在县政府的协调下，向社会资本方提供养护服务，则又达成另一个合作关系，且甲乙方位置互换。在存在多重关系的情况下，龙门局要在与社会资本方的沟通协调中找准定位、妥善处理好各个关系，有一定难度。

2. 存在两个系统

建设道路项目的养护权接转后，在龙门局范围内，便存在由龙门局管养路段和由社会资本方养护运维路段。一项工作，通过两个系统分别进行，客观上增加了各项工作的复杂性。

3. 监管力度弱问题

龙门局管养路段由龙门局下属单位养护中心负责养护工作，两者间是主管与被主管的关系，指令上传下达较快，约束力度较大。而龙门局与社会资本间是平等的合作伙伴关系，双方依照缔结的法律协议的内容履行自身义务，遇到问题需要通过平等协商的方式解决，监管约束的力度偏弱。

三、思考与对策

为了适应 PPP 这一项目建设新模式，平稳地渡过道路养护权接转特殊期，并最终提供给公众更好的公共交通服务，龙门局要结合实际情况，面对并妥善处理养护权接转过程中自身存在的各方面问题，同时立足当下、做足"功课"，才能在未来项目中充分发挥 PPP 模式的优势，在与社会资本的合作过程中吸收经验，推动养护服务整体面向市场，加快公路体制改革的进程。对此，下面浅谈几点思考。

（一）多方协调，寻求问题最优解

报上级主管部门、县政府及相关部门协调以下内容。

第一，考虑是否能以其他方式向社会资本进行付费，保留龙门局未来道路养护权。如此可行，问题便得到缓解，能得到更充足的时间更平稳地应对改革与转变。

第二，若养护权的接转成为必然，考虑能否在上级主管部门及县政府的协调下，与社会资本方进行协商，由龙门局充当第三方，提供道路养护服务，以此解决经费问题和人员问题。

第三，若养护权的接转成为必然，要同时做好两个方面的工作。一是要积极与政府、相关部门协调经费核减问题，争取缓冲期，缓冲期内经费不缩减，或是争取通过其他款项保障有充足的经费用于养人养路。二是要积极协调人员转岗分流问题，保障每一个职工的合法权益。

（二）职工层面

1. 要明了自身优势与不足

龙门局一贯负责县域国省道的建设和养护工作，在道路养护方面有几十年的丰富经验，对管养道路的历史变更和实际情况清楚明晰，对相关养护标准了解透彻。同时，龙门局有成熟稳定的一线养护队伍和专业的养护设备，多年实践证明，能够提供较好的养护服务。但是，龙门局处于改革的特殊时期，下属养护中心事业编制逐步回收，有出无进，有减无增，人员和技术配备逐渐萎缩，在养护工作上也面临着日渐严峻的困窘局势。

2. 要做好职工思想工作

通过大会宣讲、专家辅导、座谈交流和技能培训等方式，一方面引导干部职工关注国家公路体制改革的最新动向、政策和工作部署，学透政策、文件精神，让职工领会到国家公路体制改革的核心要义就是"公路养护领域"走向企业化、市场化。另一方面，增强职工"四个意识"：增强政治意识，始终坚持正确的政治方向；增强大局意识，敢于维护大局利益、做好本职工作；增强核心意识，自觉维护党的形象，不得人云亦云、妄议中央、妄议改革；增强看齐意识，在思想上、政治上、行动上同党中央保持高度一致。

3. 要提高业务能力，增强核心竞争力

一是定期邀请专业技术人员，开展技能培训及相关生产知识讲座，进行专题辅导，补齐理论知识短板，切实提高养护工作业务能力。二是与相关企业、公司组织开展交流学习。在技术、管理经验和组织结构上进行深入交流，同时，参考双方运营模式，探讨市场化竞争下双方竞争力所在，之后改善提高。在现有形势无法改变的情况下，提高养护队伍业务能力，增强其核心竞争力，使优势更加突出，避免出现被市场淘汰的情况，也为未来养护体制改革、人员身份转变做准备。

（三）领导层面

1. 在思想上，做好从"主管者"到"合作者""监管者"的观念转变

一方面，从传统的"红头文件"到合同，订立合同的两个主体间地位平等，以合同内容约定相应权利和义务，更多地以平等协商的方式来解决问题。另一方面，龙门局又承担着"监管者"的职责，在上级主管部门和县政府的指导下，结合公路养护工程管理办法、城镇道路养护技术规范等文件，制定养护工作标准，对社会资本方养护工作是否做到位、是否符合安全生产规范等方面进行监管，同时也应建立长期有效的绩效考核制度和激励制度，对道路可用性等项目进行考核，确保养护工作高效有序，对表现优异的社会资本给予一定激励，激发其工作积极性。只有在观念上先转变过来，才能更好地适应PPP道路建设新模式，学习新方法，

做好新工作。

2. 在行动上，要有担当敢作为，充分发挥主观能动性

针对经费人员问题，多方统筹、合理安排，提供一定缓冲期，同时做好上传下达工作，避免出现"水土不服"或信息获取不畅而引发矛盾，维持职工队伍稳定；针对基层养护站（组）的重新布局问题，要做到科学规划，听取上级主管部门、专家学者和一线养护工人的指导和意见，结合县、龙门局实际情况统筹考虑，科学规划，合理定点，制定方案，并最终报上级主管部门及县政府审批；针对新模式新关系新挑战，要坚持学习，在实际工作中不断调整适应，不能因循守旧、墨守成规，抱着"一招鲜吃遍天"的心态势必不能处理好错综复杂的新形势。作为单位"掌舵者"，要切实肩负起领导职责，增强大局意识，把握好方向，遇到问题积极主动，全面考虑，多方协调，统筹规划，以达到科学发展，平稳过渡的目标。

浅议公路文化建设在行业文明创建中的作用

(中山市公路局　林樱桦)

摘　要　随着社会主义市场经济的快速发展和公路事业的突飞猛进，文化对公路事业的影响越来越大。在新的形势下，大力加强公路文化建设，激发员工的工作热情和创造力，就显得尤为重要。本文主要从公路文化建设的意义、推动公路文化建设的举措、公路文化建设成效、存在的问题等方面进行研究，并提出关于新形势下公路文化建设的新途径。

关键词　公路；文化；建设

一、做好公路文化建设在行业文明创建中的作用和意义

(一) 公路文化建设的意义

公路文化是深深植根于公路，淬炼于公路，并在长期不断实践过程中逐步积淀形成的，是行业员工共同愿景、行业精神和行业核心价值理念的集中体现，是实现行业科学发展、和谐发展的灵魂，是行业软实力的体现，也是推动公路事业持续、快速、健康发展的强大动力和不竭源泉。

(二) 创建文明行业作用

创建文明行业是推进精神文明建设、转变工作作风、提高工作效率、构建和谐社会的内在需要，是群众性精神文明创建活动的重要组成部分；是规范行业行为，提高服务质量，促进文明建设协调发展的有效载体。

(三) 公路文化建设与公路行业文明建设辩证统一

公路文化建设是行业文明建设的基础和前提，公路文化建设推进行业文明深入开展，行业文明创建助力文化建设的开展，公路文化建设与行业文明建设互为推动，相互促进，是辩证统一的整体。

(四) 公路文化建设和行业文明创建的意义

1. 有效提升员工敬业爱路意识

公路员工的思想价值取向从过去封闭到全方位的情感宣泄和熏陶教化的内外部环境，使员工在浓郁的文化氛围中得到身心的愉悦和心灵的陶冶，从而协调员工行为，增强员工队伍的敬业爱路意识，进而保证公路行业的健康发展。

2. 有效强化单位精神文明建设

公路文化是以人的管理为核心，以关心人、尊重人为出发点，以上下左右的相互影响渗

透为基础，通过纵和横两条渠道，全员、全方位、全面地展开工作，从而规范公路员工的行为，激发公路员工的主人翁责任感和集体主义荣誉感，促进行业文明建设。

3. 有效促进单位全面发展

开展公路文化建设，使员工在潜移默化的文化熏陶中，在自我探索发展的过程中，端正思想，摆正位置，认识自身价值，发挥聪明才智，更好地确立努力的方向，从而增强员工队伍的整体素质和战斗力，促进公路部门的全面发展。

二、推动公路文化建设的举措

（一）精心培育"工匠"精神文化

习近平总书记在全国精神文明建设工作表彰中指出："我们要继续锲而不舍、一以贯之抓好社会主义精神文明建设，为全国各族人民不断前进提供坚强的思想保证、强大的精神力量、丰润的道德滋养。""工匠"精神曾孕育了公路行业一批批被社会认可、赞誉的先进人物和先进事迹，他们在本职工作中发挥了榜样引领作用，树立了典型，如五一劳动奖章获得者赵崇显、全国劳动模范莫雪丽、中山市"身边的好员工"李广有等。在榜样作用下，"以文育人，以人育人"，使员工在各自的工作中学有榜样，赶有目标，很好地发挥了模范带头作用，为精神文明建设起到了很好的促进作用。在精神文明建设实践过程中，中山市公路局把弘扬"工匠"精神贯穿于始终，在工作中发现典型，树立典型。弘扬正气，用群众身边的先进人物、先进事迹来教育群众，中山市公路局发现、锻炼、造就一批敬业爱岗、无私奉献的岗位排头兵，并在全行业推广和学习。以先进为楷模在公路行业中蔚然成风。

（二）精心培育制度文化

中山市公路局把公路文化创建同行业社会形象紧密结合，推进制度创新，近年来不断完善补充了《中山公路养护管理制度》《中山公路路政管理工作制度》《中山公路合同工管理制度》《中山公路桥梁养护管理工作制度》《中山市公路局绩效管理办法（试行）》等办法和制度，以制度治路、以制度强路，以制度强管理，大胆进行制度创新，不断完善和规范内部管理制度体系，将各项制度转化为员工自觉遵循的行为准则，塑造公路良好形象。

（三）精心培育公路价值文化

中山市公路局以建养"人民满意的公路"和"路兴我荣，路坏我耻，甘当铺路石"为核心价值理念的行业核心价值观。采取集中培训与经常性教育相结合的形式，根据不同时期任务要求，针对不同对象，根据不同层次，分层次制订学习计划，提出相应重点和要求，着力提高公路干部员工整体素质。中山市公路局先后开展廉政教育活动、开展了深入学习"三严三实"专题教育、"两学一做"学习教育和"不忘初心，牢记使命"主题教育等活动。通过一系列活动，内抓管理，外塑形象，练内功强素质，不断增强全局广大干部员工树立中山公路面貌的责任感、紧迫感和使命感。

（四）精心培育公路特色文化

①以推进学习型党组织建设为核心，紧紧围绕公路行业共同愿景，教育引导广大职工树立先进学习理念，激发学习热情和动力，使学习真正成为广大干部员工的自觉行为。在全体员工中广泛开展了读一本好书、写一篇读后感活动，以学促发展，以学促提高。以创建文明单位为内在动力，组织全局员工先后撰写论文、读后心得体会，并将员工优秀学习心得、拟撰论文、征文等收集、编撰成《中山公路文萃》。

②以活动丰富员工文化生活。中山市公路局坚持公路文化服务群众的导向，紧紧围绕中心工作，开展了一系列主题鲜明、具有影响的文艺活动，以丰富多彩的活动，构建精神文明建设新格局。每年定期举行职工文艺汇演、书法、摄影展。每年开展4个季度摄影沙龙比赛，举办职工摄影培训班，邀请《中山日报》摄影部高级记者来教授新闻摄影及会议摄影课程，提高员工的摄影水平，组织管乐乐器训练学习，并聘请老师到各养护所组织乐器培训。拟定了文学社文学沙龙和神湾竹排村建立创作基地的两个创新项目，提供文学爱好者创作的平台。除此之外，还开展了书法培训、羽毛球培训、篮球培训、足球培训、乒乓球培训等，组织文艺青年观看残疾人文艺晚会等系列活动，不仅活跃了群众业余文化生活，而且提升了中山市公路局的影响力，为公路软环境建设营造了浓厚氛围。

③积极探索，建立示范单位。选择了中山市公路工程建设中心作为中山公路文化建设示范单位，为推动公路文化建设工作，中山市公路局文联经常开展检查和指导，促进基层单位公路文化建设的规范有序进行。各基层单位彼此虚心学习公路文化建设的成功经验，紧密结合本单位的实际情况，培育和发展公路文化、执法文化、品牌文化、廉政文化等公路特色文化，构建具有自身特色的公路文化体系。

④加强文艺队伍建设，助力行业文明发展。一是创建活动基地。为适应新形势新要求，中山市公路局为开展创作活动搭建采风实践平台，组织引导文艺工作者深入基层开展体验生活、采风创作、文艺培训等活动，了解基层群众的文化需求，掌握、发掘、提炼素材，精心磨砺作品，用鲜活生动、多姿多彩的文艺形式记录群众的生活实践，通过活动促进文艺队伍实践能力和创作能力。目前，开展各种形式的采风创作活动每年达到2～3次。二是打造展示平台。对《中山公路》内刊进行了全新改版，增加了"书法欣赏""公路文苑"等栏目，成为展示宣传本单位文化、文学新作，挖掘和培育文学艺术人才的重要平台，极大地提高了中山公路的凝聚力和影响力。三是建立健全文艺人才培养机制。为改善人才队伍结构，提升人才队伍档次，从优化文艺人才队伍年龄、知识结构入手，通过召开重点工作研讨会、在各养护所举办职工作品展，鼓励摄影爱好者创造出更多有温度、有力度的作品；鼓励各协会邀请名家讲课辅导，提升创作水平，以创作带动队伍；鼓励各协会吸收文艺特长人才加入，鼓励各协会与中山市其他文联单位加强艺术交流、学术研究，逐步探索出一条有利于文艺人才成长的工作机制。重点办好文艺创作座谈会、文艺骨干培训班，不断促进员工提高素质、增长才干。通过表彰奖励、调研座谈、展览展演、采风交流、结对帮扶等，

为文艺爱好者提供热心服务，发掘优秀的文艺爱好者等，积极组织一批优秀文艺爱好者向有关媒体做宣传推介。

三、公路文化建设取得的成效

（一）文艺志愿服务在文艺工作中的引领力进一步提升

文艺志愿者深入生活、扎根人民常态性文艺志愿服务的有效渠道和长效机制初步建立，建立文艺志愿者服务、节目储备及文艺志愿者通报、表彰等制度，组织文艺志愿者多次参加文艺志愿服务。2017年，中山市公路局局长刘文勇、副局长杜圣友获中山市文联颁发"中山优秀志愿者"奖。

（二）"文艺轻骑兵"形式的文艺志愿服务成为新常态

公路局文艺志愿者艺术团与局属4个养护所和工程建设中心的"文艺轻骑兵"志愿小分队上下联动，"聚是一团火、散是满天星"的文艺志愿新态势基本形成，中山公路文艺志愿服务品牌效应凸显，持续开展音乐沙龙、文化下基层、"百福百联进基层"活动等文艺志愿服务活动，形成文艺志愿服务新常态。

（三）中山公路文艺精品创作硕果累累

一是组织摄影协会会员参加省市比赛，中山市公路局员工参加由中山市直属机关工委、中山市总工会联合主办的"建功新时代 共筑中国梦"书画、摄影比赛，中山市公路局硕果累累，荣获优秀组织奖，共5名员工7幅摄影作品获奖，其中1幅作品获二等奖、2幅作品获三等奖、4幅作品获优秀奖，摄影类获奖总数位居获奖单位前列。二是对外出版了《公路里的中山》口述史，让一代代中山公路人讲述他们平凡而朴实的事迹，用口述形式记录中山公路人的历史，具有极高的艺术价值。三是举办职工书画比赛和摄影展，中山市公路局每年举办职工摄影展、摄影沙龙季度比赛、出版摄影《心系交通 情洒公路》《公路发展三十周年》职工摄影集。丰富职工精神文化生活，激发了员工的自信心和自豪感。中山市公路局联合中山市文联、中山城建集团举办"同是中山建设者"书画摄影展，由中山市委宣传部、中山市精神文明建设办公室、中山市总工会指导，精选出原创摄影作品60件、书画作品20件。书画摄影展览成功举办，既是对党的十九大精神的积极实践，也是对机关文化与企业文化的同台检阅，使中山市公路局文艺水平在对外交流中不断提升，受到社会各界一致好评。

（四）以公路文化创建为抓手，推进了行业文明建设

近年来，中山市公路局以党的十九大精神为指导，把公路文化创建作为行业发展、人心凝聚的强大动力，以创建学习型组织为载体，以强化行业管理为重点，大力培育公路精神文化、制度文化、物质文化和特色文化。抓文化创建促管养提高，抓文化创建助行业发展，行业文明建设取得丰硕成果。据不完全统计，2011—2018年，中山市公路局先后多次获得市级以

上表彰奖励,其中包括全国交通运输行业文明单位、全国公路交通系统模范职工小家、广东省青年文明号等。个人获得的市级以上先进和奖励包括"全国五一劳动奖章""全国公路交通系统金桥奖""广东省交通系统工会工作突出贡献奖""广东省先进工作者"等。已创建起"全国五一巾帼标兵岗"、"全国模范职工之家"、"全国交通建设系统工人先锋号"、中山市"党员示范岗"和市"示范青年文明号"等文明品牌,也涌现出中山市劳动模范、广东省劳动模范、"中国好人"、"全国交通技术能手"等先进典型。

四、公路文化建设发展存在的主要问题

随着公路建设的突飞猛进,拉动了经济跨越式发展,在公路事业取得不错成绩的过程中,忽视文化建设,欠缺创新精神和落后的现代文化管理体制等问题仍不同程度地影响着公路事业的发展,这些问题存在的误区和薄弱环节比较多,主要表现在以下几方面。

(一)公路文化建设形式单一

当前,一些基层公路部门难以把财力和精力放在文化建设上,陷于管理的种种繁杂事务之中,且相比压力重大的管养事务,公路文化建设活动较难以有效开展。甚至不少单位的公路文化建设在相当程度上流于形式,所开展的文化建设工程或活动没有与整个行业活动及单位的整体融为一体,这些行为都使公路文化建设流于形式,变成口头化,甚至有名无实。一些公路人员在意识上仅停留在口头上或文件上,甚至认为张贴一些标语、口号,建个图书室、文化室,买些书刊和体育用品就是搞公路文化建设,但事实上这些只会使公路文化建设表面化、简单化,员工参与热情不够。

(二)公路文化建设中忽视文化内涵

有些基层单位公路文化建设中一味追求"政绩工程",忽视公路文化内涵的培育与塑造,造成了文化品位缺失。许多基层单位还停留于一般的宣传、呼吁,但实际上对公路文化建设的基本内涵、主要任务、工作方法等缺少有深度的研究。一些基层单位在组织实施公路文化建设的过程中,与本行业、本单位的特点、历史和现状脱节,操作形式上一味地模仿,没有深入挖掘文化内涵,缺乏个性和自身行业特色。

(三)缺乏在社会上叫得响的"精品力作"

中山市公路局文艺创作还存在着精品力作少、大师大家少、组织化程度低等诸多问题。具体说来,就是缺乏足够数量的文艺精品,缺乏具有强大精神力量的优秀力作。

五、关于公路文化建设的对策建议

公路文化建设是一项长期的系统工程,要推进公路事业又好又快地持续发展,只有把公

路文化与实际工作紧密结合起来，相互渗透，才能有效地带动公路事业不断向新的方向和目标迈进。为此，我们必须做好以下几点。

（一）强化责任、齐抓共管

公路文化建设是一项长期和系统化的工程，要抓好公路文化建设必须持之以恒，常抓不懈。一是把公路文化创建工作列为"一把手"工程。形成党组负总责，分管领导负责抓、工作人员具体抓，层层抓责任、层层抓落实，各单位、各科室齐抓共管、干部员工全员参与的良好局面。二是加强公路文化检查考核。把公路文化创建工作列入重要日程，与行业目标管理同任务、同下达、同检查、同考核。多管齐下，推动行业公路文化建设迈上一个新台阶。

（二）创新文化活动形式，充实公路文化内涵

建立富有行业特色的公路文化还要紧跟时代，开拓创新，以高度的政治敏锐性，把工作重心放在加快公路事业发展上，放在弘扬先进文化上。必须做到内容与形式的有机统一。如果只讲内容，不注意形式的生动活泼和丰富多彩，就无法激发广大职工的参与热情和兴趣，公路文化建设就不可能取得成效。随着员工素质的提高，他们的文化需求正在向高层次发展，这就要求开展一些生动活泼、丰富多彩的具有技术性和思想性的文化活动，陶冶职工情操，提高精神境界，满足多层次的需求。

（三）优化文艺志愿服务队伍结构

广泛吸纳各类文艺人才参加志愿服务，建设一支涵盖各专业艺术、各年龄层次的文艺志愿服务队伍，进一步完善创新各协会的会员发展和管理制度，积极吸纳年轻会员加入协会，在创作扶持、教育培训、展演展示、文艺评奖等方面一视同仁，多为他们创造条件、提供方便。运用互联网思维，创建微信网络平台，重点在结对帮扶、教育培训、宣传推荐、交流采风等方面给予倾斜，完善中山市公路局文联各协会的工作架构。加强对其他文联单位的联系和指导服务工作，充分发挥公路文化建设在行业文明创建中的积极作用。

历史最终沉淀在于文化的传承，公路事业的发展进步，最终也体现在公路文化的发展进步上。中山市公路局将进一步加强公路文化创建工作的探索和相互学习借鉴，与时俱进，开拓进取，让公路文化建设在行业文明创建的伟大实践中绽放出更加耀眼的光芒。

2019年广东公路政研论文集

三等奖

公路行业职教工作创新性探析

(佛山市三水区公路局 胡忠录,宁辉)

摘要 公路行业职教工作建设既是涉及和谐公路、平安公路的工作,也是关乎系统内部稳定和外部广大公路交通参与者民生幸福的工作。加强公路行业职教工作建设是公路养护管理的基础管理工作,是新形势下面对日益错综复杂的公路养护发展环境而贯彻落实"创新、协调、绿色、开放、共享"发展新理念的重要体现。本文基于全过程管理的创新性职教工作模型、基于工作目标导向的PDCA可持续循环职教模型、基于问题导向的职教工作模型和基于线上线下教育方式等几个方面,就如何创新公路行业职教工作进行了分析研究。

关键词 职教工作;全过程;目标导向;问题导向

一、前言

随着公路科技进步的飞速发展、知识时代日新月异、公路行业机构体制改革和机关行政效能建设与考核工作的不断深入,交通运输参与人对公路系统的"安全、舒适、畅通"服务需求与行政效能建设提出了越来越高的要求。

公路职工是公路养护管理工作的主体,是公路社会效益与经济效益的创造者。改革既是挑战也是机遇,公路职工队伍的综合素质提升是公路行业积聚内功、稳定前行、积极迎接改革挑战而立于不败之地的重要保障。面对新形势下公路养护管理工作可持续发展的新挑战与新机遇,如何未雨绸缪,创新公路职教工作模式,提高公路职工教育工作建设水平,全面打造一支思想政治过硬、专业技能精细和综合管理优良的公路职工队伍是摆在广大公路职工教育工作者面前的一个重要课题。

二、公路行业职教工作创新性研究

养好公路、保障畅通是我们公路人的职责,公路行业点多、线长、面广,公路行业职教工作建设既是涉及和谐公路、平安公路的工作,也是关乎系统内部稳定和外部广大公路交通参与者民生幸福的工作。加强公路行业职教工作建设是公路养护管理的基础管理工作,是新形势下面对日益错综复杂的公路养护发展环境而贯彻落实"创新、协调、绿色、开放、共享"发展新理念的重要体现,是公路行业维护内部稳定发展、提高对外服务水平与机关效能水平、维护公路畅通、提高社会大众满意度的重要手段,有利于促进公路"建管养"全面协调可持续与健康发展。

面对改革带来的机遇和挑战,面对日益突显的各种内外部矛盾与意见诉求,要认真分析研究新形势下职教工作创新措施建设,进一步提升公路行业依法治路、依法行政的政策水平、应变能力与服务水平,及时化解和消除各类矛盾;做好新时期的公路行业职教工作,必须进一步创新职教工作方法和机制,全面提高职教工作的有效性和针对性,不断开创公路发展新局面。

(一)基于全过程管理的创新性职教工作模型研究

创新公路行业职教工作,需要建立事前未雨绸缪与精心计划、事中强化执行落实与监督管理、事后效果分析与考核的全过程管理模型。基于全过程管理的创新性职教工作模型如图 1 所示。

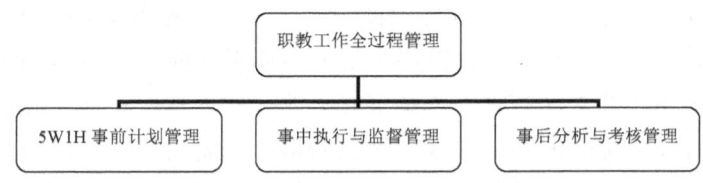

图 1 基于全过程管理的职教工作模型

1. 5W1H 事前计划管理

公路行业职教工作事前计划管理指的是在教育工作实施前的计划与调研工作。职教工作计划需要结合公路行业实际工作与近、中、远期发展目标,从职教工作计划的原因(why)、教育内容(what)、地点安排(where)、时间安排(when)、人员(who)和工作方法(how)的 5W1H 等 6 个方面深入开展公路行业职教工作调研工作,加强计划的需求分析,细化职教工作计划和总体安排,全面提高职工参加职教培训的计划性,以确保职教工作计划的实用性、合理性、针对性和系统性。

2. 事中执行与监督的动态管理

公路行业职教工作实施过程中需要强化对职教工作计划执行的贯彻与落实,通过对职教实施过程的行为约束与监督控制,对影响职教工作进度与教学质量的不利因素进行全面的动态控制,落实执行与监督岗位责任,建立以计划进度控制、职教工作质量、工作反馈、关键工作控制点和应急处置等特殊过程控制为重点的事中跟踪检查并及时优化调整实施计划确保职教成效的动态管理模式。

3. 事后分析与考核管理

职教工作实施完毕需要结合实际按照"不唯书,不唯上,只唯实"的原则进行评价分析与考核,克服形式主义,按照事先调研制订的考核计划强化职教成效考核,以考核评估促进职工教育工作,建立健全公路行业人才综合考核机制,并在绩效考核中提升职教考核的范围和分值,使考核结果与职称职级晋升和工资待遇相联系,全面提高职工参加职教培训的积极性、主动性与自觉性,提高职教工作效果。

(二)基于工作目标导向的 PDCA 可持续循环职教工作模型研究

公路行业人才结构集管理和生产应用于一体,对职工的综合素质要求相对比较高,且职工对个人职业发展目标也有着较高的规划和期望。培养目标就是职教工作开展的一个导向牌，职教工作的开展应当建立基于工作目标导向的职教建设PDCA可持续循环模型。基于目标导向的公路行业职教工作模型应坚持以对公路行业集体岗位工作绩效目标和职工个人职业发展目标的培养为导向，综合考虑思想政治教育、公路养护、路政管理、大中修工程建设、人员培训管理、安全生产、综治与平安创建等各个方面，细化培养目标与岗位工作目标的实施操作可行性与目标考核的可度量性，做好职教工作目标的顶层设计，在达到集体岗位工作绩效目标的同时，同步谋划职工个人职业的发展目标，提高各层次人才尤其是管理层高学历和基层高技能人才的工作热情，保持公路行业金字塔人才结构的稳定发展，通过每次职教计划（P）的确立到职教过程执行的落实（D）到职教效果检查（C）再到职教工作的误差分析与调整（A）形成一个个PDCA改进循环不断前进，以达到公路行业的职教工作目标的可持续循环职教工作模式，紧紧围绕公路"建养管"和地方经济社会发展大局，以营造和谐稳定的公路交通内外部环境，开创和谐、平安公路工作的新局面，认真落实职教工作目标层级责任与全员责任制，加强统筹领导与目标管理，不断提升公路行业职教工作建设水平。

基于工作目标导向的PDCA可持续循环职教工作模型如图2所示。

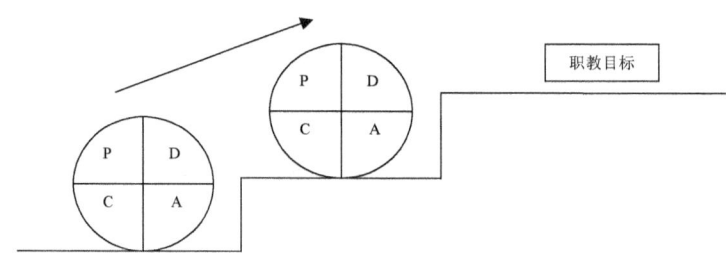

图2　基于工作目标导向的PDCA可持续循环职教工作模型

（三）基于问题导向的职教工作模型研究

公路行业点多、线长、面广，精细化职教工作管理难度比较大。在公路行业职教实施过程中，在基于工作目标导向的PDCA可持续循环模型的职教效果检查（C）和误差分析与调整（A）两个环节，会逐步暴露、分析和挖掘出各种各样影响职教目标顺利实现的问题和不足，为有效推动PDCA可持续循环不断改进前行，职教工作应坚持以PDCA可持续循环中发掘的问题和不足为导向，根据问题所体现的信息反馈，全面梳理完善职教工作建设中的管理漏洞，细化协调沟通，落实责任，不断消除减少职教工作问题和不足，积极督促推进各项工作的整改落实和PDCA优化加速进程，全面提升公路行业职教服务的时效性与实效性，以快速形成下一个优化的PDCA可持续循环继续推进职教工作的前行，周而复始的持续问题改进，最终快速实现我们的职教工作目标，这就是公路行业基于问题导向的职教工作模型。

基于问题导向的职教工作模型如图3所示。

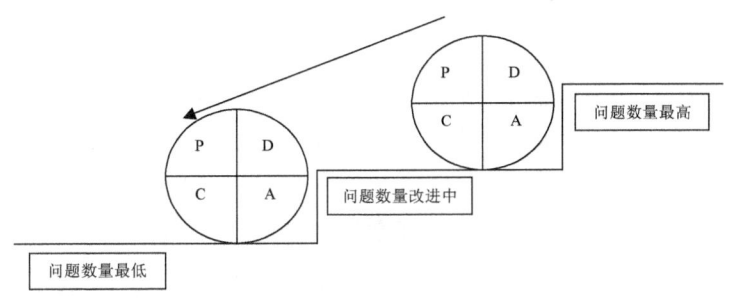

图3 基于问题导向的职教工作模型

（四）基于线上线下教育方式的职教工作研究

创建学习型公路行业需要结合工作实际为公路职工员工构建科学实用的线上线下互通的职教工作平台，也就是"互联网+职教"平台。

公路行业职教工作线下平台指的是传统意义上的教学平台建设，就是目前职教工作广泛采取的面对面交流、培训、教育的方式加强职教工作建设。线下平台建设需要加大职教资金力度，不断完善省级、市级职教中心教学设备的硬件设施建设和师资力量软件建设水平。

公路行业职教工作线上平台就是当前的互联网信息技术教育新模式。职教工作建设要以"坚持以人为本、解决工学矛盾"为出发点，完善网络设施建设，充分发挥微信、QQ、APP等新媒体平台和网站等互联网信息技术的便利性，积极开拓创新开放课堂、网络教育、微培训、微竞赛的线上教育方式，弥补线上平台的信息迟滞性不足，全面提高职教工作信息传递的快捷性，建设优秀的公路行业职教资源，强化终身学习理念，营造和谐团队学习环境，牢固树立起"科学技术是第一生产力"的观念，实施科教兴路、人才强路战略，不断增强职工适应竞争环境的能力。

三、结语

加强公路行业职工教育工作建设，创平安和谐公路，需要广东公路人积极贯彻落实习近平总书记对广东工作做出的"四个坚持、三个支撑、两个走在前列"重要批示精神，在公路建设、养护与管理工作中全面坚持加强职工教育，强化平安公路建设，正确处理深化体制改革、发展与稳定关系，以职教建设保稳定促提高，以稳定促创新图发展，为建设平安与可持续发展的广东公路做出积极的贡献；只有创新公路行业全过程、目标导向、问题导向和线上线下教育方式的职教工作建设，积极营造稳定的内外部发展环境，才可以一心一意求公路发展，才可以在深化公路体制改革的浪潮中寻找务实、求真的和谐、科学发展方向，才可以积聚内力让公路行业与公路职工成为立于改革与发展不败之地的弄潮儿。

参考文献

[1] 贺鹏程. 河南公路行业职工教育培训机制研究 [D]. 西安：长安大学，2011.

[2] 李晓鹏. 互联网思维下思想政治教育工作创新探析 [J]. 科教导刊，2016（3）：62-63.

[3] 贾宝成. 铁路职工职业教育培训研究 [D]. 呼和浩特：内蒙古师范大学，2013.

[4] 白澍. 新媒体时代下研究生思想政治教育工作的创新性探析 [J]. 陕西教育（高教），2012（8）：70-71.

[5] 王芳. 创建学习型企业的有效途径 [J]. 当代经理人，2006（9）：53.

浅析如何有效破解党建与业务工作"两张皮"问题的研究

(广州市公路勘察设计院 徐珍明)

摘　要　党建工作应围绕中心、服务大局,与业务工作相辅相成,而在现实工作中,尤其是企业化管理的事业单位与国有企业,因为自身的业务工作与党建工作内容不同,导致两者相脱离的"两张皮"问题仍旧存在。本文结合广州市公路勘察设计院的实际情况,浅析如何有效破解党建与业务工作"两张皮"的问题。

关键词　党建;业务;"两张皮"

一、研究背景

党的十八大以来,党中央高度重视党建工作,强调全面从严治党,提出要"把抓好党建作为最大的政绩",习近平总书记在党的群众路线教育实践活动总结大会上指出:"各级党委要把从严治党责任承担好、落实好,坚持党建工作和中心工作一起谋划、一起部署、一起考核,把每条战线、每个领域、每个环节的党建工作抓具体、抓深入,坚决防止'一手硬、一手软'。"

然而在很长的一段时间,很多基层单位特别是企业化管理的事业单位的党建工作和业务工作是分离的,往往这类单位都忙于业务工作。党建工作虽然形式上浩荡、场面上都讲,但很多还是停留在文字汇报、开会总结和相关资料上。设计院对外是"一套人马两块牌子"的模式,以广州市交通设计研究院有限公司的资质参与市场竞争的是经营服务类事业单位,设计公司是国有企业。国有企业是中国特色社会主义的重要物质基础和政治基础,具有天然的经济属性和鲜明的政治属性。经济属性指的是国有企业作为市场竞争的主体,公司治理结构必须依法维护全体职员工的权益,保证国有资产保值增值,做强做优做大国有资本,防止国有资产流失,实现企业经营效益的最大化;政治属性指的是国有企业作为中国特色社会主义的重要物质基础和政治基础,必须以广大党员干部职工为主体,国有企业党组织必须保证党的路线方针政策在企业贯彻执行,保证党和国家的决策部署在企业贯彻落实,不断提升党组织的政治功能和组织力,不断提升党员干部职工的政治素质和政治能力,确保党对国有企业的领导。

二、困扰设计院的"两张皮"问题

导致党建工作与业务工作"两张皮"现象的原因有很多,但是归纳起来无非是以下3点。

（一）党建工作与业务工作内容不同

党建工作主要是做人的工作，业务工作主要是做事或物的工作，对象的差异容易导致"两张皮"现象。设计院主要从事交通勘察设计方面的工作，与党建不尽相同，这也是很多同类单位的共通点，对业务完成的紧急程度与党建工作的完成态度自然有差异，一方面是硬指标；另一方面是相对可以延迟的任务，直接导致了"两张皮"现象产生。

（二）党建工作与业务工作特点不一样

设计院的勘察设计业务，一抓紧就能干出成效，能交出图纸完成任务，但是相对而言党建工作就只能在对上级的考核检查中才能体现出效果，且工作周期长，短时间内很难看到党员或是单位党建力量的提升。

（三）党建工作与业务工作考评体系不同

这也是众多系统存在的普遍性问题，党建归党建、业务归业务，虽然严格要求党员领导干部落实"一岗双责"，但是如何体现党建和业务两手硬的考评制度并不完备，两者还是存在分离的现象。

三、结合设计院实际分析"两张皮"问题的原因

结合设计院的实际工作，造成出现党建和业务工作"两张皮"现象的主要原因有以下3点。

（一）在思想认识上不尽到位

党员干部将业务工作繁忙作为借口，对党建工作的积极性与对业务工作的热情不相协调，使得党建工作处于"说起来重要，做起来次要"的境地。个别党员干部思想仍停留在贯彻落实党中央部署就是"学习一下文章，传达一下文件精神"的层次，在抓党建工作中也容易产生错误导向，为抓而抓，偏离了本单位的实际，也没有把为广大职员工谋幸福作为基本出发点，所以才导致党建与业务工作的脱节。

（二）在具体落实上仍有偏差

设计院已经将"两学一做"学习教育常态化，同时各党支部的"三会一课"制度也已日常化进行，但流于形式的情况并未根除，又或是只注重台账记录，重留痕不重实际的现象时有出现，直接导致党建工作对业务工作的推动作用不明显。

（三）在考核机制上不够完善

设计院面向上级单位的党建考核属于硬任务、硬指标，但是设计院内部并未形成有效的考核检查制度，设计院党总支缺乏对各党支部工作的督查，党员干部对党建业务两手抓的硬任务、硬指标的重视程度也不够，在党建上投入的时间和精力与投入业务工作不对等，难免

存在"一手硬、一手软"的现象。

四、有效破解设计院党建与业务工作"两张皮"现象的措施

（一）明确设计院党建工作的本质要求是凝心聚力，统一党员干部员工的思想认识，切实提高思想政治站位

要教育引导广大党员干部员工清醒认识国有企业的本质属性，深刻理解和科学把握"国有"与"企业"的辩证关系和内在统一。"国有"就是党和人民的企业，全体人民是国有企业的出资人，广大干部员工是企业的主人；"企业"要走市场化发展道路，就必须通过精准考核、强化激励、强化约束，解决"好干与不干一个样，干多干少一个样，干好干坏一个样"的问题，努力做强做优做大国有资本。要让设计院的党员干部员工清醒地认识到，作为国有企业设计院从事的既是党的事业，也是为人民谋福利、为群众谋幸福的事业，不管市场化程度有多高多成熟，都不能忘记国有身份，切实找准政治方向，提高政治站位，保证党的建设事业与企业业务发展同时进行、齐头并进。

在此基础上，引导全体职员工和院领导班子一起，形成合力，围绕设计院的中心任务、共同目标而努力。同时，还必须紧紧围绕树牢家院情怀这一核心工作，加强党性教育使广大党员干部员工强化身份认同，增进自身荣誉感和归属感，切实增强爱国爱企、爱岗敬业、履职尽责、敬业奉献的意识。

（二）明确设计院党建工作的核心价值，在于建强领导班子和干部人才队伍，关键是选好人、用好人，从组织上确保设计院的执行力

设计院党建工作的核心是统一思想、带好队伍，完成好广州市交通局党组和广州市道路养护中心党委交办的任务，为设计院职员工谋幸福。因此，需要设计院在顶层设计上再加强，严格落实"一岗双责"。一是强化设计院中层干部的责任意识，履行好党建和业务的双重职责，使党建职责与日常业务互为促进、相得益彰，提高干部"两手抓"的综合能力。在之后的选人用人中，应把品质道德作为干部培养选拔的首要考虑因素，在提高干部业务能力的同时，多鼓励多组织参与政治及综合素质培训，提高其统筹党建与业务工作的综合水平，并通过"三会一课"等途径及时与其他党员干部进行交流，扩大提高的成果辐射影响。二是加强树立和号召学习先进典型的力度，结合设计院主业是路桥设计工作的实际，树立党性修养好、品德高尚、专业技术过硬、任劳任怨、乐于奉献的先进典型，加大宣传力度，形成设计院全体职员工赶学比超先进典型的良好氛围，在党性修养和业务能力上互相促进，优势互补。三是进一步优化设计院党组织设置，设计院的党员分布在各个部门，支部也设置在设计业务的第一线，但在党小组的设置上仍有提升空间。要强化党小组成员对勘察设计业务的牵头作用，使得党小组成员在实际工作的模范带头作用更为明显。另外，要紧密围绕重要时间节点和通

过推进重大业务落实抓党建的思路，党员干部在工作部署上要更加注重党建与业务的融合，从实际出发，强化结合业务工作安排党建内容，将党建工作与业务工作有机统一。

（三）明确设计院党建工作的基本方法是要实现制度管理，强化制度自信

进一步完善相关制度，继续建立健全落实党建责任的工作机制和责任体系，完善好设计院领导班子成员的党建任务分工及权力清单等内容，明确设计院班子成员责任，切实履行"一岗双责"，履行好党建和行政的双重职责，发挥好"头雁"作用。同时建立健全内部考核机制，争取将党建工作优化为考评指标纳入到中层干部的述职考核中，充分发挥指标的引导作用，促进党建工作与业务工作的紧密结合。充分发挥纪检监察工作小组的执纪问责作用，深刻运用监督执纪的4种形态，督促党员干部狠抓党建落实，严格制度执行，进一步提升对党员的教育监管，从而提高设计院党员干部整体的党性锻炼，有效破解重业务轻党建的错误思想。

五、结语

党建工作和生产经营工作是国有企业发展的重中之重，两者相辅相成，缺一不可。设计院要在深刻领会落实党中央的重要决策部署和新时代中国特色社会主义理论中，紧紧围绕企业的改革发展，以党建工作融入生产经营，助力企业发展为抓手，使党建工作的"软实力"成为设计院发展的"硬支撑"，以更高要求、更严标准助力广州市交通事业的发展。

参考文献

[1] 曾艳琴.破解机关党建"两张皮"的对策研究[J].中共桂林市委党校学报，2017（2）：9-13.

[2] 廖明辉.找准机关党建工作和业务工作结合点切实解决"两张皮"问题[J].重庆行政（公共论坛），2018（1）：80-82.

[3] 祝灵君.防止党建工作与业务工作"两张皮"[J].当代贵州，2017（9）：62.

[4] 刘洁.国有企业党政"两张皮"现象分析及对策之浅析[J].轻工科技，2018（4）：122-123.

浅谈新时代下基层党务工作者的"初心"和"使命"

(广东省路桥规划研究中心 连 昆)

摘 要 目前,全党从上至下正在开展"不忘初心、牢记使命"的主题教育活动。此次主题教育活动,是在新的历史时期加强党的全面建设的一项重要工作,通过主题教育,能够全面锤炼广大党员干部,特别是党务工作者的政治品格,提升履职能力,确保我们党更好地带领人民群众为实现中华民族伟大复兴的中国梦而努力奋斗。而作为新时代的基层党务工作者,我们应该如何"守初心,担使命",如何更好地、接地气地做好基层党建工作呢?事实上,开展好思想政治工作是基层党建工作的一项重要职责,也是根本性工作。本文从基层党建与思想政治工作结合的重要性出发,结合工作实际,从理想信念、政治学习、创新方法、服务宗旨等方面找准工作突破口和着力点,切实提高思想政治工作水平。

关键词 不忘初心;牢记使命;党务工作者;党建工作

不忘初心,方得始终。中国共产党人的初心和使命,就是为中国人民谋幸福,为中华民族谋复兴。唯有不忘初心,才能在艰难困苦的岁月砥砺前行;唯有不忘初心,才能在错综复杂的形势下奋勇向前;唯有不忘初心,才能在历史滚滚的车轮中保持清醒。党的十九大明确指出,中国特色社会主义已进入新时代,我国社会主要矛盾已经转化为人民日益增长的美好生活需要和不平衡不充分的发展之间的矛盾。中国的变化翻天覆地,日新月异。但无论时代形势如何发展变化,从始至终,党的初心永远都是人民。全面建成小康社会,是中国共产党对人民的庄严承诺,是人类历史上的伟大壮举。

行百里者半九十。中华民族的伟大复兴绝不是轻轻松松就能实现的。全党必须准备付出更为艰巨、更为艰苦的努力。特别是在新时代下,基层党务工作者们的"赶考"从未结束。不忘初心,以史为镜,以史为鉴,敢于刮骨疗毒,时刻铭记内心使命,才能守住初心,为党和人民交上满意的答卷。

一、新时代所赋予基层党务工作者的时代意义

党的十八大以来,习近平总书记高度重视基层党的建设,就基层党的建设做出了一系列重要论述和指示,系统阐述了基层党的建设的地位和作用、总体要求、职责定位、总体布局、基本遵循、重点工作和工作力量等重大问题,为加强和改进新形势下基层党的建设提供了根本遵循,指明了前进方向。习近平总书记指出:"机关党的建设是党的建设新的伟大工程的重要组成部分。加强和改进机关党的建设,关系党的执政地位的巩固,关系党和国家的前途命运,这是保持和发展党的先进性、提高党的执政能力的必然要求,是巩固党的执政地位和

完成党的执政使命的必然要求。"作为一名党务工作者,我深刻认识到,深入学习贯彻习近平总书记关于党的建设的重要论述,了解新时代赋予基层党务工作者的任务和使命,对于做好党建工作,充分发挥党建在党和国家事业发展中的重大作用,具有重要意义。

二、新时代下基层党务工作者的"初心"

(一)基层党务工作者要有务实真干之心

基层党务工作者应该有务实的工作作风和强烈的责任感。要踏踏实实做事,自觉摈弃空谈、虚伪、懒惰、懈怠等不正之风,在工作上不讲空话、套话、假话,努力养成埋头苦干、严谨细致、求真务实的工作作风。要实实在在做人,培养正直、善良、大度、勤劳的品格;要把自己从事党务工作看成是组织对自己的一种信任、一种荣幸和一种锻炼,时刻做到"慎独、慎微、慎始、慎终"。脚踏实地,扎实工作,切实履行好职责,将基层党建工作做好做实。

(二)基层党务工作者要有勇于创新之心

在日常工作中要敢于创新,勇于探索发现适合党务工作的新方法。当前我国发展正处在机遇与挑战并存的攻坚期,党务工作也需要不断地改革创新,以适应发展所需。而改革创新的激烈之争则要求党务工作者要秉承"匠人精神",深谙"守""破""离"之道。要能在艰苦繁杂的工作中守住耐性,善于从工作中总结经验教训,探索发掘新方法;要能在工作迷茫困顿中勇于寻找突破口,敢于创新,探索发现新思路;要敢于摈弃旧思想、老办法,同"照抄照搬""生搬硬套"说不。要坚持解放思想,实事求是,与时俱进,不断创新,善于研究新情况,解决新问题。

(三)基层党务工作者要有真情服务之心

在工作中要增强大局意识,牢固树立党务工作要为党的工作大局服务的思想意识。真情服务,就要有"功成不必在我"的奉献精神;真情服务,就要有"我将无我,不负人民"的担当精神;真情服务,更要有"全心全意为人民服务"的宗旨意识。当前党务工作任务繁重,责任重大。很多基层党务者面对如此重担和压力,刚刚建立的"初心"便开始动摇,究其根本是缺乏真情服务之心,缺乏奉献和担当精神。做好党务工作绝非易事,依靠的是集体,需要的是时间,更需要每个党务工作者的真情服务之心。党务事业的"功成"不是属于哪一个人的,但是却需要每一个人的真情付出。要有"功成"虽不必在我手中,但其中却有我的执着、有我的奋斗、有我的心血汗水这样的境界和担当。

三、新时代下基层党务工作者做好干部职工思想政治工作的新策略

(一)精准定位,完善思想政治工作

在社会多元化发展的背景下,党务工作者应该认清干部职工思想政治工作中会面临的问

题，结合单位发展状况，做好党务工作的设计与计划。一是党务工作者应该认清社会的发展方向，将党组织工作的设计作为重点，通过对整体工作的分析，进行政治保障制度的完善，引导干部职工在工作中认清思想政治工作的相关内容，逐渐提高干部职工的工作能力，发挥党务工作的引领和监督职能。二是党务工作者需要结合思想政治工作的内容，进行干部职工思想政治工作的划分，通过交叉管理、重任分担等，进行党政工作与实际工作的配合，积极促进业务、党务工作的"双"发展。三是遵循基层党建、党务管理机制。在干部职工思想政治工作构建中，基层党务工作者应该充分发挥政治核心作用，通过人才管理制度的科学构建，明确干部职工的激励制度，加强干部及专业技术人员的培养，特别是要坚持德才兼备、以德为先的思想政治理念，完善党务工作的相关内容，实现干部职工思想政治工作的精准定位，推动基层党务工作的稳定发展。

（二）明确职能，强化干部职工的履职能力

在基层党建工作的开展中，党务工作者应该认清干部职工思想政治工作的重要性，结合干部职工的基本需求，进行党建工作的创新，通常状况下，在干部职工思想政治工作中，应该明确干部职工的基本职能。一是加强干部职工的政治意识，注重言传身教的工作模式。党务工作者在思想政治工作开展中，需要提高自身的专业素养，强调自身的思想政治能力。党务工作者通过言传身教，可以引导干部职工提高对思想政治内容的认识，并在工作中严于律己、强化思想政治意识，树立正确的价值观念，避免错误思想的出现，充分展现党务工作中干部职工思想政治工作的目的性。二是完善知识结构，突出学习研究。在对干部职工进行思想政治工作中，应该加强党务工作理论的研究及创新，逐渐提高党务工作者的理论水平，满足思想政治工作的基本需求。随之要逐渐扩大党务工作者的知识面，推动基层思想政治教育工作的务实发展。三是在干部职工思想政治工作中，党务工作者应该明确工作中的重点，通过理论与实际的融合进行工作的创新。

四、新时代下基层党务工作者要学会运用正确的方法路径，实现基层党务工作与生产经营的融合

在全国国有企业党的建设工作会议上，习近平总书记提出坚持服务生产经营不偏离，以改革发展成果检验党组织的工作和战斗力，探索实现基层党务工作与生产经营融合的正确方法与路径。

（一）抓理论学习，将党的政策融入生产经营决策中

思想理论是指导实践的重要法宝，思想不通则行动不畅，从根本上解决好党员及干部员工的思想问题，才能把员工队伍的共识汇聚起来，形成推动生产经营的强大合力。一是要切实运用好"三会一课"制度，切实保证党员学习教育的密度和适当的强度，防止党的理论和时事政策停留在书面、保存在纸上，要真正推动理论学习入脑入心，融于生活和工作；二是

要加强对理论学习的效果检验，注重学习方法创新，把政治理论学习同业务学习结合起来，把理论储备作为实际业务开展的支撑和问题解决的"武器库"。三是加强党员身份意识和理想信念教育，以强烈的使命感推动党务工作与公司生产经营的深度融合，把学习贯彻党的十九大精神与做好当前各项工作有机结合，真正把学到的理论，悟透的政策运用于基层"三重一大"事项决策中，运用到日常生产经营管理过程中。

（二）抓支部建设，将基层党务工作融入生产经营核心中

做好基层党建要坚定贯彻新时代组织路线，要切实把"党旗树在工作上，党徽闪在岗位上"的党建理念贯彻好执行好，确保基层党的组织建设不形成真空，不留下死角。一是要搭好党员学习教育的平台，铸牢支部建设的阵地，以特色党建活动为载体，加强统筹规划设计，拿出接地气、有效果和参与度高的活动方案，着力打造符合各自发展实际的品牌；切实利用好党内外谈心谈话制度，进一步打通党群联系的渠道，既有利于党群工作的开展，也有利于充分吸纳员工队伍中蕴含的智慧和力量，凝聚共识，进一步扫清生产经营过程中的藩篱和障碍。二是用动态发展的眼光看问题，顺应行业发展趋势，创新党务工作方式，积极探索和运用新的党建载体平台和组织方式。随着"互联网＋党建"的发展，党务活动的线上化转型，也是适应信息化建设和管理流程电子化的必然趋势，线上党建已开始广泛铺开，有利于业务分散型教育和管理党员，线上党建的方式方法能有效克服空间及地域限制，解决党建资源分配不均，而且线上学习教育资源多样，方式方法紧跟潮流，尤其符合当下年轻受众的喜好，创新的党务工作方式能显著克服传统的方式，进一步为基层党建增添活力。

（三）抓队伍建设，将人才选拔融入生产经营管理工作中

坚持"党管人才"原则，牢固树立价值创造导向，在最广泛的范围内发现和选拔工匠型人才，注重从出成绩、出业绩、出成果的地方选拔人才，真正把基层经历丰富、工作业绩显著的人才选拔出来，真正把"想干事、能干事、会干事、干成事、不出事"的人才调剂到关键岗位上来，打造一支政治素质高、工作作风正、业务能力强的党员干部队伍；加强党内外干部交流，进一步提高各级干部从事党务工作的技能，全面提升各级党员干部的党建意识和服务职工群众的本领，切实抓好党务与生产经营相融合的"关键少数"，通过党内职务和行政职务的交叉任职，确保各级管理者将党务工作同生产经营工作同步谋划、同步推进，为党组织的工作提供坚实的支撑。切实加大培养吸收有知识、有能力的青年后备入党的力度，努力营造尊重知识、尊重人才的环境，把党的人才政策和单位的人才政策扎实执行到位。

五、结语

党员和基层党务工作人员是党基本形象的具体体现，党的最新政策方针需要通过基层党务工作进行贯彻和落实。总之，党务工作人员需要对党绝对忠诚，积极响应党的号召，遵循党的纲领，为人民服务，不断推动党的发展进步。在新形势下进行基层党务工作要用多元化

的方式，合理安排党建工作，对党员工作进行合理的调整，促使基层工作人员能够发挥自身最大的作用。并且还要提高党务工作人员的整体素质，为基层党务工作的开展提供扎实的基础。

从我们面对党旗、举起右手、庄严宣誓的那一刻起，个人的命运就已经和党的命运紧密相连，身上肩负着的，不仅是光荣，更是使命。长风破浪会有时，直挂云帆济沧海。作为新时代下的党务工作者，新的征程就在我们脚下，只有不忘为民初心，牢记政治使命，就一定能使我们的事业走得更远更好！

思想政治工作在公路系统基层养护队伍建设中的作用

（阳江市阳东区公路局　陈大联）

摘　要　当前，公路养护行业正面临着重大的改革，如何加强职工政治思想工作侧在目前显得尤为重要，因为政治思想工作直接影响到公路的养护工作及其改革的顺利程度。本文结合工作实际，对政治思想工作在公路基层养护队伍建设中的作用浅谈一些看法。

关键词　政治思想工作；公路养护；作用

随着社会的需求和发展，我国公路的发展不管是在数量上还是在质量上都得到很大的提高。为了让公路更好地发挥作用，我们必须加强公路系统基层养护队伍的建设，以保证养好公路，更好地服务社会。要做好公路养护工作，不光要求公路基层养护队伍是一支数量充足、工艺技术精湛、工作能力强的队伍，更要求公路基层养护队伍必须是一支具有高度思想政治觉悟，能跟上时代发展步伐，适应社会的发展需要的队伍。具有高度思想政治觉悟的队伍，是离不开思想政治工作的，因为思想政治工作是一种以人为本，强化人们思想的行为。毛泽东同志早年论断"政治工作是一切经济工作的生命线"，邓小平同志也反复强调加强党的思想工作的重要性，强调"两手抓，两手都要硬"。通过思想政治工作，可以让每位干部职工更加了解公路的社会性质、功能和作用及自己的职责，统一所有干部职工的思想，激发他们的工作积极性和热情，从而做好各项工作。因此，思想政治工作在公路基层养护队伍建设中是十分必要的。

一、思想政治工作的重要作用

（一）思想政治工作对规范管理起促进作用

公路基层养护队伍的主要职责是养好公路，保障畅通。要想做好此项工作，没有公路基层养护工人的实际行动是不可能变为现实的。而每个工人的追求又不一定与单位的追求相一致。要将单位与工人的追求融合为一体，使广大职工的思想认识高度统一于公路的养护事业中，必须有一个规范化的管理，更不能缺少各种规章制度。要想大家都遵守这些规章制度，必须依靠思想政治工作，从道理上让职工对工作加以理解，才可能使职工自觉自愿地统一思想，将个人追求转向于个人与单位的共同理想中去，尽量减少不良现象的出现，杜绝矛盾的发生，做到遵纪守法、政令畅通、各负其责，从而在工作实践中发挥出巨大的智慧和能力，全力投入到公路的养护事业中去。

（二）思想政治工作对发展方向起保障作用

公路基层养护人员总体思想政治觉悟不高，理论水平低，辨别能力差，生活在这个改革开放的年代，容易受不良社会风气腐蚀，以致对个人和单位的发展产生影响。就个人而言，如果不做好政治思想工作，其人生观、价值观就会发生偏差，从而产生一些如"上一天班撞一天钟"，"有权不用，过期作废"和追求享乐的腐朽思想，甚至为了个人的利益，不惜损害国家和集体的利益甚至走上违法犯罪道路。对单位而言，做好思想政治工作，就能合力做好每一项工作，少走弯路，少出现矛盾，能更快更好地朝着正确的方向前进。今天，公路养护业正面临着重大的改革，可能会损害小部分人的利益，但要坚信改革的本质肯定会对国家、社会和大多数人是有益的，我们必须无条件支持改革。只有做好思想政治工作，使大家明白改革的意义和好处，就能获得大家的支持，使改革顺利进行，避免各种矛盾的出现。

（三）思想政治工作对公路的养护事业起推动动力

公路养护业还没有全面进入市场，手里还捧着"铁饭碗"，不像企业那样竞争激烈，也无法追求更高的利润和报酬。这种"饿不死，胀不坏"状况，容易造成工人责任心不强，干劲不足的局面。但公路养护业却肩负着重任，因为公路是改革开放的先锋，要为经济、国防等提供一个优良的交通环境，关系到百姓的生活。要做好公路的养护工作，首要注重思想政治工作，因为思想政治工作是人们前行的标杆，是向着共同目标前进的思想内驱动力。思想政治工作不落实，再强大的公路养护队伍也只是一盘散沙，难以发挥最大动力。只有做好思想政治工作，让大家明白自己的责任，与公路共荣辱，向老一辈公路人学习，不计较报酬，多作奉献的精神，争取多创荣誉、多创佳绩，形成一股推动做好公路养护工作的动力。

（四）思想政治工作是营造和谐局面的重要因素

营造和谐社会是我们今天大力提倡和努力奋斗的一个重要社会发展目标，如果公路养护系统呈现出一个和谐局面，则职工队伍的思想稳定，人员稳定，没有矛盾出现，没有利益冲突，大家做到互相体贴，互相帮助，目标明确，全心放在工作中，这样一定能很好地完成上级交给的各项任务。要想营造一个和谐局面，就必须做好思想政治工作，因为思想政治工作是营造和谐局面的一个重要因素，它可以在主体超前研究、采取措施、及时防范，把各种错误思想倾向和不稳定因素化解消除在萌芽状态。公路基层养护队伍的职工工作在基层，思想政治觉悟参差不一，敏锐性不强，容易受到影响。在个人利益与个人利益之间、个人利益与集体利益之间、个人利益与国家利益之间，一些人会感到迷茫，也有些人甚至失去理智，做出一些违法的事情。如果及时做好思想政治工作，让大家保持较高的思想政治觉悟，提高辨别能力，就能减少和杜绝矛盾的发生，从而形成一个和谐的局面。

二、现阶段公路系统基层养护队伍思想政治工作状况

（一）对开展思想政治工作的重要性认识不足

只重视生产，一味地抓工作，而轻视或忽视思想政治工作，对思想政治工作在促进公路事业发展中的重要性认识不足。公路基层养护人员的工作就是上路作业，保证公路的整洁、

顺畅和美观，这也是平时考核的主要指标。这种重生产轻思想的意识令不少基层公路养护人员错误认为，只要完成上级交给的任务，做好公路的养护工作就行了，至于思想政治工作既费时间又费金钱，对生产没有多大的作用。因此，缺少思想政治学习和活动的开展，平时上级也很少进行思想政治教育，就算是上级要求开展思想政治的学习，大多数也是流于形式。特别是在工作忙碌的时候，大部分精力都投到如何保证工作任务完成上，使思想政治工作成为基层养护队伍中可有可无的一项工作，致使思想政治工作被遗忘，成了一块薄弱的阵地。

（二）职工的思想政治素质不高

由于历史原因，公路基层养护队伍文化程度参差不一，大多文化素质不高。绝大多数工人远离城区，甚至工作在边远的山区，造成思想闭塞，眼光缺乏前瞻性，对思想政治鉴别能力不强。原本思想观念较单纯，许多人谈不上有远大理想，只是想遵纪守法过着安稳的日子。但随着改革开放的深入，多元化分配形式出现，以及在各种不良思想的冲击下，特别是受市场经济的影响，许多人的人生观、价值观也发生了变化，具体表现为思想上不求上进，工作上不再任劳任怨，生活上追求享乐，计较个人利益得与失，互相攀比，互相抵触，甚至为了个人利益而违法犯罪。当前公路改革正处于关键时期，由于体制、机制的转变，对职工今后的工作、生活都会有一定的影响。这对工作在基层思想政治素质不高的公路养护人员来说，思想容易波动，导致无法全心全意投入工作中，影响工作和生活。

（三）思想政治工作力量薄弱

公路基层养护人员中基本没有专职政工人员，平时的思想政治工作主要靠养护所的领导兼顾，而领导大多数是生产技术型，本身对思想政治工作学习不多、研究不深，甚至满足现状，不思进取；不敢变，怕跨越禁区，怕犯错误；不能变，思想僵化，墨守成规，缺乏进取意识，缺乏追求卓越的拼搏精神，平时的工作重点就是放在公路的具体养护工作中，对思想政治工作的开展不但缺乏理论基础，而且也缺乏干劲和工作经验。这样的管理架构导致思想政治工作难以开展，而且开展的方法单一，基本是老思路、老步伐、老做法，没有做到具体问题具体分析，使大家对思想政治工作感到枯燥无味，且对思想政治没有一个长远的规划和学习，也没有思想政治工作的保障措施和机制，缺乏监督和奖惩，这些因素使思想政治工作细、实、真逐步淡化、弱化。

三、做好思想政治工作的一些建议

（一）重视思想政治工作

思想政治工作与公路的日常养护工作并不是互相排斥的，而是互相促进的，思想政治工作做得好，就能使公路的养护工作顺利开展。因此，各级领导至基层工人都要重视思想政治工作，特别是领导干部和党员，要带头学习，以身作则，努力提高自己的思想政治水平，用思想政治武装自己的头脑，并付诸实施行动，在抓好生产同时要抓好思想政治工作。要理论联系实际，切实转变工作作风，深入基层，深入群众，调查研究，坚持群众无小事原则，做细致的思想工作。更要尊重和支持思想政治工作人员工作的开展，要舍得花时间、花钱财。而作为基层的公路养护工人也要通过各种学习和活动提高自己的思想政治觉悟，多与同事交流思想，及时向组织反映情况，积极寻求解决办法，使自己变成有思想政治水平、识大局、能辨明是非的劳动者，争取做一个有理想、有抱负的"公路人"。

（二）建设和完善政工干部队伍

基层公路养护队伍里几乎没有设置专职的思想政治工作干部，都是由领导兼职的。因此，在任用基层的领导时，要选有技术、有能力、责任心强、政策性和理论水平高、掌握政工工作方式方法且有影响力的人作为领导，以点带面推进思想政治工作的开展。平时要有计划地加强对这些政工进行培训，开阔他们的视野，吸取经验和教训，努力提高他们的思想政治水平和工作能力。对不适合政工岗位的人员要进行调整，对空缺人员的要及时补充。只有这样，这些兼职政工干部才能与职工交朋友、沟通思想，及时了解并掌握职工的思想动态，以良好的言行表现感召职工，以人格力量影响职工，通过柔性渗透的思想政治工作，使职工的思想和行动统一到大局中。

（三）加大思想政治工作的力度

现正值公路养护改革的关键时期，各种矛盾错综复杂，职工的思想异常活跃，热点、难点、焦点问题也不少，如何加大思想政治工作力度，使其更好地为公路养护事业的发展服务，这是思想政治工作者现在和今后都面临的问题。因此，思想政治工作者必须起模范作用，不仅要加强政治理论学习，了解党的基本理论、基本路线、基本纲领、基本方针的要求，还要加强职业道德教育，端正从事思想政治工作的认识，使各级干部职工都来参与思想政治工作，形成齐抓共管的局面，做到思想政治工作无止境，与时俱进。在方式方法上，灵活多样，要因地、因人、因时、因事而异，不能千篇一律，如与生产相结合，进行公路养护技能比赛、道班小家建设比赛，开展"树英雄，学模范""我为公路添光彩"等活动，以此调动干部职工的积极性、主动性和创造性。

（四）建立思想政治工作的长效机制

思想政治工作是一项长期的、系统的工程，不仅要研究存在的问题，还要预测会出现的问题，更要寻求解决问题的办法。因此，思想政治工作必须立足于务实，与时俱进，建立适应新形势的思想政治工作运行机制。重点要完善各项规章制度，制订思想政治工作方案，落实思想政治工作责任制，并接受监督和考核，做到奖罚分明。针对公路基层养护队伍文化程度普遍不高、人员分散的特点，在思想政治工作上要采取灵活多样的方式方法，不断创新，努力提高干部职工对思想政治工作的兴趣，使他们自觉参与到思想政治工作中。多让基层工人参与到工作的决策中，使他们有主人翁的责任感和荣誉感。对出现的不同观点和杂音，要尽力做好疏导和解释工作，避免矛盾的出现，做到互相理解，互相支持，政令畅通。同时也要关心基层养护队伍人员的工作、生活及家庭等情况，积极、主动解决他们的热点、难点问题，使他们感到集体的温暖，从而激发他们的工作热情、积极性和主动性。

以直属分局党建工作为例，浅谈新时代如何加强基层党建工作

(湛江市公路管理局直属分局 黄飞腾)

摘 要 党的基层组织是党的执政基础，基层党组织建设好不好，直接关系到党能否联系和发动群众，关系到党组织和党员能否发挥战斗堡垒和先锋模范作用，关系到党的路线、方针、政策能否贯彻落实。在新时代，公路系统抓好基层党建工作，把湛江打造为广东重要增长极和省域副中心城市具有重大积极作用。本文从一名年轻党务工作者的角度切入，以湛江公路管理局直属分局党总支党建工作为例，浅淡新时代如何抓好基层党建工作。

关键词 基层党建；公路系统；新思路

一、基层党组织在党建工作方面存在问题

《广东省加强党的基层组织建设三年行动计划（2018—2020年）》印发后，直属分局党总支参照《计划》开展基层党建工作，规范党支部建设标准，整顿软弱涣散基层党组织，整体上按照《计划》规定的方向在往前走。但是，面对庞大的党组织系统，直属分局党总支在管理7个下属党支部和140多名党员工作中，还存在诸多问题。

（一）学习教育开展不够扎实

习近平总书记指出："党的工作最坚实的力量支撑在基层，最突出的矛盾问题在基层，必须把抓基层打基础作为长远之计和固本之举"。基层党建工作点多面广线长，千头万绪，情况复杂、任务艰巨，是一项涉及方方面面的系统工程。以分局各养护站党支部为例，"工学矛盾"还较为突出。各养护站养护工党员日常肩负着养护公路的任务，通常是早出晚归，在路上工作。部分人对党建工作存在一定的抵触心理，认为"做好了养护就是做好了全部工作"，因此忽略了日常政治理论学习的重要性，党支部虽然严格执行"三会一课"，但从支部会议记录上可以看到，组织学习成效不高，会议多流于形式。

（二）党务工作者队伍建设薄弱

新时代党建工作的宏伟蓝图已经绘就，而将党建落到实处需要党务工作者去具体实施。就分局党总支目前情况来看，基层党务干部队伍力量薄弱的现状仍然突出，直接影响基层党建工作的开展和成效。具体体现：一是党总支体系庞大，支部多、党员多、专职党务工作者少。"三转"工作后，党总支只配备了一名年轻党务专干，面对新时代对党建工作提出的高要求，在党建管理工作上有时候比较疲软。二是党务工作业务不精。有些党务干部由于从业时间短、经验少，理论功底浅，实践能力差，工作定位不准，本职业务不精，责任担当不足，打不开工作局面，

不能独当一面。三是一人多岗不专。党务工作任务繁重，工作要求高，工作成效不容易体现，很多同志不愿从事党务工作，特别是各下属养护站党支部党务工作者力量严重不足，一人多岗、混岗问题突出，党务工作者从业不专不细。

（三）激发党员干部创先争优手段不足，方法不多

一是量化考评党员欠缺实操方案。在党建考评中，重视年终考评，对日常工作考评不够重视，且对于考评对象的日常工作绩效完成情况并没有进行严格的监督管理，因此考评的可靠性比较差。在党建考评中，主要是采取党组织自查及上级党组织复查的方式进行考评，在此过程中容易忽略群众的考评作用，这样就会造成考评结果缺乏客观性和公认性。二是缺乏专项奖励资金。对于党建工作成绩显著的支部，没有设置专项的奖励资金，对于做得不够规范的支部，也没有有效的手段进行督促整改。三是党员现实表现与年度评优评先没有深度交融。以直属分局机关党支部为例，几乎每一年的年度民主评议党员中，评出优秀的成员都是党总支领导班子成员，大家进行互评时忽视了领导也是一名普通党员，对于平时表现较好，积极组织大家学习的其他党员基本上没有评优评先的机会，这在一定程度上对肯干活的党员工作积极性有一定的影响。

（四）党建经费不足，党建阵地建设不够完善

基层党建工作的开展需要经费保障，特别体现在每个"主题党日"活动开展上，各下属党支部因为经费没有保障活动难以开展。党建工作经费的不足影响了党建工作的正常开展，影响了基层党组织作用的发挥。党建阵地建设是建设服务型党组织的一个重要基础，也是完善基层党组织建设保障体系中的一个重要着力点。目前，各个养护站党支部只有一个会议室，没有设置党员活动室。

二、提高基层党建质量新思路

（一）完善青年党员挂点制度，推进党建工作

当前，各下属养护站党支部成员多数为年纪大、理论素质较低的养护工人，加上当前上级党组织对党建工作提出了更多更高要求，学习教育模式也越来越多样化、先进化，如在APP上学习、在网站上学习、考试等。从以往经验来看，这些学习教育在各基层党支部的实施过程中，都遇到不少困难。近些年，分局通过面向社会招聘公务员，当前有14名大学生公务员，其中党员6人。完善青年党员干部挂点养护站制度，让年轻党员下基层，既可以发挥年轻人优势，协助养护站党支部开展工作，又能让年轻干部在挂点过程中获得真正融入基层群众的机会，学到知识。

（二）创建微党课平台，开展喜闻乐见的学习教育活动

过去，教育活动多局限于书本、纪录片等，而且较为死板，效果也一般。微党课是顺应新时代而产生的一种党教新载体，可以利用这一载体讲好我们"公路党员"的故事。公路人从事

公路养护，其中不乏像叶文成那样的湛江市优秀党员，这些先进事迹，完全可以以"微党课"的形式呈现出来。

（三）构建党建工作交流平台

为提升基层党建工作，创新党建思路，开阔视野，学习借鉴党建工作经验和特色做法，我们可以通过"请进来"和"走出去"的方式，构建党建工作交流平台。之前，分局通过邀请全国人大代表、高校和市委党校教授到分局授课，在分局收效很好，特别是在党员干部中引发了强烈共鸣和反响。通过党建交流，可以强化单位之间的交流，转变党建工作理念、拓展党建内容。分享各自优秀的党建工作经验和做法，进一步提升基层党组织标准化建设水平。

（四）建立健全党建工作考评制度

建立健全党建考评机制并将其应用于基层党支部日常管理中，能够有效促进各下属党支部党建工作发展进步。因此，对基层党支部考评机制的建立和完善措施进行详细探究迫在眉睫。一方面，党总支要注重对下属党支部书记考核，各养护站支部书记作为第一责任人，有责任和义务开展好党支部的各项工作，督促各项制度的落实，并让党支部活跃起来，以党建促进养护，除了对各党支部进行经常性问话谈话之外，还应当建立考核台账，明确考核内容和考核标准；另一方面，注重对党支部日常工作的考核。当前，直属分局把党建工作考核纳入每个月劳动竞赛考核项目，这在一定程度上带动了支部党建工作的积极性，但是受到过去传统观念的影响，"重养护，轻党建"的观念仍然存在，故党总支在对下属党支部进行考核时应该把党建工作单独列为一项，并且提高考核分量，让基层支部重视党建工作像重视养护工作一样。

三、结语

在新时代，只有加强基层党建工作，才能够更好地发挥基层党组织优势，为党的全面发展奠定更牢固的基础、提供更强有力的保障。

纵观直属分局党总支基层党建工作，基层支部工作不够扎实、党务干部队伍薄弱、阵地建设等问题亟须解决。紧紧围绕上级党组织要求，听从党委安排，按照《三年计划》，通过"规范化建设""组织力提升""基层党建全面进步全面过硬"3个主题建设，推动党在基层的组织覆盖和工作覆盖更加有效，党组织的领导核心作用更加坚强，政治引领更加突出，体制机制更加科学，基层党建与基层治理结合更加紧密，党支部建设更加规范，党组织书记队伍建设更加系统，党员教育管理更加精准，党员先锋模范作用发挥更加充分，基层党组织保障更加有力，党在基层的执政根基更加牢固。

主动融入大湾区　构建公路新格局

（中山市公路局　高锐祥）

摘　要　随着2019年粤港澳大湾区的全面推进，公路管理部门根据行业工作，结合机构改革，融入粤港澳大湾区的建设工作过程当中。本文分析了中山市国省干线公路网现状和存在问题，并主动融入大湾区，构建中山公路新格局，坚持以习近平新时代中国特色社会主义思想为指导，打造综合交通，构建"五纵三横"主骨架，谋划干线公路，推进大循环、微循环建设，创新智能交通管理，提升综合服务能力，形成便捷、高效公路网。

关键词　粤港澳大湾区；新格局；公路网

2019年是新中国成立70周年，是全面建成小康社会关键之年，是粤港澳大湾区建设全面推进实施之年。2月18日，《粤港澳大湾区发展规划纲要》（以下简称《规划纲要》）正式向全社会公布，大湾区建设将进入全面铺开、纵深推进阶段。按照中央和省委、省政府部署要求，中山市委、市政府开展了一系列工作，对《规划纲要》进行学习贯彻，召开了3次大湾区建设领导小组工作会议部署推进各项工作，并印发了《中山市推进粤港澳大湾区建设2019年工作要点》。公路管理部门根据行业的工作实际，结合新一轮的机构改革，如何落实中山市委、市政府的决策部署，主动融入粤港澳大湾区建设，切实履行好公路部门的工作职责，推动中山打造大湾区西翼重要综合交通枢纽，守护我们的初心，借助大湾区建设百年难得的契机，为中山人民谋求更大的幸福感做贡献，非常值得公路人思考和研究。

一、中山市国省干线公路网现状和存在问题

（一）中山市国省干线公路网现状

中山市现有国省干线公路212.5 km，分别是国道G105线、S228线，省道S268线、S364线。贯通全市与周边城市干线公路连接口有6个，其中连接珠海市的有国道G228线2个、国道G105线1个，连接江门市的有省道S364线1个，连接佛山市的有国道G105线1个，连接广州市的有国道G228线1个。

（二）中山市国省干线公路网存在问题

①区域交通设施战略承载力偏弱，中心、东北、西北、东部、南部五大组团之间的市域快速联系通道不足，公路交通瓶颈位置十分突出，如国道G105线沙口大桥即为北面组团间主干线唯一的联系通道；②与广州、佛山、江门等周边城市连接出入口不足，均只有一条国道或省道与之联系，且线路等级较低，如连接江门市和广州市的国省道均只有4车道，且为单幅路；③路网结构差，中心城区和各镇区间的普通国省道和快速路十分有限，南头、大涌、港口、坦洲等多个镇区仍没有普通国省道通过；④普通国省干线公路信息化建设仍有待提高，如交通组

织、服务模式和智能管理等。

二、乘大湾区建设东风，主动融入大湾区，构建中山公路新格局

（一）坚持以习近平新时代中国特色社会主义思想为指导

推进粤港澳大湾区建设必须坚持以习近平新时代中国特色社会主义思想为指导，深入贯彻党的十九大和十九届二中、三中全会精神，认真贯彻落实习近平总书记视察广东重要讲话精神，着力发挥粤港澳大湾区建设"纲"的作用，突出重点领域，强化改革创新，狠抓工作落实，确保推进粤港澳大湾区建设取得重要新进展。中山作为粤港澳大湾区的重要节点城市，要牢记总书记的殷殷嘱托，深化对接"中央要求""港澳所需""湾区所向"，深度参与和融入粤港澳大湾区建设，是中山当前改革发展的重要课题，更是事关中山未来发展大局。

①以习近平新时代中国特色社会主义思想统领粤港澳大湾区建设工作，深入学习贯彻习近平总书记2017年视察香港、2018年视察广东，以及会见香港澳门各界庆祝国家改革开放40周年访问团时等一系列关于粤港澳大湾区建设的重要讲话精神，确保学懂弄通做实，坚决与以习近平同志为核心的党中央保持高度一致。

②严格遵循中央的顶层设计，落实省委"1+1+9"工作部署和赋予中山建设珠江东西两岸融合发展支撑点、沿海经济带枢纽城市、粤港澳大湾区重要一极的战略定位，聚焦发挥粤港澳大湾区建设"纲"的总牵引作用，深入分析粤港澳大湾区发展的新形势要求，抓住大湾区商品和要素流动型开放向规则等制度型开放转变的重大机遇，坚持目标导向、问题导向和行动导向相结合，组织开展公路行业的专题研究，扎实做好政策预研和储备。

（二）打造综合交通，构建"五纵三横"主骨架

《规划纲要》指出打造粤港澳大湾区，加深了内地与港澳交流合作，为港澳经济社会发展及港澳同胞到内地发展提供更多机会，十分有利于保持港澳的长期繁荣稳定。而粤港澳大湾区11个城市的基础设施建设对经济社会发展有着关键性、引领性、支撑性作用，中山市第十四次党代会提出，打造"四纵四横"高速公路网、"2218"轨道交通网和"五纵三横"国省干线公路网。议案的提出，一方面为了重点抓好干线公路、高速和大运量交通设施；另一方面则是打通市域内循环，通过内外结合、开放包容的交通体系，进而产生循环、叠加和溢出效应。

作为公路管理部门，接下来首先要积极谋划普通国省干线公路网的规划布局，结合中山市国省干线公路现状，翠亨快线、三角快线、古神公路和沙古公路等纳入为省道S268、S384、S530、S531线，未来将规划新建一条省道S551线，规划形成"五纵三横"格局，中山市国省道将由现在5条增加至8条，里程达434.5 km。每个镇区将至少有1条国省道经过，与周边每个城市至少有2个接口，形成内外互联、区域互通、高效衔接的干线公路交通网，加强了与周边城市的交通联系。下阶段将按规划逐步对市内国省干线公路进行升级改造，进一步提高通行能力，同时着力推进中山市组团交通基础设施建设，切实为组团发展服务，进一步确立中山市珠江西岸区域性综合交通枢纽地位，为大湾区的建设发展奠定强有力的交通支撑。

（三）谋划干线公路，形成便捷、高效公路网

加强粤港澳大湾区基础设施的建设，对畅通对外联系通道，提升内部联通水平起重要作用，进一步推动形成布局合理、功能完善、衔接顺畅、运作高效的基础设施网络，为粤港澳大湾区经济社会发展提供有力支撑。中山交通事业要实现协调发展，首先要在空间布局上规划好交通基础设施建设。长期以来，中山市的交通建设主要围绕国道G105线和省道S111线展开，造成交通建设的不平衡，从而在很大程度上影响到各镇区的社会经济发展水平。为此，交通建设总体规划应充分考虑城市的总体空间布局，按照组团式发展的思路，构筑中心城区与各组团之间快速衔接的交通网络，加强各组团之间的交通连接，使路网规划适应城镇空间布局和组团发展的需要，充分发挥中心城区对各组团的辐射、带动作用，促进经济的全面发展。

①在国道建设方面，将加快建设国道G105线北段复线工程，利用小榄镇民安路连接加二线小榄镇与东凤镇跨河大桥向北连接国道G105线，向南利用东升同乐路建设延长线连接沙古公路，再接入105国道。该项目投入使用后，将大大分担国道G105线中山细滘大桥到沙朗段的交通流量，破解沙口大桥交通拥堵瓶颈。

②加快加二线小榄镇连接东凤镇的跨河大桥建设，增加两镇之间的交通通道，解决长期以来依赖沙口大桥作为唯一连接通道问题。加快纵四线和加三线建设，增加连接中山与顺德新通道。同时，推进国道G105线南段（沙朗至古鹤路段）升级改造工程。加快推进省道S111、S365线升级国道G228线的改造工作，扩建斗门大桥，进一步拓宽连接珠海通道。

（四）推进大循环、微循环建设，解决市民出行难

交通对城市经济、社会等方面的发展起着至关重要的作用，同时也与市民的日常出行息息相关。"出行是否便利是市民、企业主日常最关注的话题之一。"从交通角度出发，中山要抢抓湾区建设的机遇，未来中山交通规划要更加科学、合理、便利，并具有前瞻性。譬如，在接驳港珠澳大桥、深中通道的道路规划实施上要体现便利性；加快推进省道S364线小榄至古镇段、国道G228线（原省道S365线）麻斗至神湾段、省道S268线三乡段、南三公路三角黄圃段等道路升级改造工程；同步谋划高速公路立体交通网络建设，加快推进省道S268中江高速中山横栏出入口立交化改造工程、国道G105线中山新东阜路路口立交化改造工程、国道G105线博爱路口立交化改造工程，打通中山与周边城市快速对接、中心组团与各组团的快速对接、组团间快速对接通道，丰富路网结构，有计划有步骤地推进省国道改建、扩建、大修循环建设，提升公路交通服务能力。

强化国省道交通需求智慧管理和高品质供给，积极贯彻"互联网＋交通"的供给侧改革思路，创新交通组织和服务模式，加快建设国道G105线中山细滘大桥到沙朗段小车专用道建设，整治交通违规违章行为，提高道路通行能力。同时，加快推进国道G228线南朗镇泮沙小桥至广澳高速收费站路段和国道G105线沙朗至古鹤路段改建工程，封闭一部分道路两侧支路口及平面交叉，扩宽路面狭窄路段和中小桥梁，改善国道G105线道路交通"微循环"，加强道路建设交通仿真评估，缓解因道路施工引起的交通拥堵，切实解决市民出行难问题。

（五）创新智能交通管理，提升综合服务能力

《规划纲要》指出粤港澳大湾区要建成宜居宜业宜游的优质生活圈，要坚持以人民为中心的发展思想，践行生态文明理念，充分利用现代信息技术，实现城市群智能管理，优先发展民生工程，提高大湾区民众生活便利水平和生活质量，建成生态安全、环境优美的美丽湾区。根据《"十三五"公路养护管理发展纲要》和《交通运输信息化"十三五"发展规划》的要求，公路部门应以公路养护决策、日常养护管理、路网运行监测、应急调度指挥、公路综合执法管理、出行信息服务为重点，有效提升路网管理智能化水平，提升国省干线公路综合服务能力。

2018年，我局启动中山市公路局数字公路项目建设，"智慧公路（中山）试点项目"纳入2018—2020年广东省公路、水路基础设施建设的重大项目，是广东省唯一一个由地级市局负责实施的行业信息化项目，中山国省干线公路信息化建设走在省公路系统的前列。目前，中山市国省干线公路管理信息化工作驶入快车道，已在国道G105线中山细滘大桥至沙朗段建成限重监测及视频监控系统工程，新沙口大桥、中山港大桥实施"重大桥梁交通情况调查数据采集与服务系统"，有效分流了桥上桥下车辆，保障了道路畅通，遏制摩托车违规上桥，维持良好交通秩序，避免超重车辆上桥，减少超重货车对跨线桥的损害，保障畅通安全。同时，系统与交警执法系统对接，为交警部门非现场执法提供数据支持，提高执法效率，预防和减少交通事故，保障了公路桥梁的安全运行。下一步将继续安排非现场执法治超限重系统、视频监控系统，实现国省干线公路"智能化"管理，提升城市道路桥梁管理信息化、精细化水平，确保群众的安全出行。

随着"智慧公路"项目的逐步推进，中山市国省干线公路路面数据得到充分利用，实现智慧决策、智慧预警、智慧服务，全面提升公路决策水平、路网监测能力和智能化管理水平，推动"互联网+交通"管理和服务模式创新与变革，为公路"畅安舒美"提供有力的数据支撑，为公路养护、建设、管理和应急抢险提供重要的保障，为公众提供个性化的出行服务，为珠三角公路管理和体制改革发挥先行先试的作用。

"浩渺行无极，扬帆但信风"。粤湾澳大湾区为中山经济增长和发展提供了新平台、新动力，每一名"公路人"都要以习近平新时代中国特色社会主义思想为指导，深入贯彻落实习近平总书记重要讲话精神，砥砺前行，勇于突破，以"大交通大路网"为骨架，从更高层次、更宽视野、更大格局谋划中山公路未来，为中山在新一轮的城市发展和竞争中"突围超车"再立新功。

持续推进公路系统意识形态工作的研究

（江门市恩平公路局　吴晓敏）

摘　要　意识形态工作是党的一项极端重要的工作，作为基层党组织，公路系统全面推进意识形态工作，是构建和谐公路的基础，是全面贯彻落实党的方针政策的具体表现，更是基层党组织在思想上、政治上、行动上同中央保持一致的全面体现。面对新时代新要求，面对新征程新任务，扎实推进公路系统意识形态工作，意义重大而深远。现结合公路系统的工作实际与发展意识形态存在的问题，通过组织领导、阵地管理、制度机制建设、队伍管理等方式，就持续推进公路系统意识形态工作问题作具体研究。

关键词　公路系统；意识形态；和谐公路

意识形态工作本质上是一项政治工作，要旗帜鲜明，增强政治意识、大局意识、核心意识、看齐意识，坚持党中央权威和集中统一领导，自觉在思想上政治上行动上与以习近平同志为核心的党中央保持高度一致。意识形态工作是维护和巩固党的执政地位的重要工作，"落实在基层，落实靠基层"，作为基层党组织，当前公路系统对意识形态工作越来越重视，把意识形态工作与公路职能工作同部署、同落实、同检查、同考核。但是，目前意识形态工作普遍存在队伍不强、阵地欠优、创新不足等问题，制约着公路系统意识形态工作的推进。面对当前形势，公路队伍应进一步加强对意识形态工作的领导，提高干部做好意识形态工作的能力和水平，为公路事业的和谐发展，提供坚强思想保证和强大精神力量。

一、公路系统推进意识形态工作的重要性

（一）公路系统推进意识形态工作是巩固公路事业基础的必然要求

从意识形态工作本质来说，加强基层意识形态工作是充分发挥基层党组织战斗堡垒作用、增强党在基层凝聚力战斗力的重要内容。这就要求公路队伍在新时代在集中精力进行发展公路事业的同时，必须始终坚持以马克思主义为指导的社会主义意识形态，为巩固公路事业发展提供坚强思想保证。可以说，把意识形态工作做深做细做实，是确保公路事业和谐发展的基础和条件。

（二）公路系统推进新时代意识形态工作是凝聚公路队伍上下团结奋进强大力量的必然要求

意识形态工作，对于整个公路系统来说，就是做树立团结奋进的精神旗帜的工作，就是做铸就强大凝聚力和引领力的工作。党在革命、建设和改革的各个时期，虽历经各种挫折和磨难，但始终团结一心、风雨不动，带领全国各族人民朝着实现中华民族伟大复兴的宏伟目标勇往直前，靠的就是意识形态工作这一重要政治优势。公路系统要推进公路事业，担当起

新时代的历史使命，更加需要众志成城、坚定一致、聚合力量、万众一心。

（三）公路系统推进意识形态工作是应对意识形态领域新挑战的必然要求

当前，随着改革深化，社会转型步伐加快，人们思想活动的独立性、选择性、多变性、差异性日益增强，公路系统在面对社会新形态，意识形态工作还面临许多问题亟待解决。公路系统干部职工对意识形态工作认识不足、热情不高、投入不够，宣传思想工作人员专业性和理论性不强，尤其是互联网使信息源增多，往往会造成公路系统意识形态工作管控的"空白点"，这是当前公路系统在意识形态领域中的新挑战，公路系统推进意识形态工作必须围绕党的要求，把做好意识形态工作的责任紧紧扛在肩上，出"硬招"、出"实招"，引导广大干部职工牢固树立"四个意识"、坚定"四个自信"，确保公路事业稳步发展。

二、公路系统推进意识形态工作中的突出问题

（一）意识形态思想认识不足

公路系统中，一些领导干部把意识形态工作作为一项纯粹务虚的软任务，没有真正认识到意识形态工作是公路基层党建工作的重要组成部分，普遍存在对意识形态工作的重要性认识不足的问题。在公路工作实践中，部分领导干部存在片面强调公路职能工作，忽视意识形态工作的情况，没有将公路建设和意识形态工作协调起来发展，"重业务轻思想政治工作"的思想，导致工作主动性不够、责任感缺失，使落实意识形态工作责任大打折扣。

（二）意识形态工作机制不健全

由于意识形态工作机制尚未完全理顺，公路队伍对意识形态工作缺乏深入研究和统一部署，缺乏组织性和指导性，任务交办不明确，责任目标不清晰，出现错位和缺位的现象，工作常常处于被动应付状态，整个意识形态传导工作显得较为疲软和被动。加上一直以来，由于公路基层工作事务繁重，相关领导干部对意识形态工作认识不足，理解不透，导致从事意识形态工作的干部深感自身劳动价值得不到充分体现和认可，工作无热情，导致公路系统意识形态工作难以顺利展开。

（三）意识形态工作队伍管理欠缺

在公路系统意识形态工作中普遍存在干部队伍结构不尽合理、人员流动大、高素质专业人才较为缺乏、干部培训不能经常化、制度化等问题。从事意识形态工作的干部和人员大部分原是党建工作者兼任，分管宣传思想、意识形态工作的领导都是身兼数职，缺乏意识形态工作的专业知识，对意识形态工作的一系列新思想、新观点、新论断理解不深，相关知识结构更新不够快，思想观念相对滞后，难以达到新时期公路队伍宣传意识形态工作的标准和要求。

（四）意识形态工作缺乏创新，阵地建设缺失

公路队伍中普遍存在不善于运用互联网技术和信息化手段开展工作，处理问题凭经验、看政绩，相关政策解读、宣讲不到位，不能以战略思维、辩证思维、开放思维想问题、办事情，看不到形势发展变化带来的风险和挑战，做不到因时而变、随事而制、顺势而为。公路系统文化阵地设施起不到充分发挥宣传教育、引导群众的作用，如公路系统在面对公路各学会、研究会等面广量大、形形色色的思想政治类研讨活动，还做不到意识形态阵地把控的全覆盖。

三、公路系统推进意识形态工作的思路及举措

针对公路系统目前在意识形态工作中存在的突出问题，举出以下几点工作思路及举措。

（一）落实主体责任，加强公路系统意识形态工作的组织领导

一是严格落实意识形态工作责任制。建立意识形态工作责任制，是加强党对意识形态工作领导的重大举措。按照"一岗双责"要求，公路系统各单位部门应对责任进行分解、落实到各责任人。设主要领导为意识形态工作的第一责任人，分管领导为直接责任人，其他班子成员负责范围内的领导责任人，切实做到旗帜鲜明地站在意识形态工作第一线，带头抓、负首责，切实抓好职责范围内的意识形态工作，做到知责明责、守责履责、担责尽责。

二是落实党管意识形态工作原则。公路系统各单位部门认真贯彻落实党中央和省委、市委关于意识形态工作的决策部署和指示精神，牢牢把握正确的政治方向，严守政治纪律、组织纪律和宣传纪律，坚决维护党中央权威，在思想上、政治上、行动上与党中央保持高度一致。

三是倡导壮大积极健康主流思想文化。公路系统队伍坚持把党的思想理论建设作为意识形态工作的根本任务，坐实意识形态是宣传思想工作重中之重。认真学习领会党的十九大和全国两会精神，贯彻落实习近平新时代中国特色社会主义思想等主流思想政治理论。结合公路系统党建实际，抓实抓好党员干部理论学习，扎实开展"主题党日""不忘初心、牢记使命"等专题活动。以落实意识形态工作责任制为重要抓手，做好从整体谋划到"最后一公里"落地的工作，不断形成总体效应，取得总体效果。

四是切实提高对意识形态工作重要性的认识。在公路系牢固树立政治意识、大局意识、核心意识、看齐意识，牢固树立抓好意识形态工作是本职、不抓是失职、抓不好是渎职的理念，把意识形态工作放在党的事业发展全局的突出位置来抓，作为一项极端重要的工作来抓，牢牢掌握基层意识形态工作的领导权、主动权、管理权，切实维护公路系统意识形态安全。

（二）加强公路系统意识形态阵地管理

一是加快公路阵地基础设施完善建设，提高管理和使用水平完善硬件建设。结合节假日，组织开展丰富多彩的志愿服务活动，如台风抢险灾后重建、"扫黑除恶"、"双报到、双服

务"、"大党委"等志愿活动,推进志愿服务常态化制度化。结合公路系统实际,举行"我们的节日""最美公路人"等活动,丰富职工文化生活,大力传承发展公路传统文化,提升公路服务水平。

二是持续推进公路系统创文工作,推动公路文明创建提质增效。结合公路职能及"创文再出发"主题活动的开展,围绕"交通秩序、环境卫生、窗口服务",发挥好公路职能,开展专项整治提升。抓好公路系统的创文氛围,在营造宣传声势上实现新突破,推动公路系统"创文"常态化制度化,推动"创文"重点任务落实和难点问题的解决,深化公路系统干部职工核心价值观和中国梦教育。

三是加强公路系统阵地建设,不断创新载体。充分利用公路系统宣传媒体、网站、微信等网络平台,做好公路行业相关正面宣传,打造公路行业新形象,提高行业美誉度,激发公路干部职工奋斗精神,为公路行业改革发展提供坚强的思想保证、强大的精神力量和良好的舆论支持,推动形成公路系统风清气正的舆论生态。

四是维护公路系统网络安全情况。全面加强公路系统意识形态网络安全管控,强化风险防范,绝不给错误思想提供传播渠道,旗帜分明坚持党管宣传、党管意识形态。在政治方向、舆论导向、价值取向上始终保持立场坚定,确保主旋律、正能量强劲。不断完善公路系统属地网络舆情监测机制,进一步增强公路意识形态工作的主动性和前瞻性,推动形成清朗的网络空间。

(三)加强公路系统意识形态制度机制建设

一是结合公路系统实际,切实把意识形态工作作为公路党政建设的重要内容,纳入重要议事日程,把意识形态工作纳入干部考核,确保考核成果在干部评价使用和奖惩中得到充分运用。把握中央规定,列出意识形态工作的责任清单、任务清单、问题清单,明确领导班子的主体责任,切实当好意识形态工作的领导者、推动者、践行者,将意识形态工作与党建工作目标责任制和领导班子目标管理同安排、同部署、同落实,全面提升公路党员干部对意识形态工作重要性的认识。

二是在公路系统牢固树立"抓党的意识形态工作是本职,不抓是失职,抓不好是渎职"的理念。健全意识形态工作机制,严格制度执行,把握意识形态工作责任追究的基本情形、具体尺度、主要程序,严肃认真地组织实施,真正做到有责必担、失责必究,推动意识形态工作责任落实到位,牢牢掌握意识形态工作的领导权主动权。

三是建立健全公路系统意识形态工作责任制的检查考核制度,明确意识形态要点、相关内容、方法、程序,推动意识形态工作规范化、制度化和常态化。切实落实领导班子和党员干部意识形态工作责任,坚持有错必纠、有责必问,强化问责刚性和"硬约束",使公路系统意识形态工作得到有效加强,以取得明显的成效。

四是落实意识形态工作责任制的同时,在公路系统中严格深入贯彻全面从严治党要求,推进机关党建工作规范化的实施,抓紧抓实意识形态领域各项工作,团结引领广大党员强化政治意识、大局意识,在大是大非面前保持头脑清醒、立场坚定。

（四）加强公路系统意识形态队伍管理

一是加强思想政治建设。在公路系统持续推进"两学一做"学习教育常态化，深入开展"不忘初心、牢记使命"主题教育，深化理想信念和党性党风党纪教育，引导广大公路干部职工增强政治意识、大局意识、核心意识和看齐意识，提高党性修养，严守纪律规矩。

二是加强素质能力建设。抓好公路系统意识形态领导班子的培训教育，认真贯彻习近平总书记提出的领导干部应当具备学习本领、政治领导本领、改革创新本领、科学发展本领、依法执政本领、群众工作本领、狠抓落实本领、驾驭风险本领的要求，不断提高服务中心大局、引领科学发展的能力。

三是加强公路干部作风建设。加强意识形态作风建设，深入开展"转作风、正学风、改文风"活动，推动作风持续向好。持续改进机关作风，不断提升工作效能。引导广大公路干部职工增强中心意识、责任意识和服务意识，发扬敢于担当、善于创新、勇于创优精神，扎扎实实做好本职工作，争创一流业绩。

四是紧紧围绕方向和导向、干部和队伍，加强学习教育和实践锻炼，不断提高公路系统领导干部意识形态工作的专业技能，真正成为意识形态工作的行家里手。加强对意识形态工作者的业务培训，引导他们更好坚守"忠诚、热爱、为民、务实"的工作导向，做合格的意识形态工作者。

面对目前新形势、新任务、新环境，公路系统意识形态工作必须以党的十九大精神为指导，努力克服公路系统自身存在的不足，在传承的基础上创新立异，与时俱进，不断树立公路系统领导干部的大局意识、导向意识、创新意识和责任意识，以意识形态工作推动公路事业不断向前。

参考文献

[1] 汤普森，郭世平. 意识形态理论研究 [M]. 北京：社会科学文献出版社，2016.

[2] 郑永廷，等. 社会主义意识形态研究 [M]. 北京：中山大学出版社，2017.

[3] 张乐. 新时期我国意识形态 建设特点与成就 [J]. 理论广角，2014（3）：271.

做好思想政治工作　助力单位转型发展
——浅谈党的十九大以来省公路管理局科技教育中心在推进思想政治工作方面的经验

(广东省公路管理局科技教育中心　张永增)

摘　要　自党的十九大以来，国民经济高速发展。随着经济体制不断改革，我国的公路行业进入快速发展的阶段，伴随而来的是公路行业改革的日益深化。业务发展与思想政治工作互相促进，事业单位改革需要思想政治工作保驾护航。在事业单位改革的大背景下，省公路管理局科技教育中心面临众多机遇与挑战。新时期的思想政治工作要坚持以人为本为主旨，以"不忘初心、牢记使命"为主题，以顺应时代发展要求为主线，从而为单位转型发展提供重要支撑助力。

关键词　党的十九大；公路行业改革；思想政治工作；以人为本

随着事业单位改革不断推进，广东省公路管理局科技教育中心（以下简称"科教中心"）作为广东省省属第二批从事生产经营活动事业单位改革涉改单位之一，已进入改革的关键期。在新形势下，科教中心坚持以思想政治工作为抓手，直面改革，迎难而上，在统一思想、凝聚力量方面发挥了重要作用，取得了积极成效。现将基本情况综述如下。

一、新形势下科教中心思想政治工作面临的新挑战

作为广东省公路交通行业干部教育培训机构，科教中心面临的新形势、新环境、新挑战主要体现在以下几个方面。

（一）队伍思想心态不稳

广东省公路交通事业已从高速增长转向高质量发展，行业管理和体制改革不断深化拓展。对此，部分职工表现出紧张的心理，因为事业单位的改革将会改变他们稳定的现状，改变原有的工作时间、休闲时间及社会角色定位，造成了他们对未来工作的迷茫。面临改制后机遇和风险并存的市场竞争，他们是否能准备好迎接挑战，都是担心和顾虑的问题。

（二）职工工作积极性不高

一方面，部分管理者倾于向下属传达工作内容，而不明确工作职责，这似乎形成了工作内容与工作职责是分离的情况；另一方面，员工容易变成一个单纯的执行者，容易养成"当一天和尚撞一天钟"的心态，这成了影响职工积极性的重要因素之一。改革的迟迟不明朗让事业单位职工出现彷徨、迷茫的心理，也在一定程度上影响了职工的工作积极性。

(三)专业化人才缺乏流失

受改革的影响,事业单位发展遭到不小的阻力,特别是对于自收自支的公益三类事业单位。其中经费开支不列入财政预算,人员开支、基建修缮改造等支出完全要由单位创收支撑。为了解决这个难题,必须要以更多的业务量填补这一资金缺口,如积极增加专业技术继续教育方面的业务。我们必须在新形势下建立自己特有的优势。毕竟术业有专攻,专业事由专业的人做。而招纳更多专业人才,成为科教中心发展升级的必要条件。

(四)面临激烈的市场化竞争

科教中心主要负责广东省公路交通行业干部教育等业务培训,但也有众多的培训机构在竞争抢占市场。例如,在二级建造师继续教育这个模块,根据广东省建设执业资格注册中心统计,在广东省建设执业资格注册中心备案的培训机构就有16家,其中仅广州就有5家,市场竞争相当激烈。特别是同一城市的几家培训机构,它们不仅抢占了先机,在课程和师资方面也占据了较大的优势。但科教中心受制于事业单位管理体制限制,又不能完全面向市场开展商业运营,限制了市场资金来源,因此在市场竞争中并不占有明显优势。

二、科教中心开展思想政治工作的主要做法和成效

坚持以人民为中心,是习近平新时代中国特色社会主义思想的价值指向,具有深刻的理论逻辑、历史逻辑和现实逻辑。这一论断既是基于中国共产党历史和现实做出的高度概括性的经验总结,更是指导我们加强思想政治工作、努力开创未来的重要行动指南。在当前事业单位改革已不可逆转的形势下,科教中心主要是从以下5个方面着力开展思想政治工作,并取得良好成效。

(一)开展"不忘初心、牢记使命"主题教育学习

"不忘初心、牢记使命",增强正视问题的自觉和刀刃向内的勇气。全面查找和解决政治建设、思想建设、作风建设等方面的问题,切实抓好突出问题专项整治。深入学习贯彻习近平新时代中国特色社会主义思想,着力解决理论武装不够的问题;始终保持同人民群众的血肉联系,切实解决脱离群众、损害群众利益的问题;始终坚守为中国人民谋幸福、为中华民族谋复兴这个初心和使命。科教中心面临的挑战也是机遇,能否绝境重生,能否攻坚克难走向胜利,其根本就在于要始终坚守为行业发展提供智力支撑、为干部职工谋幸福这个初心和使命。通过积极开展主题教育学习活动,促使干部职工明确自己的责任和理想信念,团结一致,共同开创单位发展新局面。

(二)坚持以人为本做好职工思想政治工作

做好思想政治工作,还必须牢固树立"以人为本"思想。科教中心始终紧紧围绕人做文章,全面提高人的政治思想素质。在思想政治工作中,坚持"以人为本"的思想,以全体职

工为根本，始终保持尊重人和关心人，真正把群众的冷暖和人的需求放在首位。党的思想政治工作就是做人的工作，在本质上是教育职工、引导职工、提高职工。为此，科教中心领导班子常常探访基层职工，关心基层职工工作环境，了解基层职工的需求和思想，做到问冷暖、听民声、谋发展。同时在思想政治工作中言传身教，鼓舞大家适应新形势，解决新问题。

（三）营造公平公正的良好干事创业氛围

致力于提高职工工作的积极性，构建一个高效和谐的工作环境：一是树立强烈的人才意识，做到知人善用。正如韩愈的《杂说四·马说》里写道："世有伯乐，然后有千里马。千里马常有，而伯乐不常有。"科教中心坚持不拘一格用人才，使用人才各尽其能。二是把单位发展目标和个人发展目标相结合。合理地设置目标，增强对职工行为的导向和激励作用，激发职工工作的积极性。三是发挥领导表率作用。在业务开展过程中，领导既是管理者，也是执行者。领导班子自觉做到"严于律己，宽以待人"，加强与职工的情感交流，坚持以情感人，以行导人，以德待人，以理服人。四是保持公平与和谐的人文环境。科教中心为了激发员工工作的积极性，制定《广东省公路管理局科技教育中心同工同酬管理暂行办法》，促进聘用人员和编制内人员劳动价值的平等、公平。实践证明，员工的才能、成果得到领导公正的评价，才能保持其良好的心境，高效工作。

（四）定期召开多类别职工交流座谈会

召开职工思想交流座谈会一直是科教中心加强职工思想政治工作的有效途径。尤其是在事业单位改革的前夜和阵痛期，少数职工思想发生了轻微动摇，心理上更是呈迷茫、紧张等状态，定期召开思想交流座谈会就显得尤为重要。在中心组织的各类座谈会上，职工畅所欲言，围绕中心的发展献计献策。中心还组织专题讲座，聘请老师进行授课，授业解惑。正是采取多形式、多渠道、多方法对职工进行人文关怀和心理疏导，帮助职工进行一定的心理调适，使其不良情绪得到宣泄，心理压力得到缓解，为进一步实施思想政治工作创造了健康的心理条件。同时，也达到了凝心聚力的作用。实践证明，定期召开职工思想交流座谈会，是促使职工相互理解、相互支持、达成共识、统一思想的切实有效的工作方法。

（五）积极利用新技术新方法新理论

科教中心紧紧把握新时代发展的规律，顺应时代的发展要求；抓住机遇，迎接挑战，充分运用新技术、新方法、新理论。一是顺应时代潮流，注重引进专业技术人才促进血液循环。用新方法、新技术、新理论指导实际工作，让工作展现新的活力；二是引用新技术不断完善传统培训模式。例如，培训管理常用点名、纸质签到等传统的考勤模式。随着科技的进步，新的培训管理采用了"请答到"这些小平台，不仅可以快捷收集个人信息，还能进行动态二维码扫码签到，达到防止作弊，信息管理等高效便捷的作用。三是积极学习新技术新方法，极大提高工作效率。科教中心紧跟时代步伐，摒弃一些传统落后的管理模式，在原来推行使用 OA 办公管理系统的基础上，推行使用"钉钉"软件。"钉钉"不仅比传统的 OA 系统更先进，还具有审批和考勤功能，最大的优势在于可应用于手机端，极大解放了职工的工作时间，提高了工作效率。中心大力推行新技术、新方法、新理论，不仅可以高效工作，还可以快速掌握和关注职工的工作、生活和思想动态，从而有针对性地开展职工思想政治工作。

基层党组织深化党员志愿服务活动的几项手段

(肇庆市公路局 钟燕萍)

摘 要 随着社会的进步和发展，人文素质不断提高，以自愿、无偿为特色的志愿服务活动逐步走入大众的视野，并以其突出的社会效益受到国家政府和社会越来越多的重视。在我国，志愿服务活动作为对中华民族优良传统的继承和发扬，是培育和践行社会主义核心价值观的重要载体，是加强公民道德教育和维护社会稳定的有效形式，对于培育向上向善、诚信互助的文明风尚，具有重要推动作用。作为中国特色社会主义事业的领导核心，中国共产党近年来也充分发挥党内广大党员的积极力量，广泛组织开展各种党员志愿服务活动，努力建立以共产党员志愿者为中坚的志愿服务体系，密切党群、干群关系，推动形成良好的社会风尚。本文结合当前的党员志愿服务情况，探讨通过发挥党组织领导核心作用进一步深化党员志愿服务活动的有效途径。

关键词 党组织；党员；志愿服务

一、当前党员志愿服务的组织及活动形式

志愿服务活动，既能让群众增加获得感，也能让党员增进群众感情，升华精神境界，增强政治意识和党性意识，作为党员强化党性锻炼的重要途径，受到了广大党员的高度认同。当前，我国的党员志愿服务活动主要由各级党组织牵头开展，党员与志愿服务活动之间尚未构建起直接联系，需要党组织担当起桥梁纽带作用，为广大党员参加志愿服务活动提供信息和素材。在近年来热烈开展的创建文明城市、服务型党组织等活动中，更是把党员志愿服务提到了一个前所未有的高度，通过公益服务、扶贫帮困等各种形式在各地各部门中广泛开展起来，党员真心实意帮助群众做好事解难事，以实际行动进一步畅通联系服务群众"最后一公里"，让群众从身边细微小事中感受到党员的温情关爱，从内心深处感恩党的温暖关怀，从而把群众紧密团结在党的周围。

党员志愿服务的形式主要有以下几种：一是参与当地政府的各项中心工作，如党员志愿者为地方举办的重大活动、重点项目等提供相关服务；二是扶贫帮困服务，如为孤寡老人、失学儿童、残疾人、下岗失业党员、群众等弱势群体提供力所能及的帮助；三是政策技术咨询，如结合单位和岗位职能，向广大群众开展党的方针政策、法律法规等宣传，以及为需要帮助的群体提供科技、医疗、文化、法律、教育等方面的咨询服务；四是便民利民服务，关注社会公益、福利事业，参与暖流行动、社区农村共建活动等，针对春运、社区服务、环境保护、社区文化、社区教育、社区帮困等提供相关服务。

二、党员志愿服务活动存在的问题和原因

自党员志愿服务活动开展以来，通过提供不同方式的服务，党组织的凝聚力、战斗力提

高了，党员的服务意识增强了，收到了良好的效果，形成了"一个党员一盏灯，一支党员志愿者服务队一面旗"的示范效应。但是从党员志愿服务活动开展的整体情况看，还存在着一些不容忽视的问题，具体表现在以下几方面。

（一）运行机制不完善，没有形成整体合力

党员志愿服务活动主要是各单位（部门）基层党组织自行组织开展，没有宏观规划，缺乏共同配合、统一实施的运行机制，导致志愿者服务活动较分散，整体合力不强，难以满足群众需求，活动开展不长久，出现了如各基层党组织相继推出一大批形式多样的志愿服务活动，但存在活动载体多，开展时间短，党组织服务功能不到位、党员发挥作用不充分等问题。

（二）主观认识有偏差，主动服务意识不强

个别部门（单位）党组织对党员志愿服务活动的作用、意义认识不足，思想重视不够，错误认为是上级指派的政治任务，看不到志愿服务活动的积极作用；有些党员宗旨观念淡化，联系群众、服务群众、关心群众、关注民生的思想认识不到位，参与活动主要以组织推动为主，党员个人自觉参与志愿服务活动的积极性不高，主动开展志愿服务的兴趣不浓。

（三）队伍组成结构单一，志愿服务领域不宽

首先，党员志愿服务领域过于单一，各单位党员志愿者队伍大多跟随单位的步伐，在扶贫帮困、政策宣传、卫生整治等方面集中开展志愿服务，没有延伸到更广泛的领域；且同一单位的党员志愿者大多专业技能相仿，可提供的志愿服务活动有限，受服务能力和水平的限制，服务活动亦难以向其他领域扩展。其次，受到资源信息、接触对象等外界因素的制约，连接志愿者队伍和服务对象纽带的服务网络还不够健全，各单位党员志愿服务活动的组织者往往缺乏可供使用的服务资源，导致活动大多集中在惯常开展的项目上，难以向新的方向和内容拓展。

（四）活动管理不规范，志愿服务制度不健全

由于党员志愿服务活动刚刚起步，缺少制度指引和保障，导致各单位的志愿服务活动在开展过程中多以活动为目的，在程序上运行不够规范，随机性较大；活动流程及志愿者的培训、组织、管理等没有固定的要求和制度，活动操作过程随意性较大。出现了活动开展多、形式多，但实际内容和效果并不尽如人意的情况。同时，各级党组织普遍还没有建立起相应的动态管理机制和配套的激励机制，缺乏以群众满意度为重点的考核评价体系，以及以激发党员队伍的奉献活力和服务动力为重点的激励保障制度和符合党员志愿者要求的教育培训制度等制度体系架构。尽管个别党组织建立了一些制度，但制度互不配套，系统性不够强，具体规定不实不细，缺乏操作性和针对性，对党组织尤其党员志愿者的推动作用不强，导致服务活动整体效果不佳。

三、发挥党组织的领导核心作用，推动党员志愿服务活动不断深化

针对当前党员志愿服务活动分散、非党组织带头难以形成合力的现状，要大力推进党员志愿者服务活动开展，就要从组织领导方面下功夫，要充分发挥基层党组织的领导核心作用，在组织开展党员志愿服务活动过程中结合时代的发展和党肩负的使命要求，不断加强党员教育引导，创新活动方式，更好地发挥广大党员的先锋模范作用，通过集体的、有计划的志愿服务活动凝聚党员、激发党员先进意识、践行党的宗旨，为中国共产党加强社会管理、维护社会稳定、实现社会和谐发展提供重要的保障。

（一）充分发挥党组织教育引领作用，抓好志愿服务文化建设

一是强化党员服务意识。党章明确党的宗旨是"全心全意为人民服务"，党员志愿服务是践行党的宗旨的内在要求。各级党组织，尤其是基层党支部，要把大力倡导学雷锋志愿服务的文明新风作为党员教育的重要内容，通过党员日常学习、主题党日活动等各种形式，组织党员学习和倡导志愿服务精神，保持党员先进性，大力弘扬助人为乐美德；让广大党员认清参加志愿服务就是以实际行动弘扬真善美，传导正能量，参加志愿服务既是履行党员义务也是塑造党的形象的重要工作，引领党员同志自觉将党员身份与志愿者身份统一起来，切切实实为群众办实事、谋实惠，以实际行动树立党员新形象，真正让志愿服务成为一种生活态度，一种生活习惯，一种自觉行为。二是加强宣传引导。发挥宣传媒介作用，坚持新老媒体并举互动，通过微信平台、党建频道、户外展示大屏等渠道，广泛宣传志愿服务，努力营造"有困难找志愿者，有时间做志愿者"的良好氛围，让志愿服务成为党员关注的"头条"。同时，要强化典型引领，在党员队伍中广泛传递志愿服务"好声音""正能量"，塑造好志愿者形象，传播好志愿精神，引导广大党员将志愿服务的价值理念内化于心、外化于形，通过志愿服务实现"价值自觉""行为自觉"，奉献社会、服务他人，践行社会主义核心价值观，在本系统本单位打造良好的志愿服务文化体系。

（二）着力强化党组织引领指导作用，科学统筹党员志愿服务活动

志愿服务的本质是自发的、自愿的，但志愿事业的发展不能简单依靠志愿者本身。在志愿者服务活动起步阶段，党组织必须主动加强领导和引导，要走出"因为是志愿服务组织和志愿服务行为，所以不需要支持和领导"的误区。各级党组织要充分发挥组织领导作用，切实担当起倡导者、组织者和策划者的责任，有计划、有组织、有针对性地开展党员志愿服务活动。各地各部门党委（党组）要注重做好顶层设计，通过设立本地本系统统一的"党员志愿服务日"，每年确定若干个专门的主题活动，组织党员参与志愿服务，通过基层单位的协调联动，形成合力，强化志愿服务活动效果。各基层党支部也要根据本单位承担的职能，在组织、指导、协调、策划、规划和督办等方面发挥积极作用，促进党员志愿服务可持续开展。同时，要着力提高党员志愿者队伍的组织化水平，不断壮大志愿者队伍。要将志愿者活动与

发挥党员先锋模范作用相结合，通过向广大党员发出倡议，并以基层党支部为单位，动员招募在职的和离退休的愿意并有能力参与服务的党员加入志愿者队伍。党员志愿者队伍结构最好能体现不同年龄层次、不同特长领域，特别要努力吸收有专业技能的党员参加。志愿者信息要依据党员志愿服务信息系统（如 i 志愿平台）等平台建立完整的党员服务数据库，不断提高党员志愿者的管理和组织水平。此外，个别人员较少、职能单一的部门还可以组建党建联盟，以党建联盟为纽带，组织联盟单位党员共享志愿服务需求信息，共同参与志愿服务活动，将他们分类编入相应服务分队或小组，不断壮大党员志愿服务队伍力量。

（三）全面发挥党组织的指挥带动作用，结合实际广泛开展志愿服务活动

当前，全社会志愿服务活动蓬勃开展、志愿服务精神蔚然成风，各级党组织开展党员志愿服务活动，必须坚持"为密切党群关系、构建和谐社会提供服务"的原则。志愿服务不应拘泥于形式或场面大小，关键看是否为社会创造了价值、是否解决了人民群众的困难和问题、是否弘扬了时代主旋律。各基层党组织日常要积极听取群众的意见建议，倾听群众的声音、了解群众的诉求，搭建起服务需求和服务意向双向精准对接链条，积极挖掘服务项目，有针对性地集中开展党员志愿服务活动，从根本上杜绝"大锅饭式"的志愿服务活动，切实把志愿服务做实做细做精。要根据各个志愿服务项目的特点，按照"党员自愿与组织引导相结合、集中活动与分散活动相结合、服务形式与服务效果相统一"的原则，因地制宜、分块组织，开展形式创新、富有特色的党员志愿服务活动，以活动项目为支点，发挥辐射带动效应，撬动党员志愿服务实现常态化、精细化、标准化，使志愿服务成为党员发挥先锋模范作用的重要载体。在组织开展志愿服务活动时，要坚持力所能及和长期服务相结合，根据服务对象的服务要求和党员志愿者的能力水平，尽可能地开展切合实际的志愿服务活动。各基层党组织要鼓励党员在志愿服务活动中立足本职岗位，发挥特长优势，开展丰富多彩的个性化服务活动，满足群众高质量生活需要，推动志愿服务活动纵深推进、全面覆盖，规范化、制度化、常态化开展。此外，还可以通过党组织发动，党员带头，带动广大团员青年和职工积极参与志愿服务活动，进一步扩大志愿服务参与面，为群众提供更满意周到的服务。

（四）认真抓好志愿服务保障机制建设，为党员志愿服务保驾护航

虽然志愿服务倡导无私和奉献精神，但缺乏了党组织的肯定和社会的正确评价，"自觉自愿"将很难保持长久。因此，要促进志愿服务健康发展，就必须建立党员参加志愿服务的保障机制，把靠热情开展活动转变为靠规范的制度促进活动开展。目前，各地各级政府都在逐步建立完善《党员志愿者管理办法》，对活动流程及志愿者的培训、组织、管理，以及志愿服务的次数和时间等做出明确规定，规范党员志愿服务行为。各个基层单位也应该针对部门特点，制定有针对性的工作制度，加强对志愿服务的管理，促进党员志愿服务长效常态开展。一是建立党员志愿服务登记制度，要求党支部和党员利用好志愿服务登记手册或是电子平台等载体，详细记载党员参与志愿服务的时间和项目等情况，并以此作为评价党员志愿者

服务水平的重要依据。二是结合行业和单位实际制定党员志愿者活动章程，明确指导思想和主要任务。三是建立党员志愿服务意见征询制度，明确党员志愿者服务的对象、内容、时间和形式，广泛征询对服务活动的意见，及时发现不足，不断加以完善。四是建立激励评价机制，形成正确导向。要注重建立和完善党内考核激励评价机制，把党员参与志愿服务情况作为书记述职和民主评议党员的重要的内容，列入对基层党组织和党员的考核。有条件的党组织还可以探索实施志愿服务积分制度，对党员服务情况进行追踪管理，做好情况认定工作，做到全程纪实、有据可查。党组织每年可以结合"七一"活动，评选表彰一批党员志愿服务先进集体、优秀党员志愿者，弘扬正气，增强党员的荣誉感、责任感、使命感，鼓舞广大党员以更加饱满的热情和精神状态投入到志愿服务事业中。同时，可以把入党积极分子、预备党员参加志愿服务情况作为入党和党员转正的重要参考依据。此外，还可以在宏观层面上探索发展志愿服务互助循环机制，推动形成社会互助循环志愿服务体系，通过建立完善社会认同的志愿服务评价、表彰制度和党员考核激励机制，促进党员志愿服务活动的规范化。

关于做好新形势下公路宣传工作的思考

（江门市鹤山公路局　潘江潮）

摘　要　宣传工作是公路行业对外展示公路形象的窗口，是新时代公路工作的一项重要内容。新时期公路行业宣传工作，要主动适应新形势新常态，正确引导社会舆论，营造良好、和谐的发展环境，从而有效提升行业形象，促进公路事业全面健康可持续发展。

关键词　公路行业；宣传工作

近年来，我国公路事业高速发展，社会各界对公路工作的关注度在不断地提高，公路宣传素材越来越丰富，但是公路宣传工作面临着新的形势、新的变化和新的任务。习近平总书记曾提出"宣传思想工作要把握大势，做到因势而谋、应势而动、顺势而为"，因此，我们要充分调动各方力量，组织优势资源，把握新形势下公路宣传工作的特点和规律，实现公路宣传工作的创新。这对于促进行业发展、提升行业形象、营造良好的公路建设环境具有十分重要的意义。

一、当前公路宣传工作中存在的问题分析

近年来，本着宣传工作服务公路建设和稳定大局的精神，公路部门围绕交通运输一体化等重大主题，开展了丰富多样的主题宣传活动，有力地推动了中心工作，舆论引导能力有了不断地提升，宣传工作取得了一定的成效。在肯定成绩的同时，我们也要清醒地看到，宣传工作是一场攻坚战、持久战，公路宣传工作仍存在一些问题。

（一）宣传工作重视程度不够

一直以来，一代又一代公路人发扬"铺路石"精神，踏踏实实做事，以路为家，艰苦奋斗，不怎么注意对外宣传，很少把宣传教育工作提到重要议事日程中来，使得公路行业的很多工作不为外界所知。公路人向来都把完成各项任务作为工作的重心来抓，而针对公路行业的宣传却因重视程度不够一直没有作为一项系统性工作来抓落实，使得宣传工作的开展缺乏一个系统的、长期的工作部署。

（二）体制机制不完善

制度是做好工作的有力保障，而现阶段大多数地方公路部门还没有完善的关于公路行业宣传相关的规章制度和激励机制。行业宣传工作力度和成效因体制机制不完善，人财物投入不足、文化阵地建设滞后等问题，存在层层递减的现象，越往基层越薄弱，宣传工作开展起来举步维艰。

（三）发展不平衡，内外宣传力度不均衡

各地公路部门在宣传工作的重视、认识和投入上存在差异，导致发展不平衡，从而影响了整体的宣传成效。做得好的地区宣传工作普遍积极主动；差的地区各级宣传工作存在脱节，宣传渗透力不够。目前，公路行业的宣传工作存在内外宣传力度不均衡的问题，主要体现在集中于系统内部的联系，与地方媒体联系合作较少，在系统外的媒体上宣传次数较少。

（四）宣传基础薄弱，宣传队伍建设不利

公路行业宣传基础薄弱，一般都没有设立专门的宣传队伍，就算有宣传队伍的，一般也只有一两个人；人员随意性强；没有一定的任务要求；大多数信息员没有学过专业的新闻宣传知识；缺乏培训；总体写作水平参差不齐，信息稿的质量和采用率都不高；一般稿件也只是局限的投稿给上级部门报刊，在思想认识上也一定程度上影响着公路行业宣传工作水平的提高。

（五）宣传有效性不够强

宣传形式丰富性不够，比较单一；工作方式陈旧，文明创建缺乏创新，舆论引导不讲艺术，宣传工作常常陷入被动局面；在先进典型宣传和热点难点问题有效引导方面有待提升。

二、加强新形势下公路宣传工作的思考和建议

（一）高度重视，强化领导，摆上位置

宣传工作是公路工作一个重要组成部分，公路宣传和文化建设一样，应该在局领导集体中形成共识和合力。每个领导都应该重视宣传，要充分认识到宣传工作的重要性，要把宣传工作作为重要任务，经常听取汇报和及时协调解决工作中存在的困难和问题。

宣传部门要切实发挥牵头作用，对内通过加强对职工的宣传教育以统一思想、凝聚力量，对外宣传扩大单位影响、树立良好形象。要做到真重视、真投入，才能真受益。通过加大新闻宣传和文化建设的力度，推进业务工作，提高行业地位，从而形成良性循环。

例如，某市公路局，局领导高度重视宣传信息工作，召开专门会议来研究部署，要求全局人员充分发挥主观能动性开展此项工作，并成立信息工作领导小组。由局领导亲自任组长，明确信息宣传重点、统一信息宣传口径、严肃信息宣传纪律，确定各科室及下属各单位设立信息员，采取任务分解、责任到人的方法，全力抓好宣传信息工作。

（二）完善机制，加入投入，夯实基础

1. 建立宣传工作考核机制

建立和完善公路宣传工作岗位职责，把宣传信息任务落实到各科室及下属单位，定期对好文章、优秀信息员和对宣传工作做出突出成绩的都要进行表彰和奖励，激发他们的投稿热情，形成全员参与宣传的良好局面。

2. 建立完善的信息通报制度及重大突发事件快速反应机制

要形成及时、有效的信息通报系统，保证一手新闻素材的完整性，实现系统内信息工作的上行下达，狠抓宣传信息质量，掌握新闻宣传工作的主动权，狠抓日常、动态信息上报力度，并突出以图片配文字的形式，来真实反映公路行业的行政管理、业务建设及公路文化成果等。

要建立健全重大突发事件快速反应机制，在突发事件发生后，如抗击台风抢险救灾等，要及时取得第一手资料，掌握事件处置情况的话语权，实时发布动态信息，妥善处理好突发事件的舆情管理。

3. 保证宣传投入

不仅在思想观念上要重视宣传工作，也要在财力物力上给予支持，才能更好地开展宣传工作。公路部门要争取支持，筹集资金，为信息员订阅资料、购买宣传设备用品，在工作上多创造条件，以保障宣传工作的效率和效果。

（三）抓好公路宣传工作的阵地建设，加强沟通，协调聚力

公路宣传工作主要平台是公路系统内部及交通运输行业内部的媒体，但为了扩大宣传范围，增强宣传力度，除了抓好公路内部宣传工作的阵地建设，还要积极沟通大众媒体，主动与系统外的主要媒体进行合作，与他们保持密切联系，充分发挥他们的作用，形成良性互动关系，共同做好公路的宣传工作。

我们还要善于利用媒体的宣传报道来推动公路工作，要及时宣传先进典型，正确引导社会舆论，不断加强宣传的深度，将凸显时代特色的内容及公路养护、建设、管理工作亮点等呈现给广大受众群众，加强对外宣传力度，不断展现公路行业的新形象，形成良好的社会效益。

（四）培育人才，打造宣传队伍

做好公路宣传工作，要把宣传队伍建设和人才培养作为一项重要的工程来抓。要加大力度培养公路宣传人才，加强对信息员的培训和学习，通过举办培训班、座谈会、实地考察等形式，不断提高他们的写作能力，建立一支政治敏锐性强、业务水平高的宣传队伍。

（五）创新宣传内容和形式，提升宣传有效性

1. 与时俱进，着力抓好重大题材和主题宣传活动

宣传工作要紧跟形势、与时俱进，要紧密围绕党的十九大精神及习近平总书记关于交通领域的重要讲话和指示批示精神，结合"交通强国"战略思想、"十三五"交通发展规划等重大题材，始终坚持围绕交通运输公路行业的中心工作，加强行业提升公共服务能力和水平的宣传策划，将宣传工作贯穿到公路服务的全过程，提升宣传的有效性，努力创造良好的舆论氛围。

2. 加强舆论引导，注重人文关怀，宣传公路精神，营造公路文化

要抓住公路特色，创造公路人所喜闻乐见的语言和形式。在行业文化建设方面重点加强公路精神宣传，要多探索公路文化的各种建设，通过深入宣传行业文明创建、廉政建设、路

政窗口服务创优建设、雷锋服务站建设、青年文化等，展现公路行业的文明形象，提高亲和力，拉近公路行业与社会各界的距离。比如，某市公路局通过举办"最美养护工"活动，向社会公众展现现代公路人的风采，让大家更加深入地了解了公路行业，达到很好的宣传效果。

3. 宣传内容要更加接地气，贴近实际和群众

公路与亿万群众息息相关，要取得社会的认可和群众的支持，必须借助强有力的宣传功能，寻求社会的共识，树立良好的外部形象。宣传工作要紧扣时代脉搏，在新形势下根据群众的需要，充分体现以人为本和以公路发展为中心，深入基层一线，捕捉与群众切身利益联系密切的鲜活的新闻素材。要针对不同人群，确定不同层次的宣传内容，要适合群众口味，多讲实用知识，少讲空洞道理，让群众一听就懂、一看就会。

4. 宣传形式紧贴宣传内容，做到有的放矢

宣传工作需要有效的形式作为载体，载体也具有各种各样的形式。我们要多渠道进行公路宣传，使宣传对象接受得了，宣传效果才会好。同时还要根据宣传的内容和对象，精心策划有效的、有针对性的宣传教育形式，比如，根据新闻内容和特点，选择报刊、电视台、电台、网站等发布新闻报道，还利用横幅、宣传栏、流动宣传车等工具及时宣传公路政策法规，宣传公路建设、养护、公路文化建设先进典型事迹。还有开展理念政策宣传时，可以采取专家解读、文化活动等方式，使理念政策通俗易懂，又能被群众广泛了解；开展新闻宣传时，要善于把一般工作策划成新闻事件，充分提升新闻价值，吸引媒体把焦点聚集在公路，最大限度地扩大公路部门的影响；加强行业文化建设时，要通过行业内的报刊、网站、宣传栏发表各类作品，使宣传教育的社会氛围浓厚。

5、创新宣传网络，利用好新兴媒体

网站是一个单位的门面，是外界了解一个单位最便捷的窗口。新媒体时代，公路信息通过网站发布，公众可在线对公路动态最佳途径进行充分了解，所以一定要高度重视，切实把网站办好。传统媒体要与微博、网络社群、手机媒体、直播等新兴媒体联合，创新公路宣传方式，进行有效的宣传。比如，近年来，已迈入全民麦克风的发展阶段，人人都是自媒体，人人都可利用微博随时随地展现自我，发表建议。那么，我们也要建设好公路微博，实现政务公开，实时传递政策消息，充分展现公路面貌。还有互联网的大量网络社群，如QQ群、微信群和手机应用等，已成为极具影响力的交流手段，也成为宣传工作开展的主要媒体，新兴媒体促进了媒体传播领域的扩展，推动了社会舆论宣传的多元化。

三、结语

在公路事业处于深化改革、转型发展的关键时期，公路行业的宣传工作应该紧随时代步伐，站在新的历史起点上，传播正能量，为公路事业服务、转型发展贡献新的智慧和力量。

不忘初心牢记使命指导公路品牌文化建设

(湛江市公路管理局遂溪分局　麦梓龄)

摘　要　品牌是具有经济价值的无形资产,是消费者对产品或产品系列的认知程度。本文引申出的公路品牌文化指的是公路系统在社会互动过程中,公路品牌的拥有者、管理者、被服务者、听闻者之间共同拥有的对"ＸＸ公路"这个品牌的价值观念、审美情趣、态度与情感诉求。公路品牌文化的建立不仅使公路个体单位可以向人民提供具体的产品(公路)与服务(公路养护等),而且可以在全系统形成规模效应,满足人民接受党和国家服务的心理需求、增强人民对党和国家的认可与信任、传达党和国家团结全国各族人民为实现伟大梦想共同奋斗的决心。

关键词　公路品牌;公路系统;文化

一、"不忘初心、牢记使命"指导建设的必要性

(一)不忘初心、坚定信念是中国共产党面对新形势新挑战的一贯做法

中国共产党自建党以来,经历了反帝反封建斗争、社会主义革命、改革开放。理论创新每前进一步,理论武装就要跟进一步。面对不同特殊历史时期,国内外复杂严峻形势,中国共产党曾进行过多次强化理论学习、理论武装的教育活动。

例如,1942年,实行延安整风,整顿"左"倾右倾错误,确立了实事求是的思想路线。1983年,十二届二中全会发起统一思想、整顿作风的整党活动,坚定党的基本路线,为改革开放与社会主义现代化建设奠定理论基础。2005年,中共中央在全党内开展以"三个代表"重要思想为主题的保持共产党员先进性教育活动,使各级党组织不断提高创造力、凝聚力、战斗力,始终发挥领导核心和战斗堡垒作用,使广大党员干部不断提高自身素质,始终发挥先锋模范作用,使中国共产党保持与时俱进的品质,始终走在时代前列,不断提高执政能力,巩固执政地位,完成执政使命。党的十八大以来,习近平总书记发表了一系列具有创见性的新理论新思想,2016年开展"两学一做"集中性、经常性教育,就是为使党员队伍永葆先进性与纯洁性。

(二)牢记使命深化教育是中国共产党实现"两个一百年"奋斗目标的必由之路

"两个一百年"奋斗目标是人民对美好生活向往的集中体现,是当代中国共产党人最重要最现实的使命担当。时间紧迫,任务重大,我们要及时巩固全面从严治党成果,深化思想认识,打造忠诚担当的干部队伍。面对执政考验、改革开放考验、市场经济考验、外部环境考验,警惕精神懈怠、能力不足、脱离群众、消极腐败的危险,保持政治意识、大局意识、核心意识、看齐意识,坚定道路自信、理论自信、制度自信、文化自信,牢记全心全意为人民服务的宗旨,做到"学思用贯通、知信行统一",齐心协力实现中华民族伟大复兴的中国梦。

二、"不忘初心、牢记使命"对公路品牌文化建设的启示

（一）心系人民，从群众中找准公路品牌文化建设目标

正所谓利民之事，丝发必兴；厉民之事，毫末必去。公路人的目标与使命是塑造公路品牌文化最突出的"商标"。公路人目标与使命就是要从人民群众感到不幸福、不快乐、不满意的地方下功夫，就是要顺应人民群众对美好生活的向往，在自己力所能及的公路行业范围内，不断实现好、维护好、发展好最广大人民的根本利益。

（二）坚定信念，让思想之光指引公路品牌文化之魂

思想与战略的前导性会推动公路系统优化升级，优化升级又使公路系统能灵活适应内外部复杂多变的威胁挑战。所以，我们要主动系统持续学习新时代中国特色社会主义思想和党中央决策部署，坚定马克思主义信念，保持公路系统的纯洁性与先进性，把为人民谋幸福、为民族谋复兴的宗旨落实到每一个决策、每一个行动中。人谁无过，过而能改，善莫大焉。我们要站在群众立场上找寻公路服务中的差距，敢于承认、积极整改，看人民所看，听人民所听，思人民所思，方可呈现人民心中想看想听的公路品牌文化画面，让公路品牌文化之魂发光发亮。

（三）为党代言，用担当积累公路品牌文化美誉

千里之行始于足下。人民心中公路品牌的美誉也是靠一点一滴积累起来的。这依靠我们筑好每一段路、及时修复每一处隐患；依靠抢险救灾、脱贫攻坚时我们冲在最前、高效有序；依靠面对工作中的困难与矛盾时，我们胆大心细、敢管敢抓、考虑民生、积极协调；依靠改革发展遇到阻力时，我们坚定信念、为国代言、心系群众、攻坚克难；依靠面对歪风邪气、顽瘴痼疾时，我们敢于斗争、善于斗争、坚韧不拔、无私无畏。说一千，道一万，都不如做给老百姓看。我们用心的决策、实在的行动，是增强人民对党和国家的认可和信任的最好的代言。

三、公路品牌文化建设的对策建议

（一）融和本地雷州文化，共融共生相得益彰

自隋定"海康"，唐定"雷州"，雷州文化至今已有1400多年历史，与广府、潮州、客家文化并称为广东四大文化。被列入国家级非物质文化遗产名录的雷歌、雷剧及千年传承的民俗活动仍鲜活存在于人民日常文化生活中，先贤遗风仍深刻影响当地人民的思想认识。而把雷州文化与公路品牌建设相融合，则能相辅相成相得益彰。例如，精准扶贫扶的不仅是经济，更应该是精神。每年在扶贫活动中可以增加一次在扶贫责任辖区村落之间轮流进行的讲述先贤故事的雷剧表演。以贴合人民审美情趣的方式，传颂艰苦奋斗、顽强拼搏、为善仁德的中华传统优秀文化，弘扬社会主义核心价值观。这既能使"公路"品牌借雷州文化之东

风,增强群众的认可与喜爱,继而让群众成为公路实绩口耳相传的代言人;也能使雷州文化随公路人的传承愈发鲜活,源远流长。

(二)组织文化内修于心,品牌文化外放于形

组织文化源于职工行为改善,品牌文化则作用于公众关系的改善。职工与公众是服务与被服务关系,组织文化与品牌文化互为表里,相辅相成。组织文化如湖下藕节,万物滋养,去芜存精,中通外直,自成一格,方能生出品牌文化如映日荷花,不染不妖,十里飘香。改善组织文化,我们应关注以下3个层面。

①精神层面。包含群体意识、风气、道德认同等。我们要确立政治正确、清晰可行的战略目标,养成符合组织特性的领导人格与管理风格,通过沟通管理激发职工的使命感、加强责任感、赋予荣誉感,做到权责利相统一。

②制度层面。被称为"软文化"。包含常规事务管理制度、特殊情况处理制度、非法定事务的风俗习惯。我们要通过组织结构改革、制度改革,建立起适应时代发展的考核体系、决策制度,教化为引,奖惩为固,并针对不同单位特殊矛盾进行个性化管理,方能从根本上建立与时俱进的制度文化与机关作风。

③物质层面。被称为"硬文化",是精神层的载体。可通过环境、建筑、布置、产品、设施等的精心布置来反映组织内在的审美情趣、价值导向。

不忘初心、牢记使命,中国共产党人的"初心"和"使命"就是为中国人民谋幸福,为中华民族谋复兴。公路行业各个岗位,不分高低贵贱,我们要做的就是在其位、谋其事,心系人民、坚定信念、爱岗敬业、担当作为。完善自身,并肩负起社会责任,塑造自身品牌文化影响力,发扬优良作风、弘扬社会公德,达则兼济天下、穷则独善其身,团结携手人民把党的十九大绘就的宏伟蓝图一步一步变为美好现实。

浅谈如何做好公路行业先进典型的选树

（东源县公路局　朱红云）

摘　要　当前县级公路系统正在加快推进体制改革，选树好先进典型能够在改革浪潮中发挥引领和示范效应，有利于稳定人心、催人奋进、打造优良队伍，为公路事业的持续健康发展提供强大的精神支撑。

关键词　典型；队伍建设；选树

一、选树典型的意义

先进典型选树工作是宣传思想政治工作中一项非常重要的内容，充分发挥典型的正面引导作用，形成积极向上的工作作风，攻坚克难啃骨头，激发公路一线职工活力、增强队伍战斗力具有重要的意义。

（一）先进典型推动队伍建设

先进典型是时代的旗帜，在某种意义上，可能影响一个时代甚至未来的发展。例如，20世纪60年代掀起的雷锋精神，打造了一批乐于助人，无私奉献的好干部；90年代树立的孔繁森、牛玉儒等先进典型人物，引领了一批共产党员保持新时期共产党员的优秀品质和浩然正气；今天，基层公路行业实行的"最美养护工"评选、先进共产党员评选、先进党组织评选，选树了一批优秀的职工和党员，发挥了先进典型排头兵的作用，引领基层公路职工共同促进、共同提高，努力把职工的工作热情落实到无私奉献、全心全意为公路事业。

（二）激励人心向上

中国共产党自成立以来，在短短的28年时间里夺取了全国的政权，新中国成立后经历了几场战争，都能以弱胜强、战无不胜，究其原因，我们党内重视政治理论学习是重要因素，而树立典型榜样是政治理论学习的重要组成部分。榜样的力量是无穷的，一个好的典型就是一面旗帜，它不仅具有强大的说服力、吸引力和号召力，而且具有一定的生动性和鲜明性。战争时期，董存瑞、黄继光等先烈激励了无数人前仆后继，勇于牺牲。和平时期，中央、省、市、县每年都要求学习先进党员的优秀事迹，有十几年如一日为国奉献的、有在抗洪抢险中牺牲的、有为扫雷失去眼睛的、也有在扶贫道路上过度劳累牺牲的，这些先进典型给我们基层干部职工很多正能量。但是作为基层干部职工，没有轰轰烈烈的事迹，选树好身边热爱公路事业、爱岗敬业、扎实完成各项管养任务的优秀职工，弘扬职工眼前的典型、身边的榜样，更会激发职工潜在的进取心、荣誉感，使之学有方向、赶有目标，激励大家奋发向上，形成自觉学习先进、争当先进、赶超先进、崇尚先进的良好氛围。

二、当前先进典型选树和培养存在的问题

（一）思想认识不到位

一是典型难当，甘当中游。个别同志虽然工作上勤勤恳恳，符合作为先进典型的一切条件，但基于谦让的原因，他们并不愿把自己作为先进典型。二是个别同志认为被评为先进典型并不能得到多大实惠，对选树工作采取消极态度。三是部分同志认为选树都是走走形式，在选树典型评选中没有充分发挥自己的投票权利。

（二）宣传力度不够充分

一是表现在重评比、轻宣传，没有将先进典型的事迹和蕴含的精神实质宣传到位，往往是提交一张纸、出具一份文，整理归档便算完成了先进典型的选树工作，导致先进典型的辐射、示范、带头作用发挥不明显，激发其他职工学习榜样的热情不够。二是任意拔高，过于神化。没有注重实事求是，为了达到生动感人的宣传效果，添枝加叶，将典型神化，违背了选树先进典型的初衷。

（三）典型树立得不够持久

一是对先进典型缺乏长期培养的意识和工作机制，未能促进先进典型不断完善自己，实现自我提高。二是对先进典型的跟踪、培养不够，先进典型年年都是那部分职工，老典型虽然一直能保持先进性，但是新典型却很难树立。三是工作上存在形式主义，在工作方法上不够科学，选树典型仅带着评选方案的固定框子去寻找典型，用想象出来的典型模子去套现实中的典型，使典型的发展受到限制。

三、选树培养先进典型工作对策及思考

（一）严选

一是选"信得过"典型。选树典型必须经得起群众考验。群众是创造历史的主人，群众也最有发言权。为此，基层公路部门要构建开放型工作机制，坚持"群众第一"的原则，在评选中深入一线养护中心调研，听取职工意见和建议，通过自荐加他荐的方式，综合选出候选人员。二是选"树得住"典型。选树的典型要与中心工作需要相匹配，尽量选树多方面的先进，以起到典型的示范、引领和激励作用。例如，东源县公路局"最美养护工"评选，挖掘和培养了一批在基层公路建设、管理、养护等方面，扎根公路基层一线、爱岗敬业、默默耕耘、不计得失的先进典型代表。又如，2019年"6·10""6·12"抗洪抢险工作中，东源县公路局路政股股长曾志平发挥共产党员无私奉献、不畏困难的精神，日夜奋战在一线指挥交通、清理塌方，保障公路畅通，带动了其他干部职工投入抗洪抢险工作中。他坚决执行局党组的命令，按时报告险情，使局管养的路段未发生人员伤亡和车辆损毁等事故。三是选"立得牢"典型。典型的选择要适应公路行业的发展，必须突出实践性，选树的各类典型必

须立足于实践服务于实践，必须是在各职能部门、本职岗位、实际工作中出类拔萃的先进分子和优秀骨干，才能真正发挥好典型的示范引导和辐射带动作用，才能够推动公路行业的发展。

（二）重宣

一是根据时代形势发展的需要，弘扬典型。不同时代发展形势具有不同的发展特点，先进典型人物集中体现了时代精神。现阶段正处于公路行业体制改革最紧要的关头，选树能稳大局、服大众，热爱公路事业，默默奉献的公路人显得尤为重要；而在融入粤港澳大湾区建设的背景下，选树好把握大局、理论知识和专业素养过硬、爱岗敬业的典型。因此，我们宣传先进典型要紧紧把握形势发展的脉搏，把具有强烈的启迪、教育感召和激励作用的典型，结合现实工作需要，做到适时、适度进行宣传。二是根据阶段性任务的需要弘扬典型。典型是时代的产物，宣传典型也必须体现时代特点、顺应社会发展要求。如2019年抗洪抢险工作中，宣传抗洪抢险"战士"先进典型不畏困难、不怕牺牲的精神，有利于以点带面，带动全体职工工作热情，保障抗洪抢险工作任务的顺利完成。三是根据分类指导的需要弘扬典型。不同层次的先进典型其影响力也不同，我们在宣传典型的过程中要注重典型的多样性和层次性，如对于基层养护工注重宣传其甘于奉献、耐得住寂寞的精神。

（三）善培

一个树得起、叫得响、过得硬的先进典型除了自身必须具备良好的素质和不懈努力外，更需要组织的关心培养，尤其刚刚崭露头角的典型，可塑性强，持久力弱，如果不注意呵护，就会使一个很好的典型趋向平庸，甚至半途而废。一是努力为其提供一个适合发展的空间和成长的土壤，做到人尽其才、才尽其用，把正确引导典型作为进一步提高先进典型含金量的重要措施，为他们创造学习再教育的机会，不断地为他们充电，让他们接受新事务，帮助典型确定新目标、提出新要求、干出新业绩，从而使典型始终保持不断前进的动力，向更高层次迈进。二是为典型创造施展才华的"舞台"。可以举办经验分享交谈会、朗诵演讲比赛、技能大赛等，挖掘职工潜能，在活动中挖掘出优秀典型。在朗诵演讲比赛中既能发现职工口才能力、表现能力的闪光点，又能发掘演讲中突出体现出来的优秀职工先进事迹。

（四）关爱

精心爱护和鼓励先进典型是选树的关键环节。一要在政治上关心。该表彰的表彰，该奖励的奖励。这样才能让先进典型和基层养护职工感受到苦干不白干，奉献不吃亏，才能形成"人人崇尚先进，个个争当典型"的氛围。二要在工作上支持。鼓励职能股室对先进典型在日常工作中存在的问题和不足给予积极的帮助指导。了解周围同事对评选结果的看法，引导周围同志正确对待先进典型，多一份平常心，少一份不服气，为先进典型的成长提供和谐宽松的外部环境。三要在生活上关怀。要主动了解典型个人的家庭生活，帮助他们解决实际生活困难，让他们把更多的精力投入到实际工作之中。

新时期，随着公路体制改革的深入，为更好融入粤港澳大湾区建设，需要选树好优秀典型，发挥先进典型的示范和引领作用，带动基层公路干部职工攻坚克难、不断进取，以此推动改革的顺利完成和公路行业的可持续发展。

浅谈新形势下如何创建新时代公路行业文化品牌

(阳春市公路局 林鉴坤)

摘　要　加强公路文化建设，对于创建文明行业、促进公路行业科学发展、构建和谐公路具有十分重要的作用，它必将为促进公路事业又好又快地发展提供坚实的思想基础、坚强的智力支持和强大的精神动力。

关键词　公路文化；公路事业；促进发展

先进文化是人类社会发展和进步的动力，先进文化在人类发展和进步中的推动作用是十分明显的。落实科学发展观，就是要发展先进文化，用先进文化鼓舞人、激励人、影响人、塑造人，为人的全面发展提供思想动力和文化条件。公路文化是一个公路行业创造的具有本行业特点的理念、精神、制度、价值和氛围的总和，是公路行业在长期发展实践中逐步形成并不断积累的，是公路行业发展的生命力、凝聚力和创造力的源泉。

习近平总书记在党的十九大报告中提出了一系列新思想、新理论、新论断和新方略，其中提出要加强交通等基础设施网络建设，建设交通强国。随着"中国梦"的全力推进，公路交通已成为对人们生产和生活有着深刻影响的产业。因此，加强公路文化建设，特别是全面推进深化改革，坚持科学发展观，进一步加强公路文化建设，是社会发展的总趋势。加强公路文化建设，既能深入推动公路行业深化改革、优化资源配置，同时也能更好地创新公路建设与养护管理理念，创造较好的公路交通环境。打造公路文化品牌，加强公路文化建设，使公路行业融入人类社会文明进程，是社会发展的需要，是行业管理与发展的必然选择。为此，加强公路文化建设，对于创建文明行业、促进公路行业科学发展、构建和谐公路具有十分重要的作用，它必将为促进公路事业又好又快地发展提供坚实的思想基础、坚强的智力支持和强大的精神动力。

一、关于加强公路文化的重要性

《交通文化建设实施纲要》指出，公路文化是中华民族文明文化的组成部分。它是行业文化与社会文化有机交融、结合的产物，是广大公路干部职工在长期的公路工作中精神行为和物质行为的结晶。新形势下公路文化的内涵主要是：默默无私的奉献精神；服务社会的责任意识；团结互助的团队形象；艰苦务实的工作作风；"畅、安、舒、美"的直观感受。通过公路文化建设，才能有效地提高职工素质，激发职工的群体意识；才能创造出丰富多彩的文化生活，使公路人形成一致的价值取向，形成一种和谐创新的良好氛围；从而增强公路行业的凝聚力、向心力和战斗力。

公路文化是新时代公路工作发展趋势的一种导向，加强公路文化建设，对于树立文明的窗口形象是一种高层次的激励机制。公路文化建设和文明窗口形象的树立，体现着公路行业共同的价值理念，是公路人团结奋进的精神支柱。公路文化的核心是价值观念，通过奋发向上的价值观念和美好文化氛围的引导，产生一种理想的激励机制，激励广大职工为实现工作目标不懈地努力，创造出新的业绩，创新行业品牌和文化，提升行业品位，全面推进公路事业的现代化建设和发展。

公路文化是公路的灵魂，公路事业的发展事关社会的全面发展与进步，在实现"中国梦"的伟大社会实践中，公路部门肩负着历史使命和重要责任。因此，我们要充分运用公路文化的力量，以正确的价值观、先进的管理理论，艰苦创业的奉献精神，以公路文化软实力的提升促进公路事业硬实力的全面提升，更重要的是从价值观念中提炼出一种理性的韧性约束，从而激发公路人向既定的奋斗目标奋勇前进。

二、关于加强公路文化品牌的建设

公路文化重在建设，它是一个长期的历史过程。创建新时代公路文化品牌对于推动公路事业大发展具有重要作用。在学习党的十九大精神的同时，立足新时代这一历史方位，以习近平新时代中国特色社会主义思想为指引，紧密结合公路改革发展，牢牢把握新时代意识形态领域的主导权、主动权。

（一）加强理论思想学习

把学习宣传好党的十九大精神特别是习近平新时代中国特色社会主义思想作为重中之重，让习近平新时代中国特色社会主义思想真正成为行动指南。把科学理论同广大干部职工的学习、工作、生活结合起来，运用科学理论帮助他们解除思想困惑，使科学理论真正走进广大干部职工。

（二）建立"公路人"精神的价值观

建立行业的灵魂和精神支柱，以弘扬"铺路石"精神为核心，凝练公路文化精髓的公路精神。在实践中形成的职业思想、敬业精神和职业道德，是公路人价值观的集中体现，是有生命力、感染力，以"爱路敬业、服务奉献、创新发展、争创一流"为核心的公路精神，培养"四有"职工所应有的爱祖国、爱社会主义、爱路、爱岗思想。从而，凝练出甘当"铺路石"的敬业精神、不畏艰险的抢险救灾精神、不甘平庸的拼搏精神、以苦为乐的奉献精神、服务人民的雷锋精神等新时代公路人精神。通过弘扬"铺路石"精神，建立公路人精神的价值观，激发公路人的责任感和使命感，充分发挥公路人的积极性和创造性，促进公路事业的科学发展。

（三）树立文明行业，打造行业品牌

公路人文历史悠久，文化底蕴深厚，全系统公路广大干部职工默默无闻、艰苦奋斗，为经济发展做出了突出贡献。公路人吃苦耐劳、甘于奉献的作风，形成了公路特有的行业精神和行业文化。把社会主义核心价值观的要求融入公路行业精神文明创建活动之中，把"服务

人民、奉献社会"作为根本要求，以"内强素质、外树形象"为主要目标，深入推进文明行业、文明单位创建。不断深化改革、强化管理、加强队伍建设，积极开展先进班组、小家建设等评选活动，促进公路文化行业品质的提高，展示公路人良好的精神风貌。从而，打出"一路舒畅处处景"的公路文化品牌，并以一贯之的宣传和氛围营造，深入公路职工心中，形成一张响亮的品牌名片。

三、关于加强公路行业意识形态阵地建设

（一）加强文艺创作，丰富文化活动

公路文化是群体文化，只有在情感上贴近群众、工作上依靠群众、生活上联系群众，才能使其健康发展。在楼梯、走廊、会议室装饰名人名言、墙画、专栏板报等文化作品，增强公路行业文化氛围。通过定期举办公路队伍文化节活动，如开展知识竞赛、诗歌竞赛、摄影、绘画、书法比赛，开展羽毛球、篮球比赛等形式多样、丰富多彩的文体活动，搭建一个有利于公路人陶冶情操、提升境界、增长才识的文化平台，从而增强公路行业凝聚力、提升公路队伍的归属感、幸福感和自豪感。加强和改进文艺创作活动，促进公路行业的文化建设。加强公路文艺骨干队伍建设，引导、鼓励和支持文艺骨干深入现实生活，吸吮丰富的现实养料，从而创作出更多更好展示公路成就、讴歌公路职工、弘扬时代新风的优良作品。

（二）建立长效管理机制，努力提升公路文化建设

建立健全有效的激励约束、考核评价机制，完善各项配套制度，对于调动公路人的积极性、主动性和创造性具有重要意义。完善岗位责任制度，加强工作考核，客观、公正地评价每一位公路人的工作实绩，在公路部门营造积极进取、力争上游的良好氛围；完善干部教育培训制度，使每一位干部都有接受培训、提高素质的机会，把教育培训作为激励干部做好工作的重要手段；完善后勤保障制度，为公路人创造良好的工作生活条件。建立和完善一整套切合实际、具有公路文化特色的制度管理机制，才能提升公路行业的管理水平和公路队伍素质。

（三）建好宣传阵地，宣扬公路文化精神

通过各新闻媒体、报刊、微信等先进传播宣传阵地，宣传有思想、有温度、有品质、为群众喜闻乐见的精品力作，讲好公路先进事迹，宣扬养护一线的鲜活故事，展现真实、立体、全面的公路人事迹，提高公路文化软实力，促进公路文化精神建设，为公路养护工作营造良好的社会舆论氛围，提升公路行业形象、文明风貌和文化品位。

（四）大力推进廉政、法制文化建设，提升公路队伍素质

公路部门具有点多、面广、线长、流动、分散、不便管理等特点，公路工程建设领域容易形成腐败的温床，解决这个问题必须加强廉政文化建设。通过开办廉政文化专栏，进行廉政书法比赛；开展廉政建设宣传教育活动，进行廉政建设专题教育报告；实施党务、政务、

事务公开透明等一系列廉政文化宣传教育活动,从而增强廉政文化的渗透力、感染力和广大干部职工拒腐防变的自制力。廉洁、公平、公正、公开的氛围才能逐步形成,工程建设质量才能得以保障。

把加强公路队伍法治建设摆在突出的战略地位抓,积极提倡建立学法、知法、守法、用法的公路队伍。在开展传统岗位培训学习的基础上,针对公路行业和公路队伍特点,以提升公路队伍综合素质为着眼点,开展安全法律、公文写作、文明礼仪、执行管理等全方位的培养教育,不仅能增强公路队伍整体素质和执行力,而且在思想意识和行为进程上可以获得提升和拓展。

(五)加强精神文明文化建设,推动公路文化行业蓬勃发展

始终坚持开展公路行业特色的行业文化建设,与时代同步、与文明同行。广泛开展"先进集体""先进班组""优秀员工""先进工作者"等表彰活动,形成"处处有典型、行行有标兵、事事有先进"的特色;在窗口岗位开展树形象、创一流、争创文明窗口活动,用优质的服务提升社会形象;着力创建学习型组织,大力推行公路队伍素质培训,开展"大练兵、大考核、大提高"活动;开展"抓质量、树形象、增效益"等劳动竞赛活动;规范公开渠道,利用职代会、专题会议、公开栏等形式,使各项事务走向"阳光地带";建立定期走访慰问制度、特困救助机制,定期慰问职工遗属、特困职工、离退休职工,发放慰问金和慰问品,建立职工家庭档案,为职工子女上大学设立奖学金等,让他们切实感到集体的温暖。通过一系列的精神文明建设活动,建设一个以"发展现代交通,奉献一流服务"为宗旨,集养护管理、应急抢险、公共服务"三位一体"的公路服务队伍,且积极运用文化建设的成果,大力宣传文化建设成就,使文化建设学有榜样、赶有先进,从而推进全系统公路文化建设的蓬勃发展。

因此,公路文化建设是项长期、复杂、艰巨的工作。特别是公路文化的建设和发展,是公路行业管理的基础,其文化建设的作用力、融合力、渗透力源远流长。为此,要在公路行业中广泛开展适合本行业特点、特色的文化建设活动,提升公路队伍素质和责任,积极构建市场化条件下加强宣传思想文化工作的新机制,探索利用市场化手段,整合社会资源,拓展公路文化建设思路,夯实基础,提升文化品位,把公路行业打造成新时代公路文化品牌,实现公路长效健康发展,激发公路人为公路事业创造更好的未来。

发展绿色公路　建设美丽中国

(佛山市三水区公路局公路管养中心　陆凯欣)

摘　要　习近平总书记在党的十九大报告中指出,要建设美丽中国,表明我国追求人与自然和谐发展的坚定决心,强调的是在经济建设的同时,注重生态文明的建设,在绿色中发展经济。而发展经济,离不开公路交通的发展,建设绿色公路,实现公路建设健康可持续发展,将对美丽中国的建设起到积极作用。

关键词　绿色公路;生态;节能减排;绿色养护

习近平总书记在党的十九大报告中指出,要加快生态文明体制改革,建设美丽中国。我们要建设的现代化是人与自然和谐共生的现代化,既要创造更多物质财富和精神财富以满足人民日益增长的美好生活需要,也要提供更多优质生态产品以满足人民日益增长的优美生态环境需要。表明党持之以恒地推动建设美丽中国,追求人与自然和谐发展的坚定决心。

人和自然的和谐发展,强调的是在经济建设的同时,注重生态文明的建设,在绿色中发展经济,而发展经济离不开运输网络的不断完善和发展。在铁路、民航、水运、管道这几种运输方式中,公路应该是最基本的服务方式,是这5种运输方式中覆盖范围最广、服务功能最强的一种方式,其他的运输方式都离不开公路的支持。根据交通运输部《交通运输行业发展统计公报》,我国公路总里程由2010年的400.8万km增加到2015年的457.7万km,我国公路密度由2010年的41.8 km/100 km^{2}提高到2015年的47.68 km/100 km^2。可见发展绿色公路,促进公路发展转型升级,实现公路建设健康可持续发展,对于美丽中国的建设,起到积极且不可忽略的作用。

绿色发展,将是党的十九大后,公路发展的一个基本原则,也是公路行业为推动美丽中国建设,积极响应"为把我国建设成为富强民主文明和谐美丽的社会主义现代化强国而奋斗"号召的重要目标。为推动绿色发展,建设美丽中国,必须积极探讨绿色公路的发展模式,实现全行业绿色公路快速发展,让绿色公路成为环境的一种美丽装饰,成为美丽中国的一张名片。

一、统筹发展,大力发展低能耗集约化公路

党的十九大对新时期交通运输发展提出了更高的要求,公路发展在其运营过程中会带来资源和能源的消耗,要想发展绿色经济,必须走绿色可持续发展道路,通过统筹发展,多措并举,节能减耗,推动绿色公路的实现。

(一)积极创新,运用新材料、新工艺

公路在建设和养护的过程中需要使用大量的材料,如沥青等。如何通过创新,发展新能

源并降低能耗,将成为绿色发展的一个重要的突破点。一是通过大力推行废旧轮胎等材料的循环再利用,即通过大力发展科学技术,把原本成为环境污染的废旧轮胎变成可以建设公路的材料,加强资源的循环利用率,实现资源的高效利用。二是通过创新应用节能技术,减少天然气等燃料的利用,减少温室气体的产生,从而为自然环境的可持续发展而出力。三是以节能低能耗机械,逐渐取代高能耗、高污染的施工设备,把能源消耗和排放标准、使用周期寿命等因素综合考虑,选用合适的机械设备。

(二)科学规划,合理利用资源

科学的公路规划可以优化路网,便捷人民出行,提高车辆的运输效率,促进经济的发展。因此,在公路网线的规划过程中,应当具有前瞻性和全局性,充分考虑网线布局、公路与其他运输方式衔接是否顺畅、成本费用、地质环境、对周边环境的影响等多个因素,避免走不必要的弯路,以免因规划不合理而造成反复改造、重复施工、重复建设等的浪费,提高路网的运行效率。同时,进行路线选择应因地制宜,尽量选择施工难度、能耗与工程实际效益相适应的路线,进而合理布局,避免破坏环境,从而优化施工设计,建成"合理布局、集约高效"的公路交通环境。

二、注重人与自然和谐发展,加强对环境的保护

习近平总书记指出,"要建立健全绿色低碳循环发展的经济体系"。因此,人类应该尊重自然,与自然和谐相处,虽然在公路的发展过程中不可避免地对环境有所破坏,但是我们应该积极探讨保护环境的方法,注重环境的修复和保护,建成便捷、高效、绿色、安全的道路运营体系,推进绿色公路的发展,让"美丽中国"不仅仅是一个美好设想,而是真正具有现实意义的目标。

(一)施工过程中做好绿化环境的保护和修复工作

在工程施工前期,通过优化选线、勘察地质等方式,合理选取工程的路线,减少对生态环境的破坏。在施工时,一是加强对植被与表土资源保护,严格落实环境和水土保护的各项制度,做好污水垃圾的收集处理工作;二是加强施工扬尘与噪声监管,施工作业时使用环保节能的机械,减少机械尾气的排放。在施工完工时,要对不可避免的绿化破坏进行生态恢复,通过植绿等方式,减少道路发展对自然环境的破坏。

(二)在养护过程中注重环境管理

公路的运营需要人为的管养,如何把节能减排、环保生态、自然和谐等发展理念融入贯穿于公路养护的各个环节,将对绿色公路的建设起到关键作用。在进行道路养护的过程中,要兼顾对环境的保护。一是积极做好道路降尘工作,关键是从源头抓起,公路部门加强与其他执法部门沟通交流,控制大型货车超载撒漏现象的发生;同时要加强扬尘洒水,提高洒水

频次，使用先进节能的机械设备，有效降低路面扬尘，通过双管齐下的方式，控制路面扬尘，减少大气污染。二是在道路养护的过程中，注重对公路绿化的维护和修复。根据路域环境的不同要求，选择不同的绿化景观，并定期派人对公路绿化进行修剪和检查，发现虫害及时洒药清除，确保公路周边的绿化环境既能使司乘人员开阔视野、赏心悦目，更能发挥其生态、低碳的效益，打造绿色生态交通。

（三）加强路域环境的执法管理

加强路域环境的执法管理，对公路的维护和持续发展至关重要。一是要加强道路巡查，通过巡查及时发现各类破坏公路及绿化的违法现象，减少公路的安全隐患。二是严格公路各类使用的审批权限，如公路挖掘占用等，不论是政府工程还是企业所需，都应该进行路政审批，以减少对公路不必要或重复的挖掘损害，确保道路的通行安全。三是加强公路两侧违法建筑和公路堆积物的查处和清理，严格控制公路建筑红线。道路两旁的违法建筑既影响司乘人员的通行视线，容易诱发各类的交通事故，又容易因违法建筑的构建和大量废弃垃圾的产生而破坏环境，影响周边的生态环境，因此必须加强管理，确保路域环境的整洁、顺畅。

三、转变观念、注重建养并重

（一）注重工程质量，提高道路质量

公路工程的建设，将大大方便周边的群众出行，带动当地的经济发展，因此在工程建设上，要跟豆腐渣工程说不。施工时应抓住关键部位进行把控，一是严把材料关，在材料使用前做好试验检测工作，不达标的材料坚决不使用；二是要根据不同的地质结构采用不同的施工工艺，确保道路的使用寿命，同时建设单位应对工程质量应付全面管理责任，在前期调查、设计、咨询、施工、监理、试验检测、验收等各个环节，都应严把质量关，保障道路的质量，以降低后续的养护成本。

（二）转变观念，重视养护

修建公路能给当地的群众带来直接的益处，而道路养护则能让群众持续受益，但在实际生活中，随着我国公路里程数的不断增长，部分地方却存在"重建轻养"的现象，加上养护资金上的缺口相对较大，道路破损严重。有些地方在修路时资金充裕，在养路时却资金短缺，导致部分道路"通而不畅"，因此转变观念，建养并重，很是重要。

职能部门应明确各自的责任和义务，各地政府应确保用于道路养护的专项资金，各管养部门做好道路的日常养护，同时做好道路的预防性养护工作，在路面出现更大病害之前进行修复，延长道路的使用寿命，避免公路因养护管理不到位导致大中修工程的施行，从而减少资源浪费。

（三）积极改革，转变养护模式

公路建设和养护共同促进公路事业的可持续发展，推进着绿色公路的向前发展。随着公路养护体制改革的不断深入，市场化、社会化养护已成为必然发展趋势。道路的不断发展，使得公路养护由原来的建设期变成了全面养护时期，公路养护将更加重视日常性及周期性的养护，更新管理模式并制订科学的制度，以节约养护成本和重建成本。

（四）以人为本，逐步提高养路人的待遇水平，提高积极性

公路的养护和建设都离不开人，以人为本，将更好地为人民群众服务。绿色公路乃至美丽中国的建设，都离不开基层人员的付出，因此逐步提高养路人的待遇水平，提高他们的积极性，将对公路的可持续发展起到积极的作用。一是要加强后备管养队伍的建设，通过加强技术培训，进行理论和实操等方式，提高养护人员的技术素质和操作水平，使他们有不断提升自我并实现自我价值的机会。二是充分理解和增加关注度，路面上的环卫工人时常因工作苦、脏、累而被新闻媒体报道，而养路人却鲜有报道，但其实他们的工作强度和劳累度同样很大，养路过程中充满辛酸和危险，对他们的肯定和理解，将是对其工作的一种肯定。三是要从工资待遇上提高积极性，养路人的工作辛苦程度不言而喻，但是工资待遇水平却较低，这将对工作人员的工作积极性造成打击，导致人们不愿意从事道路建设和养护相关工作，不利于公路事业的进一步发展，因此逐渐提高他们的待遇很有必要。

四、总结经验，完善标准规范

（一）有章可循，制定并完善各项标准

多年的公路建设和道路养护经验，使得公路建设的各个环节都有自己的操作标准，通过充分总结公路建设的经验，建立健全领导机构，推行规范、标准、评价体系，从而修订绿色公路建设的相关行业标准，让地方各处公路部门在实操的过程中有章可循、有据可依，既可保证为公路的建设养护提供行业指引，更能更好地保证公路的质量，有利于可持续发展。

（二）完善公路行业选人用人机制

倡导绿化生态交通，打造绿色环保公路，建立美丽中国，离不开专业队伍的建设，因此完善公路行业的选人用人机制，选出具有专业水平的人才，对于打造实操性强的公路队伍有很重要的作用。

（三）积极打造行业示范工程，指导公路发展方向

以绿色公路建设专项行动为依托，积极推进试点工程，极力打造低碳绿色的示范道路，对于广泛开展绿色公路建设，丰富绿色公路的新内涵，强化绿色公路建设设计、建设和运营等各个环节有重要的参考示范作用。通过建设示范工程，及时总结经验，以点带面，能更好

地实现公路事业的绿色发展。

党的十八大报告首次强调建设美丽中国,并把生态文明建设放在了突出地位,尤其强调了在经济建设、政治建设、文化建设、社会建设中生态文明的融入。通过发展绿色公路,以创新、保护环境、转变观念、总结经验发展等方式,实现公路的绿色低碳发展,让蜿蜒的公路也成为美丽中国的美丽风景,既带动经济的发展,又不破坏环境,实现人和自然的和谐共处,让绿色公路也成为美丽中国的一种诠释。

浅谈规范编外人员管理的建议

（惠州市惠阳公路管理局 梁建钟）

摘　要　长期以来，事业单位编外人员都被冠以"临时工""非正式工"的称呼，而且在人员进出、工资福利待遇等管理上都比较不规范，惠阳公路管理局也不例外。在新形势下，如何加强和规范编外人员管理显得尤为迫切。本文从惠阳公路管理局编外人员现状、存在的问题进行分析，并对解决存在问题浅谈个人建议。

关键词　编外人员；管理；建议

随着我国公路事业的高速发展，现代化、高等级公路格局逐步形成，对公路养护管理人员的要求也越来越高，但因受公路部门旧人事体制等因素影响，近10多年来，惠阳公路管理局编制内的公路养护职工一直得不到及时补给，导致目前养护职工老龄化现象非常严重，40岁以上的养护人员占比达到85%。为确保日常养护工作正常开展只好使用编外人员，编外人员的使用确实及时、有效地缓解了惠阳公路管理局养护工人不足问题。

一、惠阳公路管理局编外人员现状

（一）人员概况

惠阳公路管理局现有编制内在职干部职工105人，其中参公编制人员17人，事业编制人员88人（含4名年票工作人员）。编外人员共18人，除4名负责后勤保障的厨师、电工之外，其余14名均在养护一线从事公路养护工作。以上编外人员多数是养护职工的家属，到惠阳公路管理局工作时间基本上已经超过10年，与已签订无固定期限的劳动合同。

（二）编外人员日常管理及工资福利情况

编外人员工作地点在惠阳公路管理局下属养护中心（养护站），日常公路养护工作由养护中心统一管理。目前，编外养护人员的工资待遇如下：内勤人员每月应发工资1700元；外业养护人员每月应发工资1900元；每人全年节日奖金共3000元。其个人每月实发工资仍需扣除社保个人应缴部分。

二、目前编外人员存在的主要问题

（一）管理制度不健全，历史遗留问题较多

一直以来，国家对事业单位管理规定仅对编制内工作人员有明确要求，而对编外人员的规定比较缺乏、模糊。尽管近年来不断修订《中华人民共和国劳动合同法》等相关法规，让事业单位编制外人员管理可以适用执行，但在实际操作中，执行难度较大，历史遗留的问题

较多，尤其是涉及编外人员与用工单位的劳动纠纷事件时，人社部门及劳动部门也往往采取让双方协调解决，缺乏强制性执行的依据。2019 年 5 月，惠阳公路管理局编外人员中有 4 位女同志达到法定退休年龄，人事部门召集并告知 4 人自然解除劳动关系时，她们均提出：要求缴足补齐从到惠阳公路管理局参加工作（1999 年）至开始缴交社保（2008 年）期间共计约 10 年的社保费用。经局人事部门咨询当地劳动仲裁办公室意见：虽然 1999 年社保政策没有强制事业单位编外人员必须购买社会保险，但按现行社保政策规定，单位确实理应补缴。最终，惠阳公路管理局只能按社保局的要求，花费巨大精力，逐年找齐各编外人员每月工资表等凭证，并足额补缴了社保费用数万元，才顺利完成该项工作。类似这种因历史遗留问题产生的纠纷并不少见，解决起来相当棘手。

（二）人员工资待遇不规范，工作积极性不强

由于现有编外人员身份不在编制内，管理模式比较单一，工资待遇标准长期缺乏具有指导性的制度规范，人员工资要靠在每年紧张的公路小维费用中列支，这种"看菜吃饭"的资金状况，导致编外人员工资管理比较随意，且待遇不高。编外人员与同工种的编制内养护职工的工资福利待遇差距很大，且缺乏有效的激励性绩效考核机制，容易产生吃"大锅饭"的思潮，严重影响工作积极性。同时，由于编外人员工资水平偏低，惠阳公路管理局一直招聘不到更多的养护编外人员，尤其是具有一定专业技术性（如机械操作手）的人员更不愿意到养护一线工作，导致目前养护中心的公路养护人员仍然明显不足。

三、规范编外人员管理的建议

为进一步加强编外人员管理，近年来，惠阳区政府相继出台多份关于明确加强事业单位编外人员管理和政府购买服务岗位工作方案。惠阳公路管理局资金来源渠道虽不在当地，但文件的指导性意见极强，均可参照执行。现就如何进一步规范惠阳公路管理局编外人员的管理，提以下两点建议。

（一）对现有的编外人员，严格按照区事业单位编外聘用人员管理办法执行

因现有编外人员年龄较大、到单位的工作时间较长，且与惠阳公路管理局已签订无固定期限劳动合同，在今后 3 年内基本达到法定退休年龄，建议参照惠阳区编外聘用人员管理办法，按照"只减不增"的要求，逐年消化。在规范工资福利待遇方面，建议参照《惠阳区政府向社会组织购买服务岗位工作方案》拟定的普通岗位统一薪金标准（4.2 万元 / 年）执行，呈报上级人事、财政部门审批，作为每年人员经费核拨的依据。同时，为消除编外人员退休顾虑，应主动地到社保部门及早解决好社保补缴等历史遗留问题。

（二）对需新增编外人员，必须严格按照相关规定执行

针对近期拟新招录编外养护人员补充到养护中心的情况，惠阳公路管理局必须严格按照

《惠州市惠阳区政府向社会组织购买服务岗位工作方案》及补充通知（惠阳人社〔2018〕27号）的相关要求，采取政府购买服务的方式实施。在实际操作中，还必须注意把握好以下两项工作：首先是甄选好承接主体。惠阳公路管理局从人社部门备案的具有劳务派遣资质的机构中，选取3家作为入围资格的承接主体，并按《惠州市惠阳公路管理局采购与招标管理办法》，根据3家公司的经营记录、商业信誉等情况，实行"货比三家"，择优选出1家作为惠阳公路管理局劳务派遣业务的承接主体。其次是规范"两合同、一协议"的管理工作。"两合同"是指惠阳公路管理局与承接主体，承接主体与被派遣员工之间签订的合同。"一协议"是指被派遣的员工在正式上岗前，仍需与惠阳公路管理局签订一份工作协议，作为日常工作管理及考核的重要依据。

总之，事业单位编外人员的管理是每个事业单位都不得不面对的实际问题，随着事业单位改革的不断深入，编外人员的管理矛盾将更加突出，如何使编制外人员管理制度化、规范化、法制化，将是事业单位管理工作的关键课题。因此，事业单位人事管理者应加强学习和研究，自觉做到依法办事，妥善处理劳动争议，建立健全聘用机制、考核机制、激励机制，为事业单位的持续发展保驾护航。

论如何建设公路行业高素质年轻干部队伍

(云浮市公路局　梁力锟)

摘　要　近年来，我国公路事业飞速发展，但其发展也面临着一系列的问题：建设规模不断扩大、养护任务重、管理手段存在滞后、服务设施不够完善等。结合当前公路行业的人才队伍现状，要解决上述问题，需要采取有效的人才队伍建设手段，提高公路行业人才队伍的整体素质，尤其是要提高年轻干部队伍的素质。只有从培养年轻干部做起，才能满足公路行业的发展需要，因此，建设公路行业高素质年轻干部队伍至关重要。本文就当前公路行业面临的问题浅谈如何加强公路行业高素质年轻干部队伍建设。

关键词　创新；人才培养；考核机制

习近平总书记在2018年7月3—4日全国组织工作会议上指出，实现中华民族伟大复兴，坚持和发展中国特色社会主义，关键在党，关键在人，归根到底在培养造就一代又一代可靠接班人，并强调要做好新时代年轻干部工作，大力发现培养选拔优秀年轻干部，建设一支忠实贯彻新时代中国特色社会主义思想、符合新时期好干部标准、忠诚干净担当、数量充足、充满活力的高素质专业化年轻干部队伍，这对于每个行业来说都是有必要的。

一、目前公路行业的人才队伍现状

（一）人才结构不尽合理

目前，公路人才的年龄结构、知识结构、专业结构和分布状况存在问题。受体制机制的影响，现在公路行业的队伍主体主要是靠"世袭化"的方式组建而成，而通过招考选用高素质的专业人才的形式是近年才开始的，而且受编制影响，招聘的规模较小，一时难以改变公路人才队伍的整体状况。

（二）管理模式比较陈旧落后，不利于激发广大职工的积极性

目前，由于公路部门队伍"世袭化"的影响，有些部门还存在着所谓的"圈子"怪象，任人唯亲，"跑关系、走后门"的现象时有发生。显而易见，这种管理模式派生出来的民主必然是畸形的民主，其倡导的"公平、公正、公开"也被蒙上一层亲情的色彩，给单位内部管理带来了极大难度。

（三）职工培训机制还不完善

主要表现在对培训的投入不够，或即使开展了培训，但是内容单一，没有开拓创新理念，而且对培训效果的跟踪和反馈结果不够重视。

（四）考核制度不完善

公路部门每年进行的年度考核，主要是对员工过去一年的工作情况进行分析总结，是对员工认可程度的一个评判标准。作为参公管理事业单位的公路部门，会存在一些论资排辈的现象，或是所在岗位与实际创造的劳动价值不符的情况，因这种考核制度的不合理性，导致了干多干少与干好干坏差别不大，无法真正起到激励和约束作用。

二、培养高素质人才的重要性

在党的十九大工作报告上，习近平总书记指出"青年兴则国家兴，青年强则国家强，青年一代有理想，有本领，有担当，国家就有前途，民族就有希望。"培养优秀年轻干部是保证党的事业后继有人的战略要求，源源不断地培养造就大批优秀年轻干部，历来是保证党的事业薪火相传的根本大计，是我们党在革命、建设、改革的各个历史时期始终高度重视并常抓不懈的一项工作。年轻干部作为后继力量，如果培养选拔工作跟不上，干部队伍就会青黄不接，发展难免会受到影响，显然，培养年轻干部不仅仅是一项具体工作，而是关系大局，影响长远发展的战略性工作。

三、高素质年轻干部队伍建设的对策和建议

（一）为年轻干部创造一个良好的成长环境

党的十九大以来，全国各地都十分重视年轻干部的培养。如同自然万物一般，优秀年轻干部的成长，需要一个与其特点相适应的气候条件。如何为年轻干部创造一个良好的成长环境？我们要解放思想，打破以前的一些常规，如论资排辈、重学历、不信任年轻人等，老一辈的干部要端正态度，用健康的心态看待年轻干部的提拔重用，只要程序是合法的，只要有利于党和国家的事业，就应该支持和理解，而不是发牢骚和心理不平衡。同时，要完善年轻干部关心关爱机制，对于年轻干部的一些不足之处，要有宽容的心，要看到他们的发展潜力，多给予鼓励和支持。坚持"政治上关心、工作上支持、心理上关怀"的原则，定期召开年轻干部面对面交流座谈会，通过交谈进一步帮助他们解决思想上的困惑和工作上的难题，为其成长创造一个良好的环境。

（二）加强年轻干部素质能力培养

针对年轻干部磨炼不足、经验不足的问题，本着"缺什么、补什么"的原则，分阶段、分步骤、有计划地开展教育培训将年轻干部培养纳入干部教育培训整体规划。切实根据年轻干部的实际特点、知识结构和内在需求，举办政治理论培训、业务知识培训、更新知识培训等形式多样、内容丰富的教育培训班，促进年轻干部不断学习新理论、了解新知识、掌握新本领，全面提高年轻干部的理论水平和适应实际工作的能力。

（三）注重选拔任用，激发年轻干部的进取意识

选拔任用年轻干部不能因循守旧，要解放思想，更新观念，着眼于未来。一要打破传统观念，不拘一格选拔发展型年轻干部。对表现突出、潜力大的优秀年轻干部要让他们经受吃劲岗位、重要岗位的磨炼，把重担压在他们身上。二要创新选拔方式，对年轻干部的培养选拔不能搞平衡照顾，要根据每个人的不同情况，制订近期、中期、长期培养计划，适时调整目标要求，在学习培训、实践锻炼、选拔任用上要特事特办，在年轻干部的选拔任用上要创新选拔方式，积极构建竞争择优的干部选任机制，使优秀的年轻干部脱颖而出。三要切实加强年轻后备干部队伍建设，严格按照"重在培养、优进劣退、动态管理"的要求，严格工作程序，充分发扬民主，努力把表现突出、符合条件的优秀年轻干部补充到后备干部库中，切实储备一支数量可观、业务全面、年富力强的优秀年轻后备干部队伍。

（四）注重监督管理，保障年轻干部的健康成长

习近平总书记在全国培养选拔年轻干部工作座谈会上指出，做好培养选拔年轻干部工作，必须加强年轻干部的党性修养，特别要加强政治忠诚教育、道德情操教育、优良作风教育、党的纪律教育和拒腐防变教育，坚持严格要求、严格管理，保证年轻干部健康成长。开展好经常性的沟通交流，通过座谈、谈话、个别聊天等形式，及时了解青年干部的思想动态、工作动态，引导其树立起正确的世界观、人生观、价值观。同时，不定期对年轻干部进行廉政谈话，自觉遵守廉洁自律规定，并做好人文关怀和心理疏导，对年轻干部出现的苗头性和倾向性问题，及时进行劝诫和提醒，使年轻干部做到廉政过关。开展好全方位的监督管理，加大专业监督力度，人事部门要始终坚持好党管干部的重要原则，从专业的角度做好对年轻干部的有效管理和监督。

四、结语

做好年轻干部工作是全党的共同任务。各级党委要把关心年轻干部健康成长作为义不容辞的政治责任，加强长远规划，健全工作责任制，及时发现、培养起用优秀年轻干部。要坚持党管干部、组织选人，着眼长远发展战略，统筹选育用管各个环节，坚持精准科学实施，确保工作做深做细做实。

解放思想，破解难题，
在改革发展的新征程中破浪前行

(珠海市公路局 梁国亮)

摘 要 在改革开放 40 周年新的历史起点上，高举改革开放旗帜，重铸特区精神，再燃改革激情，推动思想大解放、作风大转变、效率大提升，勇立潮头，开拓进取，奋力推动新时代珠海"二次创业"。

关键词 改革；作风；公路

2018 年 4 月 23 日，中共珠海市委印发了《关于推动思想大解放、作风大转变、效率大提升的决定》精神，号召全市上下认真推进落实"大学习、深调研、真落实"工作部署，在改革开放 40 周年新的历史起点上，高举改革开放旗帜，重铸特区精神，再燃改革激情，推动思想大解放、作风大转变、效率大提升，勇立潮头，开拓进取，奋力推动新时代珠海"二次创业"。在新的历史起点，抓住发展战略机遇期，切实担当起"四个继续成为"的重大使命，推动新时代珠海"二次创业"，直面事业单位去行政化改革和广东省机构改革，破解难题，重整行装，担当责任，改革再出发，在广东奋力实现"四个走在全国前列"的新征程上勇当时代尖兵、做出珠海贡献，是新形势新时代新征程赋予珠海公路部门的时代使命。

一、坚定信心，敢于担当，正确对待公路行业改革发展

(一) 珠海公路发展改革历程

珠海市公路局于 1981 年经市政府批准成立，至今已有 38 年，公路部门见证了改革开放 40 年来的改革发展过程。2009 年经历养路费改税、交通综合执法、公路投融资建设体制等重大改革。2013 年珠海市交通运输行政管理体制改革后，珠海局加挂珠海市公共道路建设局牌子，为市政府管理的正处级、公益一类事业单位，委托市交通运输局归口管理，参照公务员法管理，管理下属东、西部公路管理处和两个养护中心，"一局两处两中心"的架构格局基本形成，负责管养全市性影响的跨区公路（包括市属高速公路，西部地区国、省、县道干线公路，大型桥梁及隧道），区镇政府管养辖区内公路绿化及乡村道路。2014 年在全市"大交通"体制改革的基础上，根据珠海市新一轮财政管理体制改革方案要求，进一步理顺各等级交通设施的建设与管养责任，明晰市、区事权划分，建立科学完善的交通基础设施建管养长效运行机制。2015 年在交通及财政管理体制改革的基础上，按照"代表政府行使珠海市公路行政管理职能，履行干线公共道路建设及干线公路、大型桥隧管养职责"的长期目标，深入调整交通基础设施建管养日常运行机制。经历多次改革后，公路部门的职能有了新时期的准确定位。

（二）事业单位去行政化改革是必然要求

2016年5月，中央决定先行试点，在总结经验基础上逐步推开，最终确定环保部、交通部、水利部作为中央试点部门；江苏、安徽、广东、宁夏在省、市、县三级开展试点，其他省在市县两级试点。2017年10月，广东省机构编制委员会发布《广东省省一级承担行政职能事业单位改革试点有关机构编制调整情况表》，广东省公路管理局更名为公路事务中心，定为公益一类，重新优化事业单位设置及职能调整，调整后，省公路服务中心负责参与全省公路路网的规划、建设和管理，统筹指导全省公路养护管理，全省交通战备、应急抢险、推广应用公路养护科学技术、推进公路养护信息化、数字化建设等工作。通过改革，根除"事业局"这一在事业单位改革和历次机构改革想解决而未解决的"老大难"问题。此次改革将逐步实现行政职能回归行政机构、事业单位强化公益服务，使事业单位聚焦发展社会事业，补齐公共服务短板，增强广大老百姓的幸福感与获得感。将进一步理顺政府与事业单位的关系，推进政事分开，使政府切实履行好本应由政府承担的职责，营造有利于公平竞争、创新创业的市场环境。2018年10月10日，中央批复同意《广东省机构改革方案》，广东省机构改革进入全面实施阶段。这意味着公路行业改革发展已进入新时期，公路部门要随时做好准备，乘势而为，积极进取，坚定信心，不断适应新时代发展需要。

（三）适应改革是特区二次创业的新要求

改革的过程就是不断整改完善内部管理体制的过程，公路局作为有历史的单位，历年来的改革既是机遇更是挑战，这鞭挞着我们在新体制新机遇下，在面对改革的新征程中更应解放思想，紧抓机遇，破解难题，重整行装，改革再出发。在改革中不断发展壮大，增强社会责任和担当意识，适应市委市政府提出的思想大解放及"特区二次创业"的要求。

近年来，珠海市公路局紧紧围绕建设区域交通枢纽城市任务，以公共道路建设为重点，着力推进公路养护和路域环境打造工作，助推社会经济发展。据统计，2014年珠海市公路局负责推进建设的市政道路建设项目65个，完成投资约7.6亿元；至2018年，珠海市公路局负责推进各类道路建设项目92个，完成投资37.19亿元。4年来市政道路建设项目数量及投资额分别增长了1.42倍和4.89倍。这些得益于改革赋予公路部门新的历史使命和发展机遇，让公路部门在参与市政基础设施建设中，发挥日益重要的作用，既增强了干事创业的信心和动力，也看到希望和出路，激励我们在新一轮改革发展的新征程中，乘势而为，一鼓作气，不负众望，做大做强公路事业，更好地承担珠海市政府交办工作任务。

二、直面问题，深入剖析，攻坚克难促进作风大提升

经济发展，交通先行，公路交通基础建设一直处于社会经济发展的首要位置，要把珠海建成珠江西岸国际化交通枢纽，实现习近平总书记要求广东要走在全国前列，珠海要走在广东前列，特区二次创业，任重道远。当前，珠海迎来了港珠澳大桥通车、粤港澳大湾区、横琴自贸片区和珠三角国家自主创新示范区加快建设等重大历史机遇，迎来了发展的战略机遇

期。进入新时代、迈步新征程，抓住新机遇、应对新挑战、担当新使命、开创新局面，关键在党，关键在广大党员干部，关键在于大力夯实基层党组织建设，提升机关行政效能。按照中央、省委和市委坚决全面彻底肃清李嘉、万庆良恶劣影响的部署要求，结合"四风"新表现新动向，对照思想、作风、效率、能力等方面的突出问题进行对照查摆，深入剖析，当前珠海市公路局干部队伍普遍存在以下问题。

一是特区意识淡化，改革创新能力与新担当新作为的要求差距较大，开拓创新的锐气有所淡化弱化，改革气质改革精神有所消减。

二是交通建设亟待突破。珠海交通建设存在不平衡不充分的问题，交通主骨架网络还不够完善，东西部交通短板突出，城市交通拥堵日趋严重，横贯东西的交通网络亟待加快建设。

三是干部队伍小成则满、小富即安的消极观念作祟，使命意识淡薄、担当意识缺乏、思想僵化保守、知识能力不足、作风纪律松散等现象突出存在。

以上排查剖析的种种问题，反映出当前党员干部的精神状态和作风，出现了不适应新时代、新局面的滑坡，生活水平提高了，物质条件丰富了，就没有了奋发进取的姿态，攻坚克难的雄心，雷厉风行的气魄，只争朝夕的激情。面对这些问题、短板和压力，必须坚决破除小成则满、贪图享受、消极懈怠、回避矛盾的思想观念，努力聚焦问题、补足短板，增强勇于担当舍我其谁的使命感、坐不住等不超的紧迫感、生于忧患死于安乐的危机感，强化争先进位的席位意识，以新担当新作为争得一席之地，跑出珠海加速度。公路部门要以此为契机，在开展解放思想大讨论、"二次创业"深调研的基础上，以新起点开启新征程新作为，引导全体党员发挥先锋模范作用，紧抓粤港澳大湾区建设机遇，充分发挥港珠澳大桥作用，在形成全面开放新格局上率先探索，努力建设成为粤港澳大湾区的重要一极。继续传承改革开放总设计师邓小平倡导的"杀出一条血路"的气魄胆略，要扛起先行先试、大胆探索，在公路体制机制改革创新上率先破题，重新焕发党员队伍活力，不断适应新时代新机遇新征程的要求，努力达到习近平总书记提出的珠海"四个走在全国前列""四个继续成为"的目标要求。

三、猛药去疴，立行立改，真抓实干开创工作新局面

随着"一带一路"、大湾区、自贸区、自创区建设等国家政策的出台，特别是习近平总书记再次视察广东，出席了港珠澳大桥开通仪式，国家对珠海寄予厚望，面对新时代发展的新要求，公路部门在新一轮的改革发展新浪潮中，如何推动思想大解放、作风大转变、效率大提升，奋力推动新时代"二次创业"，确保不能掉队，全局上下必须转变观念，拧成一股绳，汇聚一股气，打好"翻身仗"，以思想大解放，效率大提升，着力做好以下几方面的工作。

（一）不负使命强素质

思想大解放，要落实到作风大转变上，我们肩负着珠海公路事业发展的使命，肩负着人民群众的热切期望，任重道远。要高举改革开放旗帜，切实用习近平总书记视察广东重要讲话精神统一思想、指导实践、引领发展，坚定加快发展的信心和决心。党员干部要珍惜现在

的工作岗位,不负党组织和群众的信赖,要克服视野狭窄的"小气",自甘落后的"暮气",以苦居功的"骄气",不讲原则的"义气",作风不实的"浮气",消极怠工的"惰气",认真落实中央提出的"创新、发展、开放、绿色、共享"五大发展理念,用新的发展理念统筹各项工作。树立追求卓越、事竞一流的勇气和决心,把工作标准调到最高、把精神状态调到最佳、把办法措施调到最优,提振干事创业的精气神,以勇于担当、敢于创新的精神和气魄真抓实干,促进公路事业大发展。

(二)对标先进找差距

差距就是潜力和动力。一方面要结合珠海的资源、发展条件、区位条件、功能定位,合理确定对标的标杆;另一方面又要破除小富即安,万事自然定的思维。既要注重阶段的目标,也要注重长远的目标,既要纵向对标,又要横向对标,既要明确路径方向,又要科学选择追赶的目标。具体要对照国内交通管理先进的城市、本系统单位,按照"大学习、深调研、真落实"的要求,开展走访调研,不断提高城市发展和公共道路交通建设、治堵管理水平,着力破解城市发展难题。

(三)立行立改大提速

一是要与时俱进,加强学习,以党的十九大精神、习近平新时代中国特色社会主义思想为指导,为公路事业改革发展,为推动新时代珠海"二次创业"贡献力量;二是不忘参加工作、入党宣誓时的初心,牢记使命,重燃改革激情,重整行装再出发,主动适应新时代新形势的要求,发扬"5+2、白+黑"的拼搏精神,拧紧发条,开足马力,努力做到"想干愿干积极干、能干会干善于干",不但要想干会干干成事,还要干出效率干出质量;三是敢于担当,尽心尽职,积极履行岗位职责,不推诿、不回避,主动协调各方,解决工作中遇到的难题,不断提高工作中处理复杂困难问题的能力。

(四)勇于担当破难题

当前,珠海在交通基础、交通建设、交通规划、交通治堵等方面还存在很多困难和问题,这就要求我们成为行家里手,破解难题,提升能力素质,吃透市情、吃透民情,开动脑筋、创新思维,一个难题一个难题地破,一步一步脚踏实地地干,一边改革一边规范,一边发展一边提升,提高处理项目建设复杂问题的能力和协调能力。着力解决珠海交通建设不平衡不充分的问题,积极谋划珠海交通更高质量发展,促进提升城市的能级量级。既要积极推动珠海对外通道畅通便捷,也要加快推动内部循环顺畅有序。对内大力发展公共交通、绿色交通、智慧交通,加强治理交通拥堵,继续推进道路挖潜,主城区道路"白+黑"工程,提升科技治堵水平;对外把交通发展融入粤港澳大湾区建设大局,连通港珠澳大桥和深中通道两桥发展带,全力推进香海大桥、洪鹤大桥、金海大桥、鹤港高速等东西大通道的建设,努力构建珠江西岸交通枢纽城市。

新时代是奋斗者的时代,是实干者的时代。让我们牢记习近平总书记殷殷嘱托,坚持以习近平新时代中国特色社会主义思想统领一切工作，不忘初心，乘着新时代东风，逢山开路、遇水架桥，以闻鸡起舞、日夜兼程的勤奋，以咬定目标、苦干实干的坚毅，以雷厉风行、久久为功的干劲，奋力打造珠海"二次创业"新引擎，在新时代新征程中以新担当新作为开创珠海公路工作新局面，为广东实现"四个走在全国前列"做出更大贡献。

公路行业选树先进典型发挥榜样引领作用研究

（江门市新会公路局　吴健玲）

摘　要　当前，习近平新时代中国特色社会主义思想春风吹遍祖国大江南北，江门市正奋力推动习近平新时代中国特色社会主义思想在侨乡大地落地生根、结出丰硕成果。随着积极推进粤港澳大湾区建设，江门市公路部门遇上了历史发展新机遇，但也面临着行业改革与发展的新问题和大挑战，思想政治工作也出现诸多新情况新问题。本文通过分析江门公路行业思想政治工作现状和问题，探讨利用选树公路行业先进典型方式方法，发挥榜样示范引领作用，助力公路行业紧跟新时代，深化改革，推动公路工作再上新台阶。

关键词　公路行业；先进典型；榜样引领

一、引言

党的十八大以来，以习近平同志为核心的党中央高度重视社会主义精神文明建设，强调要创新形式、注重实效，把模范的榜样力量转化为亿万群众的生动实践。当前，习近平新时代中国特色社会主义思想已深入人心，江门市与全国各地一样，正奋力推动习近平新时代中国特色社会主义思想在五邑大地落地生根、结出硕果。同时，江门市目前正按照国家规划和广东省的部署，紧锣密鼓地推进粤港澳大湾区建设。作为经济社会发展的先行官，江门市公路部门迎来了历史性的发展新机遇，也面临着行业改革与发展的新问题和大挑战。在这个历史性的关键时刻，做好本行业的思想政治工作显得尤为重要。如何紧跟新时代，在深化改革中进一步发挥思想政治工作的优势，加强思想政治工作的针对性、时效性与引领作用，推动公路工作再上新台阶？笔者认为，选树公路行业先进典型，通过用好身边公路事、公路人开展思想政治教育工作，充分发挥榜样示范引领作用具有十分重要的现实意义。

以上所提"典型"是指具有代表性的人或事物，而"榜样"则指作为仿效的好的人或事例。

二、江门市公路行业思想政治工作现状和问题

根据党和国家深化机构改革重要部署，当前和今后一段时期，公路行业面临着机构改革、人员调整等现实情况，以及因此带来的工作环境、工作内容、福利待遇等方面的新情况、新问题。虽然，江门公路队伍目前的思想主流是好的，对公路行业的前景充满信心，能坚守岗位、踏实工作。但是，广东省各市区公路部门改革方案不一、江门公路部门改革方案尚未确定、现有公路管理体制导致公路养护资金紧张、一线职工工资待遇与艰苦工作环境不匹配等原因，导致少部分干部职工思想出现消极倾向，年轻干部职工转行比例上升，长此以往，必将对公路事业发展带来严重影响。

近年来，江门公路部门比较重视思想政治教育工作，也尝试通过树立先进典型引导职工

的积极思想，培育行业的正能量，从而减轻改革带来的冲击。例如，在全系统开展"最美养护工"评选活动，表彰工作先进单位与先进个人，涌现出一批批公路行业"先进典型"，包括敬业奉献类"江门好人"陈卓庭、在平凡岗位绽放异彩的陈海召、谱写老兵人生新篇章的邓炳恩……一个个响亮的名字，在干部职工中得到一致认可。在典型宣传方面也积极进行探讨。例如，新会公路局在评选出"2018年度十佳公路养护合同工"后，又以"五一"劳动节为契机，把其中的代表人物养护女工陈海召以公路为荣，不畏辛苦，主动从后勤岗位申请调到一线养路岗位，并带领同事们积极投入强台风"天鸽"抢险救灾工作等事迹通过"江门公路"微信公众号进行发布，在该局掀起了一阵学习和追捧的热潮，大家还自发给予陈海召"最美养路工"称号。该局养护中心管理人员反映，养护中心干部职工都不约而同转发该文章向亲友们展示作为养路工的荣耀，该局养护女工们工作也更主动积极了，从前管理人员要求她们操作高枝锯、灌缝机等养护机械时，都是悄悄退缩到后排，等着男同志上前操作，现在情况完全转变了，日常不需要管理人员开口，女工们都能纷纷主动学用各种养护机器，大家心里都希望自己明年能被评上"最美养路工"。

然而，行业里这种树典型宣传典型的活动总的来说还很少。目前，鉴于经费紧张、行业习惯于重生产轻教育等情况，江门公路部门的思想政治教育工作偏重于说教，方式方法比较单一，难以达到理想的教育效果。例如，虽然2013年已确定了"公在心上、路在脚下"为江门公路人精神，但多年来并没有系统地组织干部职工开展有关精神的学习活动，也较少挖掘行业中具备该优秀精神的干部职工进行宣扬和表彰；虽然每年定期进行评先评优，但仅在单位内部公示优秀人员名单，并没有把有关优秀人员的先进事迹和先进做法加以报道；虽然召开会议时，领导偶有号召干部职工学习行业内先进典型，但缺乏对有关典型的后续强化宣传和相关学习跟踪。

三、用身边公路事、公路人做榜样的教育优势

列宁同志说："活榜样的作用，比任何宣言和任何会议都要大。"毛泽东同志指出："动人以言者，其感不深""一个榜样胜过书上二十条教诲""典型本身就是一种政治力量"。习近平同志则强调，"在活动中注意总结典型，及时起示范推动作用"。由此可见，做好干部职工的思想政治工作，身教重于言传，具体强于抽象，只有让干部职工感同身受，才会触及思想灵魂。

在本公路系统选树一批政治坚定、能力过硬、作风优良的先进典型作为本公路系统干部职工的活榜样，通过深入挖掘发生在典型身上的与公路有关的先进事迹，大力宣传其高尚品质和过硬技能，使本公路系统的其他干部职工深刻感受榜样的号召，见贤思齐，"拨亮一盏灯、照亮一大片"，能不断增强本公路系统的凝聚力和战斗力。

（一）身边的公路事、公路人具有真实性，让人心悦诚服

这里所讲的身边公路事、公路人是指发生在本单位或本公路系统内的人身上的事情，真

人真事往往最能打动人，不熟悉的人和不熟悉的事不但让人听起来觉得陌生，还很容易会对其真实性产生怀疑，怀疑是否存在夸大或缩小的情况？是否存在人为有意识加工的现象？但发生在身边的公路事情和身边的人员就有一种真实感，也易于让职工检验事情和人物的真实性，用于教育容易被职工接受，让职工心悦诚服。

（二）身边的公路事、公路人具有熟知性，让人产生情感认同

熟悉和知道的事情容易使人明白了解，省去了很多说明解释的环节。身边的公路事必定发生在身边的公路人身上，本行业干部职工对公路工作环境、工作内容，以及工作困难都非常熟悉，职工对公路身边的人和事都会有一种特殊的感情，用于教育公路干部职工，容易让大家明白了解，并且产生情感认同。

（三）身边的公路事、公路人具有可追赶性，让人产生向上动力

人的社会属性导致人与生俱来就喜欢与身边的人进行对比，并且希望能赢过身边的人。因此，把握和利用人的这种心理倾向开展教育工作，通过在本公路行业树立先进典型，宣传发生在其身上的先进事迹，激发其他干部职工的向上动力，能促使干部职工追赶典型、超越典型。

四、江门公路行业选树先进典型发挥榜样引领作用建议

当前，公路行业正面临改革与发展的关键时期，机遇与挑战同在。但越是困难时期，越是关键时刻，越要做好思想政治工作，因为思想政治工作是党的工作的重要组成部分，是搞好经济工作和其他一切工作的有力保证。

习近平总书记在党的十九大报告中强调，要加强和改进思想政治工作。他还在《要善于学典型》一文中说："'学所以益才也，砺所以致刃也'。我们就是要善于向先进典型学习，在一点一滴中完善自己，从小事小节上修炼自己，以自己的实际行动学习先进、保持先进、赶超先进。"如何用好身边公路事、公路人教育好公路系统干部职工，通过加强典型选树工作，进一步发挥行业先进典型的示范引领作用？笔者提出以下4点建议。

（一）立足实际，确保先进典型和先进事迹的真实性

传播学认为，受众作为传播链条的终端，是信息的消费者和传播效果的检验者。受众只有对宣传的典型表示认同并从内心受到一定程度的影响，才是有效传播。因此，选树先进典型、选择先进事迹必须立足公路工作实际，确保真实性，并把重点放在公路行业广大干部职工和基层组织。在选树典型过程中，一定要尊重客观实际，深入基层，广泛调查研究和取证。实践证明，先进典型离群众越近，就越有说服力、感召力。因此，选公路行业典型要把目光投向下属局、养护中心和道班等基层，聚集广大公路干部职工，善于从普通干部职工中发现典型、树立典型，让干部职工从身边凡人小事中看到不平凡的精神境界，近距离感受到榜样

的人格魅力。

（二）分层分类，注重先进典型和先进事迹的多样性

不同层次的先进典型其影响力也不同。选树公路行业先进典型的过程中，要注重选树多层次的先进典型，如先进党务工作者、先进信息工作者、先进一线养护工等，使每位干部职工都可以在先进典型的行列中找到适合自己学习和效仿的榜样，从而扩大先进典型的示范引领效应。一是持续培养老典型，要注重挖掘公路老典型（如各级劳模）的内在潜力，积极引导他们树立乐观的工作态度和保持持续创新的精神，使他们从过去的"苦干、实干"逐渐转变到现在的"会干、巧干"。二是努力挖掘新典型，在选树培养典型时要拓宽视野、广泛培养，做到机关、养护中心、养护道班各层面都有不尽相同的典型，都有不同层次的模范。充分发挥新老典型的精神支撑作用，推动各项工作开展。

（三）完善机制，保障先进典型选树工作的可持续性

一个树得起、叫得响、过得硬的先进典型，除了自身必须具备良好的素质和不懈努力外，更需要组织的精心培养和帮助，选树先进典型工作应建立起一套完善的保障机制。一是建立管理机制。将先进典型选树工作纳入到年度工作的重要议事日程，注重选树工作系统性和代表性，明确责任部门，定期研究部署；对先进典型的事迹及相关资料进行归档管理，及时发现闪光点，为先进典型的培养、树立和宣传提供准确依据；把选树先进典型纳入到弘扬"公在心上、路在脚下"江门公路人精神的公路文化工作之中；纳入建立起自上而下的先进典型选树领导机制和自下而上的工作网络，切实为先进典型选树工作的深入开展提供强有力的组织保障。二是建立考核机制。对先进典型实行动态管理，定期进行考核和评价。将培养、树立和宣传先进典型与党建工作目标责任制考核结合起来，把各党支部和各级领导干部抓选树典型工作纳入年度考核体系。三是建立褒奖机制。多关心先进典型的生产生活，解决先进典型的后顾之忧。将培养、树立先进典型与培训学习、外出深造和各项奖励结合起来，使先进典型既有精神奖励又得物质奖励，在单位形成崇尚先进、学习先进、争当先进的良好风气，切实增强公路队伍的凝聚力和荣誉感。

（四）强化宣传，确保榜样发挥示范引领作用

发现和培养典型是选树典型工作的基础，引导广大公路干部职工学先进、赶先进，推动公路行业发展才是选树先进典型工作的最终目的。一是坚持形式多样性。典型宣传要充分运用报纸、杂志、信息、互联网等不同媒介，采取群众喜闻乐见的形式，把活动中涌现出来的先进典型、好做法、好经验宣传出去，把最鲜活、最令人感动的事迹宣传出去，着力营造导向鲜明、声势强劲、富有特色、后进赶先进的良好氛围。二是坚持群体效应。发现先进典型、宣传先进典型，出发点和落脚点都在于推广和应用，向外宣传的重点是在宣传事迹的基础上，深入挖掘其精神内涵。紧紧把握舆论方向，明确树立公路典型要弘扬什么、宣传什么，让干部职工学习什么，积极找准先进典型的亮点，并主动向上级部门汇报工作，

及时对外推出，扩大先进典型的影响力。力求做到每树一个先进典型，都对公路实际工作有较大的推动。

五、结语

公路发展永无止境，思想政治工作永远在路上。习近平总书记指出，"思想政治工作从根本上说是做人的工作"。做人的工作，既要理解人、关心人、尊重人，更要培育人、塑造人、发展人。总之，我们必须要以习近平新时代中国特色社会主义思想武装头脑，统一意志、统一步调、统一行动。思想政治工作要与新时代同步，以教育人、引导人、鼓舞人、鞭策人为责任，通过行之有效的手段，使干部职工提高思想认识，升华思想觉悟，不断激发思想政治工作创新创造活力，把新时代的深化改革化为自觉行动，以便改革的一切工作能在干部职工的积极主动下顺利开展，不忘初心，牢记使命，乘风破浪，在新时代再创公路事业新辉煌。

参考文献

[1] 吕建平.浅论思想政治教育作用[J].大东方，2017（12）.

[2] 雷雨，张明军，姚海峰.切实发挥先进典型示范引领作用[J].军事记者，2018（7）：4-7.

[3] 温红彦，盛若蔚，吴储岐.汇聚起新时代榜样的力量：党的十八大以来先进典型发挥引[N].人民日报，2018-07-02（1）.

新形势下如何开展公路职工教育培训工作

（惠州市公路管理局职工培训学校　李建全）

摘　要　职工教育培训是对在岗职工和新员工的业务知识和综合素质的再教育，在新时期，公路行业面对新形势、新挑战、新机遇，必须强化公路职工教育培训工作，全面提升职工整体素质、努力打造一支"懂管理""精技术""会实干"的高素质职工队伍，才能为行业新的跨越式发展提供坚实的人才保障和智力支持，促进公路行业又好又快发展。本文就新形势下如何开展公路职工教育培训工作，认真分析了职工教育培训现状及存在问题，并对如何开展公路职工教育培训工作提了对策和建议。

关键词　职工教育培训；现状；对策建议

职工教育培训是提高职工思想认识、工作能力、业务水平、服务质量、管理水平等最快捷的有效途径，已成为现代化管理的重要组成部分和手段。在新时期，如何强化职工教育培训工作，进一步提升教育培训水平和质量，从而提高职工的综合素质，本文谈几点粗浅体会和建议。

一、公路职工教育培训的重要意义

公路对一座城市或一个地区的发展有着重要影响，它支撑着国家经济的协调发展，促进生产力的提升，是连接城乡及城市间的桥梁，为社会稳定发展起到保障作用。公路行业也是一个重要的服务行业，服务于百姓、服务于政府，在可持续发展的社会中，要使公路行业充分发挥服务职能，就必须提高公路职工的综合素质，尤其是要提高管理干部的综合素质；不仅提高其公路管理和养护水平，还要提高其思想意识。只有不断强化新时期公路职工教育工作重要性的认识，采取有效措施，强化新时期职工教育工作的支撑作用，才能培养一支思想作风好、工作纪律严、业务水平好的高素质的公路人才队伍，最终实现公路事业又好又快地发展。

二、公路职工队伍及教育培训现状

从目前公路职工队伍结构看，年轻人员较少、老龄化问题突出、思想观念和知识相差较多、新员工和老员工的工作经历、专业知识、学历水平相差较大等等。

（一）公路职工队伍现状

1. 养护技能人才素质低，老龄化问题突出

在惠州市从事公路行业人员中，公路系统共有养护工人562人，占职工总数的60%，其中初级工 107 人，中级工 226 人，高级工 229 人，技师以上没有（两年前数据），总体文化水平偏低，懂计算机操作、大型养护械操作和养护资料统计等技能型人员非常缺乏，远远不能满足现代化养护的需要，基本上以传统养护为主。

2. 人才分布不合理

由于工作环境和工资待遇的差异，造成人才分布不均衡，大学生不愿到边远的基层单位工作，呈现出机关、工程岗位的人才相对集中，而其他生产一线人才缺乏的状况。如一线养护生产岗位缺少正规的专业技术人才及养护管理人才。

（二）公路职工教育培训现状

1. 教育培训的重要性认识不到位

由于公路部门的条件有限，一些管理者对于职工教育培训不重视，不能提供必要的人力、物力及专项资金等支持，还打消一些组织者的积极性，使培训任务得过且过、能不做就不做。实际上，职工教育培训是职工一个很好的在职学习和成长的机会，一些职工需要改善知识结构和思想观念，既是单位的需要，也是职工个人的需要。

2. 教育培训方法落后

对新时期职工教育培训工作的地位、作用、内容重要性认识不够，教育培训工作方式方法与实际工作和职工的求知需求贴得不紧，针对性和实效性不强。职工打不起精神、提不起兴趣，往往就是应付差事的蜻蜓点水式的敷衍学习。

3. 教育培训经费不足

广东省公路养护经费实施"切块包干"机制，划拨标准还是 15 年前的标准，随着养护成本的不断提高和人员经费的不断增加，经费缺口大，没有专项的教育培训经费，导致落实教育培训任务得不到保障。

三、公路职工教育培训对策及建议

当前公路职工教育培训工作的总体情况良好，但公路职工教育培训工作的步伐远不能满足打造高素质公路职工队伍的需要。职工是单位的兴旺之本，应认真分析、总结职工教育培训工作中客观存在的薄弱环节，做好新时期的公路职工教育培训工作，着力分析并解决公路职工教育培训中存在的问题。

（一）转变培训观念，营造良好氛围

知识经济时代，最具竞争力的手段必然是学习，因此，每个人必须转变传统的培训观念，运用新思维，采用新办法，强化新时期的教育培训工作。一要让职工明白，随着社会的不断发展，生存竞争日益激烈，如果不从学校学习转向终身学习，没有不断地去获取新知识，那无疑将会被时代淘汰。要教育职工有强烈的危机意识，真正懂得"逆水行舟"的道理，从而自觉实现"要我学习"到"我要学习"的转变。二要努力营造一个"尊重知识、尊重人才"

的氛围。要加大培训宣传力度，让培训的任务、目的、意义深入人心，营造一个人人能学习、人人爱学习的氛围，使尊重人才、渴望成才蔚然成风。

（二）制定培训规划，实现培训目标

在实际工作中，由于每个人从事的工作岗位不同，各单位根据行业的实际，制定职工短期、中期、长期教育培训规划，既要兼顾全面，又要突出重点，使整个培训逐渐向学习型组织推进，适应经济社会的全球化趋势，迎接知识经济时代的挑战。坚持"按需培训、分类分级、改革创新、注重实效"的原则开展培训。一是对专业技术人员培训，着眼于培养造就一支敬业精神强、专业水平高、创新能力突出的专业技术人员队伍，以提高思想政治素质和培养创新创业能力为重点，以高层次、急需紧缺和骨干专业技术人才为主要对象。二是对管理人员的培训，着眼于培养造就一支政治素质好、管理能力强、具有高度社会责任感的管理人员队伍，以推进产业转型升级、实现经济发展方式转变为主线，以提高思想政治素质为重点，加强对管理人员培训。三是基层干部培训着眼于培养守信念、讲奉献、有本领、重品行的高素质基层干部队伍，以提高政策执行、推动发展、服务群众、促进和谐能力为重点。对技术工人的培训，注重培养一批"一专多能"的技术工人。

（三）强化保证措施，确保培训质量

一要切实强化学习制度建设。职工教育培训不是一朝一夕之举，而是必须长期坚持的行为，需要以制度的形式加以约束和激励。要积极探索建立各项学习制度，规范教育培训管理。进一步加强教育培训的督导考核，将学习内容、学习时间的落实、理论文章的撰写、考试成绩及迟到、早退次数等纳入考核内容，与绩效工资挂钩，以此约束学习行为，激励学习热情，达到以制度促学习的目的。二要培养科学的学习方法。要注重培养职工科学的学习方法，努力增强教育培训的效果。一方面要培养较强的自主学习能力，要将"8小时以内工作求生存，8小时以外学习求发展"的理念渗透到每位职工的思想深处，引导大家注重时时学习，逐步培养自主、自觉、自发学习的意识和良好习惯；另一方面要培养理论联系实际的能力，注重引导职工将所学知识与本职工作和个人的需要相结合，在理论与实践相互结合中逐步培养科学的思维方法和理论思维能力，从而达到工作学习相互促进的目的。

（四）采取多种形式，做好培训工作

由于职工的理论知识、业务水平、操作技能参差不齐和岗位职责的差异，直接影响其接受能力，故在培训工作中应注意职工的差异，实施因材施教的办法开展培训。一是采取"请进来"的方式，通过聘请专家开展专题培训，快速提升职工专业理论技能和水平。二是采取"走出去"的方式，通过实地参观学习，主动寻找自身差距，学习先进经验，达到取人所长、补己之短的目的。三是与现实工作、本职业务相结合，与解决难点、热点问题相结合，通过积极组织开展各类教育培训活动，提高职工业务技能，促进队伍整体素质的全面提升。四是充分利用广东干部培训网络学院，不断提高培训覆盖面和资源利用率。

不忘初心 牢记使命
——加强公路养护管理与应急保障能力，营造"畅安舒美绿"公路

（汕头市公路局直属分局养护工程管理股 许树林）

摘 要 本文以公路人对"不忘初心、牢记使命"的深入理解，结合公路行业特色，对如何加强公路养护管理与应急保障能力展开思考，并提出转变管理体制观念，以科技创新为依托，进一步优化管理方式，加强人员培训建立专业队伍，以及完善公路信息数据库等，以此来达到营造"畅安舒美绿"的交通出行环境。

关键词 不忘初心；牢记使命；公路；养护管理；应急保障能力

一、公路人"不忘初心、牢记使命"的深入理解

习近平总书记多次强调："中国共产党的初心是为中国人民谋幸福、为中华民族谋复兴！"我们要学以致用，要落实到具体工作中，解决人民群众身边的实际问题。以百姓心为心，与人民同呼吸、共命运、心连心，是党的初心，也是党的恒心。我们要时刻牢记初心和使命，为民解忧、真抓实干、不忘先烈、一路向前。对党忠诚、为党分忧、为党担责、为党尽责，永远做党的初心和使命的实践者。

结合公路行业从4个维度"诚""勇""准""狠"深入理解、认真落实。①守初心要诚。养好公路，保障畅通，是所有公路人的初心。②担使命要勇。我们要勇于担当，提高公路质量，保障安全，实现"快"出行。③找差距要准。要不断提高养护管理技术水平与应急保障能力，就要不断学习，不断提高自身业务水平，才能准确有效地在对比更加先进技术中发现问题、找出差距。④抓落实要狠。坚决抵制空谈主义，狠抓落实，为公路事业发展尽心尽责。

二、现阶段公路养护管理与应急保障发展

现阶段汕头市公路养护管理质量、技术水平提升较快，应急保障能力也有所增强，逐渐完善，主要体现在以下几方面。

1. 公路基础设施网络更趋完善

路网规模不断扩大，公路养护改造力度加大，通行效率大幅提高，合理规划养护改造项目规模、路线等，以提质提效。

2. 养护质量和技术水平不断提高

养护质量稳步提升，养护技术及应用水平明显提高，升级常态化日常养护，结合加强管养路段日常巡逻，机械设备材料投入技术水平逐步提高。

3. 公众服务水平稳步提升

公众出行信息服务水平明显提高。互联网与电子不停车收费得到推广应用。12345 热线等便民渠道成为群众对公路体系出现应急保障问题的有效解决途径。

4. 路网管理与应急保障能力进一步加强

应急管理工作已趋常态化，路网管理与应急处置平台体系建立，应急保障能力逐步提高。国、省道公路网编号工作也即将完成。

三、公路养护管理和应急保障现阶段存在问题

与快速发展公路建设和日益高涨的公众出行需求相比，公路养护管理和应急保障事业仍然存在不少问题，制约了公路事业的进一步发展，主要表现在：路网畅通水平有待提高；公路养护资金缺口加剧；公路养护技术与科学决策水平仍需进一步提高；公路安全形势依然严峻；路网运行监测与应急保障能力仍需提高。路网监控设施仍不完善，信息获取的及时性、准确性还不足，部、省、市三级公路网管理与应急处置平台体系尚未形成，应急运行机制和征用补偿机制仍不健全。

四、加强公路养护管理与应急保障能力

如何加强公路养护管理与应急保障能力，营造"畅安舒美绿"路，本文主要从以下对策思考。

1. 高度重视公路养护管理工作与应急保障能力

真抓实干，创新工作思路和工作方法，制订完善的管理办法及工作意见，以制度养路，以办法管人，做到有章可循，逐步形成统一领导、分散管理、措施得力，确保管理方法畅通和责任到人，一级抓一级，层层抓落实的分工责任制，确保公路养护管理工作从源头抓起、抓好，为公路的发展打下良好的基础。

2. 转变管理体制观念，革新管理体制模式

从养护管理部门外部关系看：政出多门，与政府其他行业部门多头行政、权责不清的现象较普遍。转变管理体制观念，革新管理体制模式，必须在思想上提高认识，从方便管理者向方便使用者转变，在管理工作上以养护市场化为导向，逐步建立健全养护市场规则体系。

3. 以科技创新为依托，进一步优化管理方式

坚持以干线公路为重点，支线公路相结合，以路面养护为中心，依托科技创新，消除"重养轻建"观念，加大养护投入力度，加强经常性、预防性养护，日常养护常态化。精心组织，周密部署，切实提高应急处理能力。建立快速解决水毁断道的及时抢通和恶劣天气下的交通保障机制，拥堵疏导，缩短养护作业周期，减少对公众出行影响。大力推广沥青路面微表处，水泥混凝土路面灌缝新工艺、新材料，完善防排水体系等预防性养护措施，加大对旧路面改造，废沥青再生利用等新技术的探索研究，加强公路病害的治理，逐步提高公路的抗灾能力。

4. 加强培养，建立一支高素质的专业队伍

随着公路养护管理的机械化程度不断提高，先进技术、先进工艺的投入使用大大提高了养护管理水平，这就需要建立一支具备一定的科学文化知识的高素质的专业队伍来为养护管理工作服务。因此，加强职工的培训是时代需要，是管理上的需要，也是发展上的需要。通过培训，使广大职工在日常养护管理工作中懂得以理论为基础，以理论联系实际，用理论指导实际工作和熟练掌握先进机械的使用，不断掌握新技术、新工艺、新规程，充分发挥机械设备的潜能，使机械设备发挥应用的效能和作用，以达到提高公路养护管理质量的目的。

5. 建立公路养护管理与应急保障能力信息数据库

科学技术发展到今天，计算机信息技术是公路养护管理中不可缺少的组成部分，信息化的运用极大提高运作效率和管理能力，进而提高公路行业的经济效益、社会效益和竞争能力。对公路养护实行信息化管理包括对每一条线路的起止点、道路结构、养护现状、技术状况、应急保障能力、养护质量、两侧绿化、管线埋设、边城结构、隶属关系和管理人员的详细情况说明及养护检查考核记录等认真检查，做好详细的现场记录，并及时录入数据库，逐步与各地公路管理部门建立数据库联网，达到数据共享，方便使用，为以后制订公路养护管理、改善方案和对策措施提供第一手资料，为公路养护管理工作提供科学依据。

五、营造"畅安舒美绿"路

通过提高公路养护管理水平与应急保障能力，营造汕头市"畅安舒美绿"的交通出行环境。要遵循"一个中心，三个推进，五个提高"原则。即以构建"畅、安、舒、美、绿"的公路交通环境为中心，推进决策科学化、技术进步和管理规范化，提高公路通行能力、路况水平、安全水平、出行服务水平和路域环境综合水平。

六、结语

不忘初心，方得始终。中华民族伟大复兴正处于关键时期，我们的任务更为艰巨，更需要艰苦的努力。作为一名公路人，我们应自觉在思想政治上、行动上、工作上高度保持一致，并持之以恒，时时刻刻不忘初心，才能勇当使命，准确找出现阶段公路养护管理与应急保障能力存在的问题，创新工作思路和工作方法，转变管理体制观念，进一步优化管理方式，培养、建立高素质的专业队伍，完善公路管理信息数据库等来提高公路养护管理与应急保障能力，营造我市"畅安舒美绿"的交通出行环境。